Dieter Winkler

ISDN und PC

In der Reihe „ISDN leichtgemacht“ sind folgende Titel erschienen:

Oliver Wagner
Der ISDN-Einstieg

Dirk Jasper
Telefonieren und Faxen mit ISDN

Kai Völcker/Jens-Uwe Lembke
Konfiguration von A-Z
von ISDN-Telefonen und Tk-Anlagen

Dieter Winkler
ISDN und PC

Dieter Winkler

ISDN und PC

X.Media Verlag München

Carl Hanser Verlag München Wien

Der Autor: Dieter Winkler
Der Herausgeber: Oliver Wagner

Die Deutsche Bibliothek – CIP-Einheitsaufnahme

Winkler, Dieter:
ISDN und PC / Dieter Winkler. [Der Hrsg.: Oliver Wagner]. -
München : X.Media Verl. ; München ; Wien : Hanser, 1997
(ISDN leicht gemacht)
ISBN 3-932888-03-0 (X.Media Verl.)
ISBN 3-446-19240-9 (Hanser)

Schlußredaktion: Simone Viethen, München
Umschlaggestaltung: Susanne Kraus, München; Konzeption: Oliver Maute
Belichtung, Druck und Bindung: Kösel GmbH & Co., Kempten
Printed in Germany

Vorwort

ISDN und PC – das ist ein spannendes Thema. Denn schließlich geht erst mit der schnellen, digitalen Kommunikation über das ISDN-Netz so richtig die Post ab. Erfreulich ist dabei, daß die Preise für ISDN-Karten in den Keller purzeln. Erfreulich auch, daß die Online-Anbieter und Internet-Provider die Bedeutung leistungsgerechter ISDN-Zugänge erkannt haben. Damit stehen jetzt fast überall schnelle ISDN-Zugänge zur Verfügung. Keine Frage – klappt alles, dann macht es so richtig Spaß, mit ISDN im Internet zu surfen, große Dateien zügig übertragen zu können und spielerisch ganz neue Themen wie die junge Internet-Telefonie zu erschließen.

Und doch ist das Thema ISDN und PC noch ein recht junges. Viele Fragen tauchen auf, die beantwortet werden wollen. So buhlen eine Vielzahl verschiedener Geräte um den Anwender, der sich dann mit Begriffen herumschlagen muß wie ISDN-Modem, Terminaladapter und ISDN-Karte. Wie arbeiten solche Geräte mit herkömmlichen Telefonen zusammen? Wie erledigt man preisgünstig und komfortabel seinen ISDN-Faxverkehr? Wie kann man die Vorteile von ISDN im Zusammenspiel mit dem Internet, mit T-Online, AOL und CompuServe voll ausreizen?

Diese und viele andere Fragen beantwortet Ihnen das vorliegende Buch. Konkret geschrieben für die Praxis und mit vielen Hinweisen, wie Sie sich den Einstieg ins Thema PC und ISDN erleichtern können. Damit Sie wissen, welche ISDN-Ausstattung auf Sie zugeschnitten ist. Und wie Sie eine ISDN-Karte einbauen, wie Sie Daten übertragen, den passenden Anschluß ans Internet finden und die volle ISDN-Geschwindigkeit wirklich ausnutzen können.

Die vielen Fallbeispiele und konkret geschilderten Abläufe ziehen sich dabei wie ein roter Faden durch das Buch. Nicht Technik steht hier im Vordergrund, sondern derjenige, der möglichst schnell und unkompliziert die neue Welt der schnellen ISDN-Verbindungen nutzen möchte: Und das sind Sie.

Dabei habe ich als Autor die Rolle eines Moderators zu übernehmen, der zwischen der Technik und Ihnen vermittelt. Als intensiver ISDN-Anwender der ersten Stunde suche ich persönlich immer effiziente und komfortable Wege, um mir Technik nutzbar zu machen. Jetzt gestatte ich es mir, diese Sicht an Sie weiterzureichen und Ihnen viel Spaß und Erfolg beim Thema ISDN und PC zu wünschen.

Dieter Winkler — Weichs, im September 1997

So arbeiten Sie mit diesem Buch

Um Ihnen den Zugang zum Thema ISDN so leicht wie möglich zu machen, verwenden wir in diesem Buch zahlreiche Schaubilder, Anwendungsbeispiele, Übersichtstabellen und hervorgehobene Textpassagen, die Ihnen wichtige Informationen auf einen Blick präsentieren. So werden Sie in dem Buch immer wieder auf folgende Symbole treffen:

Dieses Symbol kennzeichnet Hintergrundinformationen, die im Zusammenhang mit dem beschriebenen Sachverhalt von Interesse sind. Beispiel: Sie können Ihre alte Rufnummer nur behalten, wenn Sie einen Mehrgeräteanschluß beantragt haben...

Wenn Sie dieses Symbol sehen, ist höchste Aufmerksamkeit geboten. Wir sagen Ihnen an dieser Stelle, worauf Sie achten müssen, um keine bösen Überraschungen zu erleben.

Mit diesem Symbol sind alle Informationen gekennzeichnet, mit denen wir Sie darüber informieren, wie Sie Geld sparen können beziehungsweise welche Kosten auf Sie zukommen.

Dieses Symbol kennzeichnet Tips und Kniffe, die Ihnen den Einsatz von ISDN erleichtern. Das können zum Beispiel Tips zur Vereinfachung der Bedienung sein.

In dem Buch haben wir durchgängig folgende Schreibweisen verwendet, um Ihnen eine leichte Unterscheidung zwischen Tasteneingaben, Displayanzeigen und Menüeinträgen zu ermöglichen:

- Spitze Klammern kennzeichnen Tasten, die Sie drücken müssen. Beispiel: <Menü>-Taste oder <0>,<7>.
- Text in Anführungszeichen kennzeichnet Display- beziehungsweise Bildschirm-Meldungen. Beispiel: „Sprache: Deutsch".
- Text in Kapitälchen kennzeichnet Menüeinträge, wie sie in PC-Programmen angezeigt werden. Beispiel: DATEI – ÖFFNEN.

T-Net ISDN

Alle Angaben in diesem Buch zu Leistungsmerkmalen von ISDN und den dazugehörigen Preisen beziehen sich auf das T-Net ISDN der Deutschen Telekom. Allgemeine Eigenschaften von ISDN, wie zum Beispiel die hohe Verbindungsqualität, gelten natürlich netzbetreiberunabhängig. Wir haben in diesem Buch der Einfachheit halber sowohl für die Leistungsmerkmale als auch für die allgemeinen Eigenschaften immer den Begriff ISDN verwendet.

Inhaltsverzeichnis

1 ISDN mit dem PC optimal nutzen

In Deutschland kämpfen gleich mehrere Dutzend Unternehmen um die Vorherrschaft im Markt der ISDN-Karten und sonstiger ISDN-Adapter. Ganz vorne an sind Firmen wie AVM, Teles, ITK, Elsa und Eicon.Diehl. Hinter bereits erfolgreich eingeführten Markennamen wie Creatix und Dr. Neuhaus verbergen sich dagegen meist Produkte anderer Hersteller. So steht beispielsweise bei der Creatix-Produktfamilie die Berliner ISDN-Schmiede Teles Pate.

Doch selbst bei exakt baugleichen Karten lohnt es sich, die Augen aufzuhalten: Die beste Karte ist die, die am perfektesten mit dem PC zusammenarbeitet. Und das hängt nicht nur von der Hardware ab, sondern auch ganz entscheidend von der mitgelieferten Software.

Dabei unterscheiden sich die Software-Pakete der Anbieter ganz gewaltig voneinander. Programme zum Faxen, Datenübertragen und Telefonieren gehören mittlerweile schon fast zum Standard. Und nicht nur die beiliegende Anwender-Software macht ein Paket rund, sondern auch und vor allem die Qualität der Treiber. Gibt es mit ISDN-Karten Probleme, so steckt nicht selten diese ganz spezielle Software dahinter, die die Kommunikation zwischen Karte und der unmittelbaren Umgebung im PC und dem Datennetz gewährleisten soll.

Grundlagen
Wenn Sie sich mit dem Thema ISDN beschäftigen, werden Sie häufig auf den Begriff Euro-ISDN stoßen. Neben dem neuen Euro-ISDN gibt es als Auslaufvariante noch das ältere, nationale ISDN nach der Norm 1TR6. In der Praxis ist es jedoch meist nur Euro-ISDN, das zum Zuge kommt. Sie können daher für Neuinstallationen Euro-ISDN mit ISDN gleichsetzen, vor allem dann, wenn Sie auch neuere ISDN-Geräte benutzen.

Die Deutsche Telekom nennt das ISDN-Netz in Deutschland T-Net ISDN. Auch dieser Ausdruck steht in der Praxis für nichts anderes als Euro-ISDN. Euro-ISDN hat mittlerweile nicht nur in vielen Ländern Europas Fuß gefaßt, sondern beispielsweise auch in Australien und in einigen Ländern des Fernen Ostens.

Der wichtige nordamerikanische Markt hat Euro-ISDN allerdings nicht akzeptiert. Dennoch können Sie vom Euro-ISDN auch auf das amerikanische ISDN direkt zugreifen. Die Unterschiede in der Übertragungsgeschwindigkeit und im Protokoll gleichen die Telefongesellschaften untereinander aus; der Anwender merkt hiervon in der Regel nichts.

1.1 Welche Adapter es gibt und worin sie sich unterscheiden

Bei den ISDN-Geräten für den PC droht Begriffsverwirrung. Die Komponente, die den PC mit dem Telefonnetz verbindet, wird von Fachleuten als ISDN-Adapter bezeichnet. Dabei ist es egal, ob es sich um eine Steckkarte handelt oder um ein externes Gerät, das an die parallele oder serielle Schnittstelle angeschlossen wird. Landläufig, aber falsch, werden ISDN-Adapter häufig als ISDN-Modems bezeichnet. Bei ISDN-Modems handelt es sich jedoch lediglich um eine Untergruppe der ISDN-Adapter.

Grundlagen
Ein ISDN-Adapter ist technisch gesehen sehr einfach aufgebaut und weitaus weniger kompliziert als ein Modem. Der Grund ist einfach: Der Adapter muß lediglich digitale Signale des PC über einen rein digitalen Weg zu einer digitalen Gegenstelle transportieren. Also eine problemlose Angelegenheit?

Leider nein. Denn anders als ein Netzwerk-Adapter für lokale Netzwerke soll ein ISDN-Adapter möglichst auch noch für Anwendungen wie Fax und Telefonie gerüstet sein. Außerdem hinkt die ISDN-Entwicklung den mittlerweile bereits recht ausgereiften Modems hinterher. Der Grund liegt nicht zuletzt darin, daß Deutschland Vorreiter in Sachen ISDN ist und ISDN in den USA im privaten Bereich überhaupt noch keine Rolle spielt. Entsprechend mager fällt die ISDN-Unterstützung durch Betriebssysteme wie Windows oder OS/2 aus. Besserung ist allerdings in Sicht. Entsprechende Produkte und die Installation unter Windows werden im weiteren Verlauf des Buches vorgestellt.

Bild 1.1: ISDN-Adapter werden meist als Steckkarten verkauft.

1.1.1 PC-Karten für den ISDN-Anschluß

Eine Einsteckkarte für den PC ist die am häufigsten gewählte Variante, um den Rechner mit dem ISDN-Netz zu verbinden. Es gibt allerdings auch noch ein paar andere Varianten, um einen Rechner intern für das digitale Telefonnetz fit zu machen. Im wesentlichen kann man drei Hauptvarianten unterscheiden:

1. ISDN-Karte zum Einstecken entweder in ISA- oder PCI-Steckplätze. Preiswerteste und verbreitetste Variante, um den PC an ISDN anzuschließen. Vorteil: geringer Preis. Nachteil: zur Installation Eingriff in den PC nötig. Nicht möglich, wenn freie Ressourcen wie ein freier Interrupt und ein passender Steckplatz nicht vorhanden sind.
2. PCMCIA-Karten für ISDN. In erster Linie für Notebooks konzipiert. Vorteil: geringe Abmessungen, bei der Installation kein Eingriff ins Gerät nötig. Nachteil: relativ hoher Preis, in Desktop-PC noch kaum vorhanden.
3. PCMCIA-Karten für ISDN über digitalen Mobilfunk. Ebenfalls in erster Linie für Notebooks konzipiert. Vorteil: ortsunabhängig nutzbar, bei der Installation kein Eingriff ins Gerät nötig. Nachteil: teuer, auch in den Übertragungsgebühren. Keine volle Geschwindigkeit nutzbar.

Bild 1.2: Spezielle ISDN-Karten im kompakten PCMCIA-Format für Notebooks bringen bei Bedarf auch die ortsunabhängige Kommunikation via ISDN über Mobilnetze auf Trab.

Grundlagen
Unter den ISDN-Adaptern finden sich drei grundsätzlich verschiedene Typen, die weit verbreiteten und billigen passiven, die teuren aktiven und als Zwischentyp die semiaktiven ISDN-Adapter. Jeder dieser Typen hat seine eigenen Stärken und Schwächen und systembedingte Haupteinsatzbereiche.

Die passiven Karten verfügen weder über einen eigenen Prozessor noch über einen eigenen Speicher. Sie sind daher bei ihrer Arbeit auf die Unterstützung des Prozessors im PC angewiesen, was langsame Rechner so in die Knie zwingt, daß ein flüssiges Arbeiten nicht mehr möglich ist. Dennoch können Sie bereits bei einem Pentium 133 MHz ohne merkliche Beeinträchtigung weiterarbeiten, während gleichzeitig im Hintergrund auf das Internet oder auf einen Online-Dienst zugegriffen wird.

Die aktiven Karten verfügen über einen eigenen Prozessor und einen eigenen Speicher. Damit kann die Karte den ganzen Verwaltungsaufwand für die ISDN-Kommunikation komplett selbst erledigen, denn die erforderlichen Treiber müssen nicht mehr in den Arbeitsspeicher des PC geladen werden. Unter Windows 95 ist das zwar mit nativen Treibern für dieses Betriebssystem auch bei passiven Karten kein Problem, unter Windows 3.x dagegen kann es ein großes Problem werden. Da wird es nämlich im unteren Speicherbereich sehr schnell sehr eng.

Die semiaktiven Karten sind zwar mit einem eigenen Prozessor ausgestattet, allerdings handelt es sich dabei „nur" um einen DSP (Digital Signal Processor). Dieser entlastet den Prozessor des PC zwar bereits merklich, der Arbeitsspeicher wird aber dennoch in Anspruch genommen.

Da ISDN-Adapter nur mit ebenfalls digitalen Gegenstellen Kontakt aufnehmen können, benötigen Sie, wenn Sie mit analogen Mailboxen oder Datendiensten Verbindung aufnehmen möchten, weiterhin ein herkömmliches Modem. Es sei denn, Sie entscheiden sich für ein ISDN-Modem. Diese Geräte werden auch gern als Hybridmodems bezeichnet, weil in ihnen sowohl die digitale ISDN-Technik als auch die herkömmliche analoge Technik vereint ist. Diesen Geräten ist es egal, mit welcher Gegenstelle sie Verbindung aufnehmen. Sie erkennen selbständig den Typ der Gegenstelle und schalten dann um auf analog oder digital, je nachdem, welchen Modus die Gegenstelle beherrscht. Beherrschen beide Seiten das schnellere ISDN, einigen sie sich auf die digitale Übertragung.

Im zweiten Kapitel dieses Buches erfahren Sie mehr über ISDN-Karten. Dort wird auch der Einbau einer ISDN-Karte detailliert beschrieben.

Nach so vielen Informationen noch einmal in einer kleinen Übersichtstabelle zusammengefaßt die wichtigsten Fakten zu den einzelnen Varianten samt der möglichen Alternativen.

Tabelle 1.3: So unterstützen ISDN-Karten Online-Verbindungen

Karten-Typ	Beschreibung	Alternative
Passive ISDN-Karte	Die preiswerte Standard-Lösung. Der PC-Prozessor wird mit genutzt. Vor allem bei Kanalbündelung wird es schwierig, weiter ungestört zu arbeiten. Je schneller ein PC ist, desto geringer fällt dieser Nachteil ins Gewicht.	Terminaladapter für externen Anschluß an die serielle oder parallele Schnittstelle.
Semiaktive Karte	Die Kompromißlösung für alle, die ihren PC entlasten wollen, ohne dabei allzu tief in die Tasche zu greifen. Nur dann sinnvoll, wenn deutlich preiswerter als aktive Karten, da deren Leistung höher ist. Hier gilt es in jedem Fall, sehr genau abzuwägen.	Gleich auf aktive Karte setzen.
Aktive ISDN-Karte	Die Highend-Lösung für alle, die ungestört an ihrem PC arbeiten wollen, während gleichzeitig Daten übers ISDN-Netz jagen. Dafür müssen Sie allerdings auch einen weitaus höheren Preis in Kauf nehmen.	Spezieller Rechner für ISDN-Verbindungen
ISDN-Karte mit Modem-Chip	Eine Karte bietet Anschluß an ISDN und Modem-Verbindungen. Eignet sich hervorragend für alle, die bestehende Modem-Lösungen weiternutzen wollen, ohne prinzipiell auf ISDN zu verzichten.	1. ISDN-Karte plus externes ISDN-Modem. 2. ISDN-Karte plus Software für Modem-Emulation.

1.1.2 Externe Lösungen für den ISDN-Anschluß

Die Vielfalt der externen Geräte, die den PC ans ISDN-Netz bringen sollen, ist auf den ersten Blick etwas verwirrend. Vor allem, wenn eine interne Lösung aus irgendeinem Grund nicht in Frage kommt, lohnt es sich, sehr genau zu prüfen, welche externe Lösung für den entsprechenden Fall am besten geeignet ist.

Es gibt im wesentlichen vier Gründe, die dagegen sprechen, eine PC-Karte einzusetzen:

1. Die ISDN-Lösung soll besonders leicht zu installieren sein.
2. Es ist kein freier Steckplatz mehr vorhanden.
3. Die internen Ressourcen des PC sind erschöpft. Meist bedeutet das, daß kein freier Interrupt – kurz IRQ genannt – mehr frei ist.
4. Der ISDN-Adapter soll auch an anderen PC eingesetzt werden können.

Grundlagen
Häufig scheitert der Einbau einer ISDN-Karte nicht daran, daß kein freier Steckplatz mehr vorhanden wäre: Es sind eher fehlende freie Interrupts, die sich als besonderer Engpaß erweisen. Und das ist kein Wunder. Manch taufrisch erworbener Multimedia-PC kommt schon ohne freien Interrupt ins Haus, andere haben gerade noch einen oder höchstens zwei Interrupts frei. Denn von den 16 Interrupts sind schon von Haus aus mindestens acht belegt, die anderen müssen beispielsweise für CD-ROM-Laufwerk, Soundkarte und zusätzliche Schnittstellen herhalten.

Zwar gelingt es versierten PC-Anwendern häufig, doch noch einen Interrupt freizuschaufeln, doch gibt es spätestens dann Probleme, wenn weitere Zusatzgeräte ins Spiel kommen. Wenn etwa irgendwann noch eine Video- oder eine Netzwerkkarte eingebaut wird, wird es eng. Aus diesem Grund kann es sich in Einzelfällen empfehlen, den ISDN-Adapter gleich von Anfang an auszulagern – ein extern an die serielle oder parallele Schnittstelle angeschlossener ISDN-Adapter benötigt erfreulicherweise keinen zusätzlichen Interrupt. Er verhält sich dann in dieser Beziehung wie ein Modem.

Für den externen Anschluß an einen herkömmlichen PC gibt es mehrere Varianten. Dabei können diese Geräte prinzipiell sowohl an einem normalen PC als auch an einem Notebook betrieben werden. Voraussetzung ist in der Regel einzig und allein, daß eine entsprechende Schnittstelle vorhanden und frei nutzbar ist.

Werden ISDN- oder Terminaladapter an die serielle Schnittstelle angeschlossen, dann muß die Schnittstelle mit dem neueren Baustein für serielle Schnittstellen, dem UART 16550, ausgestattet sein. Pentium-PC und viele PC mit 486-Prozessor genügen bereits diesen Anforderungen. Vor allem bei älteren PC kann aber zusätzlich zum Kaufpreis auch noch eine neue Schnittstellen-Karte fällig werden.

Um eine schnelle ISDN-Kommunikation via serieller Schnittstelle durchführen zu können, muß die Schnittstelle auch eine ausreichende Geschwindigkeit unterstützen. Weitere Einzelheiten zu diesem Thema erfahren Sie in Kapitel 2.2 und 2.3.

Bild 1.4: Neu im Trend sind Geräte wie die Speed Viper und der Speed Dragon von Hagenuk, die an die serielle Schnittstelle angeschlossen werden und hohen Komfort bieten, indem sie Tk-Anlagen-Funktionen und einen ISDN-Terminaladapter in einem Gehäuse vereinen.

Es lassen sich folgende Gruppen von Geräten unterscheiden, die am ISDN arbeiten und extern an den PC angeschlossen werden. Dabei handelt es sich jedoch nicht in jedem Fall um klassische ISDN-Adapter:

1. Externer ISDN-Adapter zum Anschluß an die parallele Schnittstelle. Vorteil: Relativ problemlose Installation. Nachteil: Das vorgesehene Durchschleifen der parallelen Schnittstelle zum Drucker (Drucker wird am ISDN-Adapter angeschlossen) verursacht häufig Probleme. Vor allem bei modernen Druckern, die Statusmeldungen hin und her schicken, geht dann oft gar nichts mehr. Und auch in puncto Geschwindigkeit können Engpässe auftreten.

2. Terminaladapter. Vorteile: Einfache Installation, da der Rechner nicht geöffnet werden muß und die Adapter keine eigenen Ressourcen wie Interrupt oder Speicheradressen benötigen. Nachteile: Die serielle Schnittstelle muß für die hohen Übertragungsraten geeignet sein (UART 16550) und nicht alle Terminaladapter werden mit CAPI ausgeliefert. Diese Softwareschnittstelle ist aber für viele ISDN-Anwendungen eine Voraussetzung, ohne die sie nicht funktionieren.
3. Terminaladapter a/b. Wie die bereits genannten Terminaladapter, nur daß diese Gattung den Anschluß von Analoggeräten wie Telefon oder Fax ermöglicht. Diese Geräte verfügen über die gleichen Vor- und Nachteile wie die Vertreter ohne Analogschnittstelle.
4. ISDN-Modems zum Anschluß an die serielle Schnittstelle. Das sind Geräte, die sowohl ISDN-Adapter als auch Modem in einem Gehäuse vereinen. Vorteil: Eine serielle Schnittstelle wird für zwei Geräte verwendet. (Man braucht keinen Umschalter oder eine zweite serielle Schnittstelle, wie es bei separaten Geräten notwendig wäre.) Dazu relativ leichte Installation. Nachteil: noch relativ hoher Preis.
5. Telefonanlage mit integrierter ISDN-Karte zum Anschluß an die serielle Schnittstelle. Auch hier gelten die Nachteile in Verbindung mit der seriellen Schnittstelle. Dafür sind diese Geräte recht kostengünstig, da die vorhandene ISDN-Technik nicht nur für Tk-Anlagen-Funktionen, sondern auch für die Datenübertragung per PC genutzt werden kann. Teilweise arbeiten diese Geräte sogar mit aktiver Technologie (siehe hierzu auch Kapitel 1.1.1).
6. Neuerdings gibt es sogar ein ISDN-Telefon, das sich auch als ISDN-Adapter für den PC einsetzen läßt. Dieses Gerät eignet sich fast besser als eine kombinierte Tk-Anlagen-Lösung, da ein Telefon ohnehin auf dem Schreibtisch und damit in der Nähe des PC steht. Allerdings wiederum verbunden mit der Problematik der seriellen Schnittstelle.

Was Sie dafür benötigen

ISDN- oder Terminaladapter, die an der seriellen Schnittstelle betrieben werden, nutzen meist 9-polige Stecker. Wenn Sie nur einen 25-poligen seriellen Anschluß frei haben, dann besorgen Sie sich im Fachhandel einen passenden Adapter – und schon läßt sich das ISDN-Gerät problemlos anschließen.

Bild 1.5: Ein ISDN-Modem wie das Elsa MicroLink ISDN/TLV.34 vereint in einem Gehäuse einen ISDN-Adapter und ein herkömmliches Modem.

1.2 Auf welche Merkmale Sie achten müssen

Eine Kaufentscheidung in Sachen ISDN-PC-Adapter sollte gut überlegt werden. Und das gleich aus mehreren Gründen:

1. Die preislichen Unterschiede zwischen den einzelnen Lösungen betragen mehrere hundert Mark.
2. Die Lösungen unterscheiden sich prinzipiell in der Leistungsfähigkeit.
3. Die Installation der Lösungen erfordert gewisse Voraussetzungen und kann im System verschiedene Störungen hervorrufen.
4. Einige verursachen Probleme mit Standard-Komponenten.

1.2.1 Terminaladapter und ISDN-Modem

Terminaladapter waren in den frühen ISDN-Jahren recht beliebt. Durch einfachen Anschluß an die serielle Schnittstelle und durch die Möglichkeit, sie wie ein Modem zu bedienen, vermeiden sie Konflikte mit Betriebssystemen und interner PC-Hardware. Doch spätestens zum Jahreswechsel 1997/98 soll es soweit sein: Die Zeit der Terminaladapter wird sich dem Ende neigen. Einzelne Geräte werden dann plötzlich für unter 200 Mark statt für rund 1000 Mark zu haben sein. Warum? Ganz einfach:

1. Die PC-Karten erlebten einen rasanten Preisverfall und unterbieten vom Preis her mittlerweile alle anderen Lösungen.
2. Betriebssysteme wie Windows 95 und OS/2 integrieren nun auch verstärkt ISDN-Lösungen, wodurch die Handhabung von ISDN-Karten deutlich einfacher wird.

3. Online-Dienste und Internet-Provider unterstützen zunehmend ISDN-Lösungen, die teilweise eng auf die Betriebssysteme und deren Umgang mit ISDN-Karten abgestimmt sind.
4. Terminaladapter der ersten Generation weisen ein paar gravierende technische Schwächen auf. So unterstützen sie beispielsweise nicht die volle ISDN-Geschwindigkeit.
5. Tk-Anlagen übernehmen in immer stärkerem Maße die Einbindung herkömmlicher analoger Endgeräte wie Fax und Telefon.

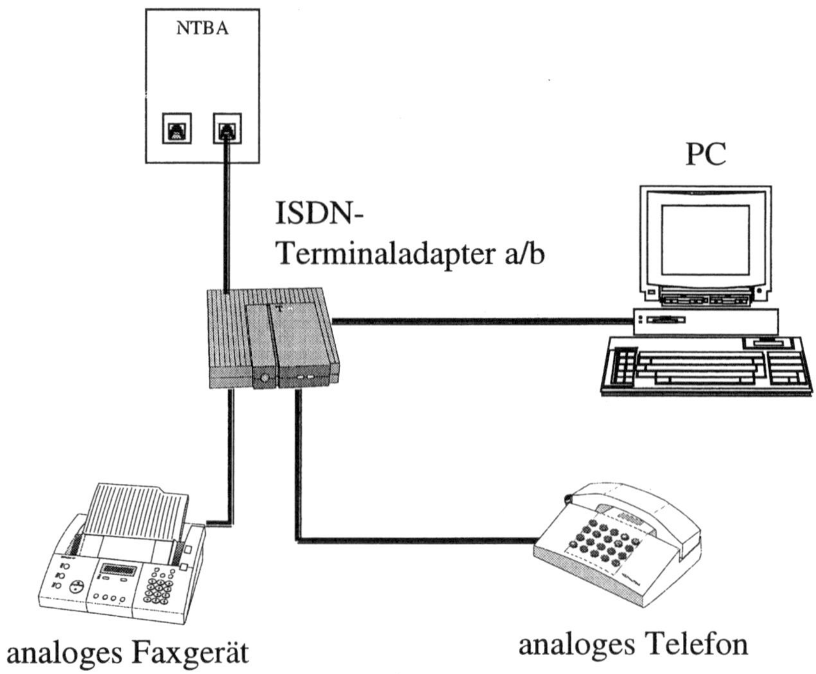

Bild 1.6: Ein Terminaladapter wird direkt an den PC angeschlossenen. Die besser ausgestatteten Geräte dieser Klasse bieten die Möglichkeit, bis zu drei analoge Endgeräte anzuschließen.

Grundlagen
Sowohl Terminaladapter als auch ISDN-Modems werden an die serielle, seltener an die parallele Schnittstelle angeschlossen. Wenn alle ISDN-Funktionen an der seriellen Schnittstelle ausgenutzt werden sollen, muß sie besonderen Anforderungen genügen; mehr dazu finden Sie in Kapitel 2. Entsprechend ausgestattete Geräte dieser Klasse bieten die Möglichkeit, bis

zu drei analoge Endgeräte anzuschließen und werden daher als Terminaladapter a/b bezeichnet.

Klassische Terminaladapter werden wie ein Modem angesprochen, sind also relativ problemlos in der Bedienung. Eine neuere Produktlinie, wie die für Ende 1997 angekündigte Tango-Reihe von Elsa, zeichnet sich durch verbesserte Leistungsmerkmale aus, wie höherer Datendurchsatz, Faxfunktionalität, Anrufbeantworterfunktion und Telefonie.

ISDN-Modems konnten sich dagegen bislang nicht so recht durchsetzen. Sie sind zwar technisch überlegen, da sie echte ISDN-Geschwindigkeit und analoge Technik miteinander vereinen, aber auch recht teuer. Die Preise bewegen sich von rund 1000 Mark nur zögerlich abwärts. Mit einem zusätzlichen Modem-Chip ausgestattet, ersetzen diese, auch Hybrid-Modems genannten Geräte, gleich auch noch ein klassisches Modem. Moderne ISDN-Modems vereinen die Vorteile des leichten Anschlusses mit allen Optionen, die auch eine ISDN-Karte zu bieten hat, bieten darüber hinaus aber auch noch klassische Modem-Funktionen.

Tabelle 1.7: So unterscheiden sich ISDN-Modems und Terminaladapter

ISDN-Modems (Hybrid-Modems)	Terminaladapter
Modemfunktion	Keine Modemfunktion
In der Regel keine Analogschnittstelle	Terminaladapter a/b bietet ein bis maximal drei Analogschnittstellen
Unterstützt PC-Fax	Unterstützt selten PC-Fax
Leichte Installation	Leichte Installation
Anschluß herkömmlicher Geräte wie Fax, Telefon je nach Modell	Anschluß herkömmlicher Geräte wie Fax, Telefon je nach Modell

Sogenannte Terminaladapter a/b bieten mitunter ein schlechteres Preis-/Leistungsverhältnis als Telefonanlagen. Oft ist es günstiger, gleich zu einer kleinen Telefonanlage in Verbindung mit einer passiven ISDN-Karte für den PC zu greifen.

1.2.2 Telefonanlage als Mittler zwischen zwei Welten

Wahrscheinlich wollen Sie den PC nicht im luftleeren Raum betreiben, sondern im Konzert mit anderen Geräten. Telefonieren, Faxen, Nutzung des Anrufbeantworters – all das soll meist unabhängig vom PC erfolgen. Ganz grundsätzlich besteht mittlerweile auch die Möglichkeit, all diese Aufgaben dem PC zu übertragen. Sinn macht das beispielsweise beim Faxen immer dann, wenn es um das Versenden von bereits im PC erfaßten Texten oder Grafiken geht. Auch als Anrufbeantworter kann ein PC mit ISDN-Funktionen gute Dienste leisten.

Sie können den PC als komplette Kommunikationszentrale nutzen. Wie das geht, erfahren Sie im fünften Kapitel mit dem Titel *Anwendungen rund um den PC.*

Für gewöhnlich werden Sie aber diese Funktionen entweder ausschließlich oder zusätzlich externen Geräten aufs Auge drücken wollen. Dafür empfehlen sich nach wie vor klassische analoge Geräte – vor allem fürs Faxen und als Anrufbeantworter.

Sie können diese Geräte bei Bedarf auch mit ISDN-Telefonen gemeinsam nutzen, müssen dann aber sehr genau darauf achten, daß Sie auch eine entsprechend ausgestattete Telefonanlage erwerben. Das heißt, diese sollte über einen internen S_0-Bus verfügen, damit Sie kostenfreie Interngespräche führen können. Leider sind solche Tk-Anlagen im unteren Preissegment noch Mangelware.

An den meisten kleinen Telefonanlagen können Sie ausschließlich herkömmliche, analoge Endgeräte betreiben. Ein ISDN-Telefon und ein mit ISDN-Adapter ausgestatteter PC lassen sich an einer solchen Anlage nicht anschließen. Sie müssen Ihren PC in diesem Fall direkt an den ISDN-Anschluß (NTBA) der Deutschen Telekom beziehungsweise an eine ISDN-Dose, die mit dem NTBA verbunden ist, anschließen. Tk-Anlagen, an die auch ISDN-Geräte (wie die ISDN-Karte Ihres PCs) angeschlossen werden können, müssen einen „internen S_0-Bus“ besitzen.

Eine kleine Telefonanlage lohnt sich immer dann, wenn herkömmliche Endgeräte wie ein Anrufbeantworter oder ein Faxgerät auch im ISDN weiter betrieben werden sollen. Zudem bietet sich eine solche Anlage an, wenn Sie an mehreren Stellen im Haus telefonisch erreichbar sein möchten. Das unterstützen diese Anlagen mit Optionen wie Rückfrage, Weiterverbinden und Konferenzschaltung. Mit Hilfe eines PC können Sie bei Bedarf auch Einzelabrechnungen für die einzelnen Nebenstellen erstellen.

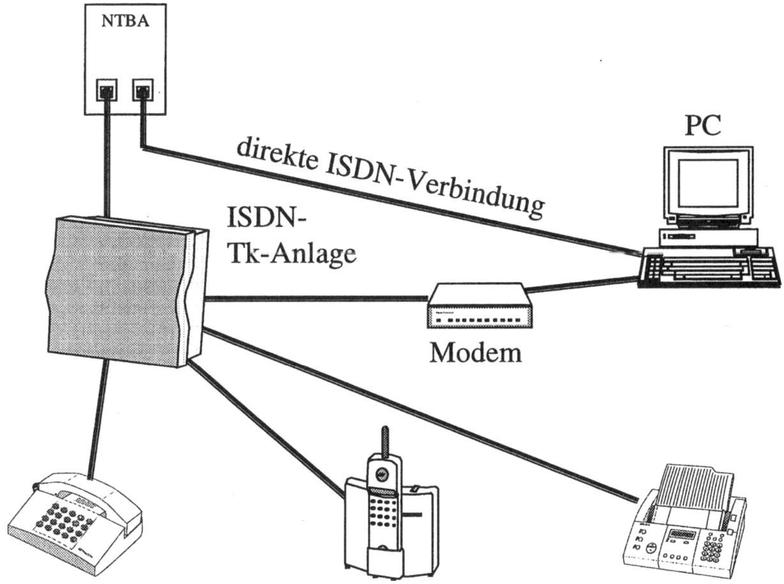

Bild 1.8: Der PC ist über eine interne ISDN-Karte mit dem ISDN-Anschluß verbunden. Ein an der seriellen PC-Schnittstelle angeschlossenes herkömmliches Modem stellt über die Tk-Anlage die Verbindung mit der analogen Online-Welt sicher.

So wird es gemacht

Mit dem ISDN-Anschluß stellt Ihnen die Deutsche Telekom zwei unabhängig voneinander nutzbare Leitungen, die sogenannten B-Kanäle, zur Verfügung. Beim Mehrgeräteanschluß teilen sich maximal acht digitale Endgeräte diese zwei Leitungen. Dabei kann es sich beispielsweise um ein ISDN-Telefon, einen ISDN-Adapter für den PC sowie eine Tk-Anlage handeln. Die Tk-Anlage selbst kann dann nochmals einige analoge Endgeräte wie Telefone, Modems, Faxgeräte und Anrufbeantworter verwalten.

Worauf Sie achten müssen

Sie können zwar parallel eine Tk-Anlage mit herkömmlichen analogen Endgeräten nutzen und zusätzlich ein oder mehrere ISDN-Telefone. Leider können Sie aber keine gebührenfreien Interngespräche zwischen dem ISDN-Telefon und dem an der Tk-Anlage angeschlossenen analogen Telefon führen. Dazu brauchen Sie eine Tk-Anlage, die sowohl analoge als auch digitale Nebenstellen bedienen kann. Sie brauchen also eine Tk-Anlage, die einen internen S_0-Bus besitzt.

Wenn Sie zusätzlich zu ISDN-Verbindungen auch über ein Modem, das an eine Telefonanlage angeschlossen ist, mit der Online-Welt kommunizieren wollen, dann achten Sie darauf, daß diese Anlage schnell genug dazu ist. Manche Anlagen schaffen gerade mal 14.400 Bit pro Sekunde. Üblich und auch dringend notwendig für einigermaßen zügige Verbindungen sind 28.800 oder besser noch 33.600 Bit pro Sekunde.

1.2.3 Die gängigen Lösungen im Überblick

Von den vielen verschiedenen Lösungen für ISDN haben nur einige eine entsprechende Marktbedeutung. Die anderen mögen für spezielle Fälle oder aber für professionelle Einsatzgebiete geeignet sein: Als geeignet erweisen sich eher die hier im Vergleich vorgestellten Lösungen für den stationären Einsatz Zuhause oder in der Firma wie auch für unterwegs mit Notebooks.

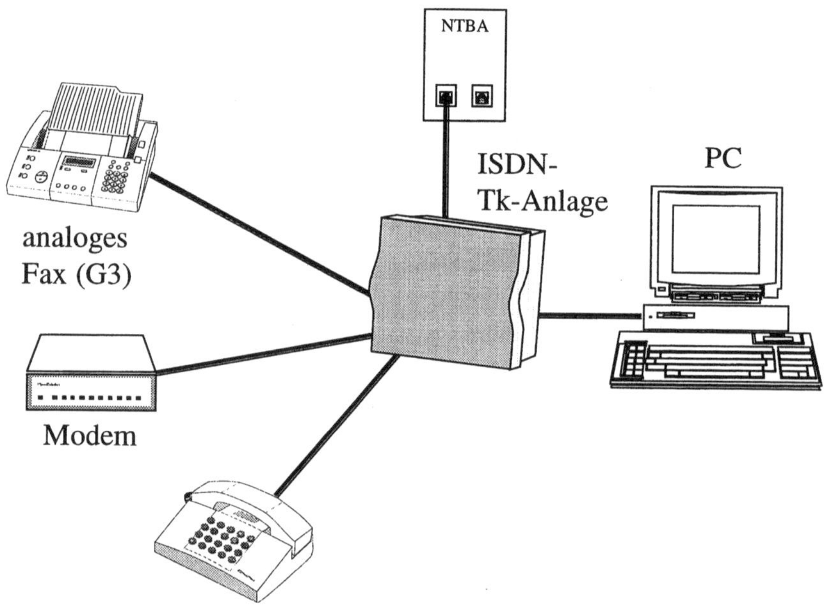

Bild 1.9: Neuer Trend: Die Telefonanlage enthält eine ISDN-Karte und wird einfach an die serielle Schnittstelle des PC angeschlossen. Damit werden die Konzepte von Terminaladaptern und klassischen kleinen Telefonanlagen intelligent aufgegriffen und preiswert wie leistungsstark umgesetzt.

Was Sie benötigen
Um im Heimbereich oder in einem kleinen Büro für das ISDN-Zeitalter gut gewappnet zu sein, benötigen Sie einen ISDN-fähigen PC. Vom 486er an aufwärts sind in der Regel alle PC gut genug ausgerüstet, um es mit ISDN aufnehmen zu können. Der Anschluß erfolgt immer auf der einen Seite im oder am PC und auf der anderen Seite am ISDN-Anschluß der Deutschen Telekom, dem sogenannten NTBA. Die dafür nötigen, mit Westernsteckern ausgestatteten Kabel gehören bei jeder seriösen ISDN-Lösung zum Lieferumfang.

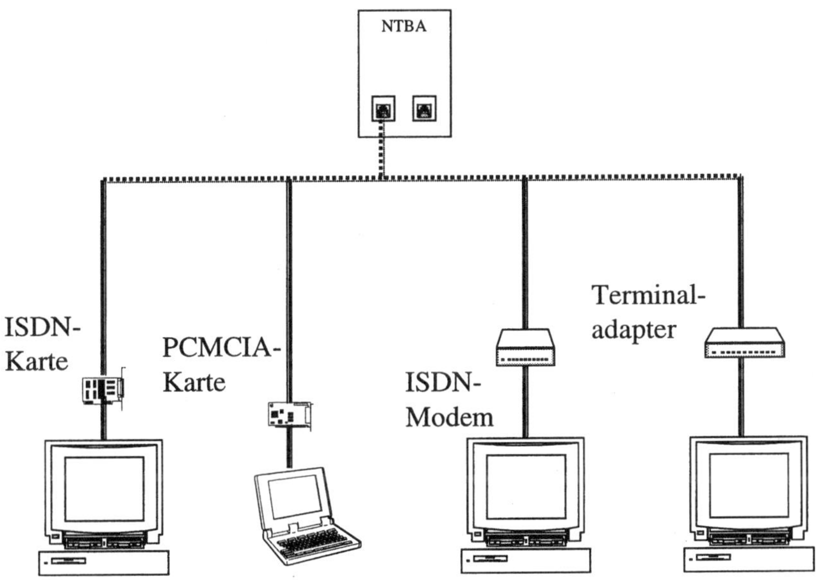

Bild 1.10: Vier grundsätzlich verschiedene Möglichkeiten, einen PC an ISDN anzuschließen. Die Lösungen sind jeweils Alternativen, sie können bei einer ausreichenden Anzahl von ISDN-Anschlüssen aber auch parallel genutzt werden

Sie können auch mehr als nur zwei Geräte an Ihrem ISDN-Anschluß anschließen: Maximal zwölf Anschlußdosen und maximal acht gleichzeitig angeschlossene Endgeräte sind zulässig. Dazu müssen zusätzliche ISDN-Anschluß-Einheiten (IAE-Dosen) installiert werden. Entsprechendes Zubehör für die Nutzung von zusätzlichen Geräten finden Sie im Handel.

Wenn Sie selbst IAE-Dosen installieren, dann achten Sie darauf, diese mit 100-Ohm-Widerständen abzuschließen. Ansonsten kann es zu Funktionsstörungen kommen. Entsprechende Widerstände erhalten Sie im Elektronikfachhandel. Bild 1.13 am Ende dieses Kapitels zeigt, wie zusätzliche Dosen verdrahtet werden müssen.

Tabelle 1.11: Sinnvolle Zusammenstellung von ISDN-Hardware

Adapter-Typ	Beschreibung	Einsatzgebiete
PC-Karte + TK-Anlage + Modem	Die zeitgemäße Standard-Lösung. Das zusätzliche Modem stellt den Anschluß an analoge Online-Verbindungen her und kann auch das Faxen zuverlässig übernehmen, was bei ISDN-Karten mitunter noch problematisch ist.	Privat bis Büro. Prinzipiell ausbaufähig auch mit mehreren ISDN-Leitungen.
PCMCIA-Karte	Die Notebook-Lösung. Mittlerweile gibt es auch PCMCIA-Karten mit Modem- und ISDN-Funktionen. Sie entsprechen damit einem ISDN-Modem und gewährleisten unterwegs den Anschluß an alle gängigen Telefondosen.	Alle, die ISDN mobil benötigen.
ISDN-Modem	Einfacher Anschluß an der seriellen Schnittstelle, volle Nutzung von ISDN und Modem in einem Gerät. Eignet sich hervorragend für alle, die bestehende Modemlösungen weiternutzen wollen, ohne prinzipiell auf ISDN zu verzichten.	Privat, Freiberufler. In Verbindung mit einer Tk-Anlage auch für Büros geeignet.
Terminaladapter	An Terminaladapter a/b lassen sich auch meist ein bis zwei herkömmliche Geräte wie Fax oder Telefon anschließen. Angesichts sinkender Preise der konkurrierenden Tk-Anlagen oft als Auslaufmodelle preiswert zu bekommen.	Privat. Wer sich mit Modems einigermaßen auskennt, findet sich hier schnell zurecht.

1.3 Wie Sie die richtige Wahl treffen

Es heißt zwar oft: Weniger ist mehr. Aber beim Kauf von ISDN-Hardware gilt in der Regel das Gegenteil. Je mehr Leistungsmerkmale, desto besser. Ein normaler Basisanschluß bietet Ihnen zwei Nutzkanäle mit je 64.000 Bit pro Sekunde. Sehr einfache Karten und viele externe Terminaladapter arbeiten allerdings nur mit einem Kanal. Sie erlauben es beispielsweise nicht, daß Sie gleichzeitig auf dem einen Kanal faxen und auf dem anderen eine Datei aus AOL herunterladen. Wenn in der Werbung oder in der Produktbeschreibung auf zwei B-Kanäle hingewiesen wird, dann sind Sie in diesem Punkt auf der sicheren Seite.

Behalten Sie Ihr altes Modem! Noch ist ISDN nicht flächendeckend verbreitet und die Verbindung per echtem Modem oft eine erprobte Sache. Außerdem können Sie bei vielen Online-Diensten oder Internet-Providern schnell auf eine Modemverbindung ausweichen, wenn in Sachen ISDN ein akuter Engpaß auftaucht. Als Ersatzgerät für den Ausfall der ISDN-Karte ist das Modem ebenfalls nicht zu verachten.

Wenn Sie ein gut eingespieltes Team aus Faxprogramm und Faxmodem einsetzen, sollten Sie es sich überlegen, ob Sie diese Aufgabe einem ISDN-Adapter übertragen wollen, denn die ISDN-Adaptern beigelegte Fax-Software bietet oft nur einen geringen Funktionsumfang. Und Faxen geht über ein 14.400 bps-Modem genauso schnell wie über ISDN.

Aktive oder passive Karte: Eine Frage der Anwendung

Was ist jetzt für Sie die beste Lösung? Das hängt von einer Reihe verschiedener Kriterien ab. ISDN ist immer noch ein ziemlich frisches Thema, und das Produktangebot ist verwirrend groß. Aktive ISDN-Karten, also Karten mit einem eigenen Prozessor, sind um ein Vielfaches teurer als passive Karten. Sie sind für den simplen Besuch von Mailboxen, T-Online, AOL- oder CompuServe-Foren nicht erforderlich. Denn auf einem modernen Pentium und selbst auf leistungsfähigen 486ern können Sie beispielsweise ungestört einen Brief schreiben oder eine Tabelle bearbeiten, während im Hintergrund über ISDN ein Datentransfer läuft. Eng wird es dagegen, wenn im Vordergrund eine komplexe Multimedia-Anwendung läuft.

Für den Hausgebrauch reicht eine passive Karte vollkommen aus. Investieren Sie lieber ein paar Mark mehr in das Gerät, das ihre herkömmlichen Geräte an das digitale Netz anschließt: In eine Telefonanlage. Damit lassen sich Ihre Investitionen besser schützen. Und auch aktive Karten sinken im Preis. Sie sparen also unter Umständen sogar bares Geld, wenn Sie jetzt auf eine passive Karte und erst in zwei Jahren auf eine aktive Karte setzen, die dann sicherlich ein paar hundert Mark billiger ist.

Aktive Karten machen etwa dann Sinn, wenn ständig hochkomprimierte Datenübertragungen stattfinden oder beide B-Kanäle des ISDN-Anschlusses parallel betrieben werden. Auch semiaktive ISDN-Karten bieten sich dann an. Sie haben zwar keinen eigenen Prozessor, doch besitzen sie andere Bauelemente, wie etwa einen integrierten Zwischenspeicher, der die Daten beim Empfang oder vor dem Versand zwischenspeichert, was mehr Tempo für die Übertragung bedeutet. Solche Karten werden etwa von Eicon.Diehl, Siemens, Geerdes, IBM, Wörlein und der KSI Kommunikation angeboten.

Wer analoge Endgeräte wie Telefone, Faxgeräte oder herkömmliche Modems im ISDN weiterverwenden will, ist mit einer Telefonanlage meist gut bedient. Solche Anlagen bieten in der Regel Anschlußmöglichkeiten für drei bis acht Geräte.

Wenn Sie sich eine Telefonanlage zulegen, die sich beispielsweise über eine serielle Schnittstelle vom PC aus konfigurieren läßt – und nur das ist sinnvoll –, dann denken Sie daran, sie auch in unmittelbarer Nähe des PC zu plazieren. Sonst wird sich der Anschluß per kurzem Kabel kaum bewerkstelligen lassen. Es sei denn, Sie entscheiden sich für eine der wenigen Tk-Anlagen, die sich auch über den ISDN-Bus konfigurieren lassen (derzeit Agfeo und Teles).

Die preiswerteste ISDN-Lösung für den PC ist nach wie vor die interne ISDN-Karte. Achten Sie unbedingt darauf, daß sie von einem kompletten und funktionstüchtigen Software-Angebot begleitet wird. Sonst wird das vermeintliche Schnäppchen durch teures Herunterladen von Treibern aus dem Internet oder zusätzlichem Erwerb von Software unterm Strich teurer.

Wenn Sie Probleme mit der Installation von Steckkarten haben, empfiehlt es sich, auf einen externen ISDN-Adapter auszuweichen. Ein solches Gerät benötigt weder einen der wenigen Interrupts noch einen Steckplatz. Außerdem läßt es sich in der Regel schneller installieren als eine interne Lösung.

Anwendungsbeispiel

Helmut, der Bruder von Gerhard Strasser, ist freischaffender PR-Berater. Er hat einen Raum in einer Bürogemeinschaft gemietet, in der jeder einzelne für seine Telekommunikationsanlage selbst verantwortlich ist. Bislang hat Helmut Strasser seinen PC noch ohne Internet-Anschluß betrieben. Das muß jetzt anders werden: Seine Kunden machen Druck.

Nachdem er nun öfters fertige Texte samt Grafiken mit wichtigen Kunden über ISDN austauschen will, auf der anderen Seite aber auch per Modem mit anderen Kunden korrespondieren muß, sucht er eine kombinierte Lösung, die sich ohne großen Aufwand installieren läßt. Am liebsten wäre ihm eine Lösung, die er auch als kompletter Laie alleine im Griff hätte.

Eine kleine Tk-Anlage, die sich als ISDN-Adapter für seinen PC nutzen läßt und ein Modem sind für ihn die richtige Wahl. Für diese Kombination muß er zwischen 700 und 800 Mark investieren, dafür erfüllt sie jedoch alle seine Anforderungen: Problemloser Anschluß an der seriellen Schnittstelle, das erspart ihm die Kosten für einen Techniker. Denn der technisch nicht sehr versierte Helmut Strasser sieht sich mit dem Einbau einer ISDN-Karte überfordert. Außerdem ist sowohl die analoge als auch die digitale Übertragung gewährleistet.

An die drei analogen Ports der Tk-Anlage kann er sein altes analoges Telefon, sein Faxgerät und sein Modem anschließen. An die zweite Buchse des NTBA schließt er sein neues, 250 Mark teures ISDN-Telefon an. Er hat damit eine im wahrsten Sinne des Wortes handliche Lösung. Und was für ihn besonders wichtig ist: Er kann die kleine Tk-Anlage jederzeit und innerhalb von zehn Minuten an einen anderen PC anschließen. Damit kann er bei einem Ausfall seines Arbeitsplatzrechners, eines neuen Pentiums, auf sein Ersatzgerät, einen betagten 486er, ausweichen.

Beachten Sie bei der Wahl Ihrer Geräte, ob Sie Ihre Installation in absehbarer Zeit erweitern müssen oder nicht. Wenn Sie erweitern müssen, haben Sie natürlich in Verbindung mit einer „richtigen“ Tk-Anlage wesentlich mehr Möglichkeiten als mit einer Mini-Tk-Anlage oder gar einem Terminaladapter.

So setzen Sie Ihre Rufnummern richtig ein

Mit Ihrem ISDN-Anschluß stehen Ihnen Leitungen zur Verfügung, die Sie gleichzeitig mit beliebigen Anwendungen nutzen können. Darüber hinaus stehen Ihnen drei Rufnummern (in der Fachsprache MSN genannt – multiple subscriber number) zur Verfügung. Die drei Rufnummern gilt es sinnvoll aufzuteilen, damit Ihre Anrufer auch bei sechs oder mehr angeschlossenen Geräten stets richtig verbunden sind.

Anwendungsbeispiel

Sowohl Gerhard Strasser als auch sein Bruder Helmut wollen von ihren drei Rufnummern kräftig Gebrauch machen. Gerhard läßt sein Fax auf einer Nummer laufen, den Privatanschluß auf einer zweiten und seinen Geschäftsanschluß auf einer dritten. Dabei macht er es sich zunutze, daß man in einer Telefonanlage mehrere Apparate auf einer Rufnummer laufen lassen kann – auch der umgekehrte Weg ist möglich. Gerhard Strasser läßt alle seine Geschäftsapparate parallel klingeln.

Auch Helmut Strasser hat die drei Rufnummern auf seine Gerätschaften verteilt: Bei ihm muß neben Telefon und Fax auch der PC von außen erreichbar sein. Dadurch können seine Kunden den PC auch während seiner Abwesenheit direkt anwählen und Daten auf den PC übertragen oder von dort aus abrufen, sofern sie dafür eine Berechtigung haben. Dabei kann er dem PC ohne weiteres die gleiche MSN zuteilen wie dem Telefon. Da ISDN-Geräte bereits vor der Rufannahme erkennen können, ob sie überhaupt in der Lage sind, einen eingehenden Ruf zu bedienen, geht das ohne Probleme. So wird die im PC eingebaute ISDN-Karte nie einen Telefonanruf entgegennehmen, weil sie mit den übermittelten Informationen des Gegenübers nichts anfangen kann. Dies nennt man in der Fachsprache Dienstekennung. Details hierzu erfahren Sie übrigens in Band 1 dieser Reihe, im Titel „Der ISDN-Einstieg“.

Sie können bei der Deutschen Telekom zusätzliche Rufnummern beantragen. Insgesamt können bei einem Mehrgeräteanschluß bis zu zehn Rufnummern vergeben werden. Benötigen Sie mehr als die drei kostenlos zur Verfügung stehenden Rufnummern, dann sind Sie mit monatlich fünf Mark für jede weitere Nummer dabei.

Nationales ISDN: Vorsicht bei alten Geräten

Die Deutsche Telekom hat ISDN schon eingeführt, als es noch keinen europäischen Standard für ISDN gab. Aus diesen Zeiten rührt noch das nationale ISDN-Protokoll 1TR6. Dieses wird von der Deutschen Telekom nicht mehr angeboten und auch nur noch bis Ende dieses Jahrtausends unterstützt. Leider sind das alte 1TR6 und das derzeit aktuelle Euro-ISDN oder DSS1-Protokoll nicht kompatibel. Das heißt, ein Gerät, das für den Betrieb unter 1TR6 entwickelt wurde, kann an DSS1 nicht betrieben werden. Genauso wenig, wie Sie ein analoges Telefon direkt am NTBA betreiben können. Denken Sie daran, wenn Sie irgendwo noch alte Geräte auftreiben sollten beziehungsweise wenn ein alter Anschluß mit 1TR6 auf DSS1 umgestellt werden soll.

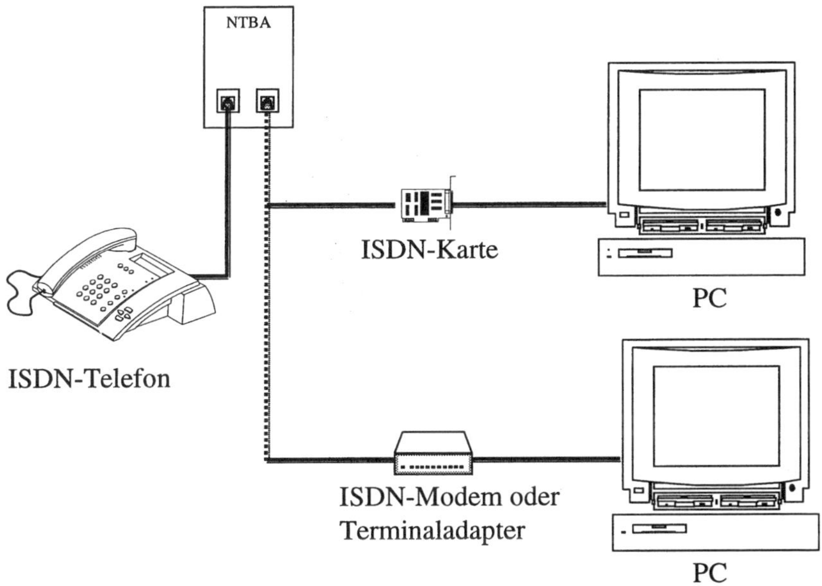

Bild 1.12: Die Lösung für Einzelplätze: Anschluß eines PC über eine ISDN-Karte oder über ein externes Gerät wie ein ISDN-Modem oder einen Terminaladapter. Darüber hinaus ein ISDN-Telefon zum direkten Anschluß ans ISDN-Netz.

Grundlagen

Die unterstützten Protokolle für den dritten ISDN-Kanal, den sogenannten D-Kanal, spielen eine zentrale Rolle für ISDN-Verbindungen. Der D-Kanal ist vom Anwender nicht frei nutzbar, sondern wird für Koordinationsaufgaben herangezogen wie beispielsweise den Verbindungsaufbau, die Leitungstrennung und für viele ISDN-Service-Merkmale, die über die beiden Nutzkanäle abgewickelt werden. Das D-Kanal-Protokoll muß passend zum bestehenden ISDN-Anschluß gewählt werden. Das neue Euro-ISDN verwendet DSS1. 1TR6 steht für das nationale, deutsche ISDN, das von der Deutschen Telekom nur noch auf besonderen Wunsch hin installiert wird.

Möchten Sie einen ISDN-Adapter im Ausland einsetzen, muß er dort auch zugelassen sein. Auch im Zeitalter des Euro-ISDN verlangen beispielsweise Deutschland und Frankreich jeweils gesonderte Zulassungsverfahren. Dazu gibt es in einigen Ländern noch nationale Protokolle, die von einer für Deutschland konzipierten Karte wohl kaum verstanden werden. Sie beherrscht neben dem modernen Euro-ISDN maximal noch das deutsche Protokoll 1TR6. Achten Sie also auf die Produktbeschreibung auf der Verpackung. Dort sind in der Regel die unterstützten Standards aufgeführt.

2 So klappt die Installation eines ISDN-Adapters

Unterschiedliche ISDN-Adapter wollen auch unterschiedlich an den PC angeschlossen werden. Generell gibt es zwei Möglichkeiten, um einen PC an das ISDN-Netz anzuschließen: extern oder intern. In diesem Kapitel erfahren Sie, wie Sie mit den verschiedenen Arten von ISDN-Adaptern zurechtkommen und wie Sie die nötige Software einrichten. Darüber hinaus helfen Ihnen Tips und Hinweise bei der reibungslosen Nutzung der Adapter.

Externe wie auch interne ISDN-Adapter stellen verschiedene Anforderungen an die Hardware eines PC, sonst funktionieren sie entweder gar nicht oder nur mit gebremster Kraft. Auch ein neu gekaufter, schneller PC ist nicht immer bereit, mit jedem ISDN-Adapter ohne weiteres zusammenzuarbeiten.

Systemvoraussetzungen prüfen

Es ist eben wie im Leben: Nicht immer paßt alles zusammen. Oft folgt der Freude über den Erwerb einer neuen Anschaffung die Enttäuschung, weil dann doch nicht geht, was auf den ersten Blick so einfach erschien. Auspakken und dann erst im Handbuch nachlesen, warum der Einbau oder Anschluß nicht funktioniert – das kann es nicht sein.

Im folgenden erfahren Sie, wie Sie die Systemvoraussetzungen für die verschiedenen Adapter-Typen bestimmen und wie Sie eventuelle Probleme meistern können.

Worauf Sie achten müssen

Mit dem Kauf eines ISDN-Adapters ist es noch lange nicht getan. Zunächst sollten Sie überprüfen, ob Ihre Telefonanlage und Ihr PC für den Anschluß vorbereitet sind. Je nachdem, ob Sie sich für einen externen Adapter oder für ein Modell in Steckkartenform entschieden haben, benötigen Sie entweder eine freie serielle Schnittstelle oder einen freien Steckplatz im Rechner.

Bevor Sie einen ISDN-Adapter kaufen, sollten Sie anhand Ihres Handbuchs und sonstiger Systemunterlagen sehr genau prüfen, ob sich der Adapter wirklich problemlos in Ihrem System installieren läßt. Sind Sie sich nicht sicher, ob ein Adapter wirklich funktionieren wird, sollten Sie Ihre Kaufentscheidung noch einmal überdenken.

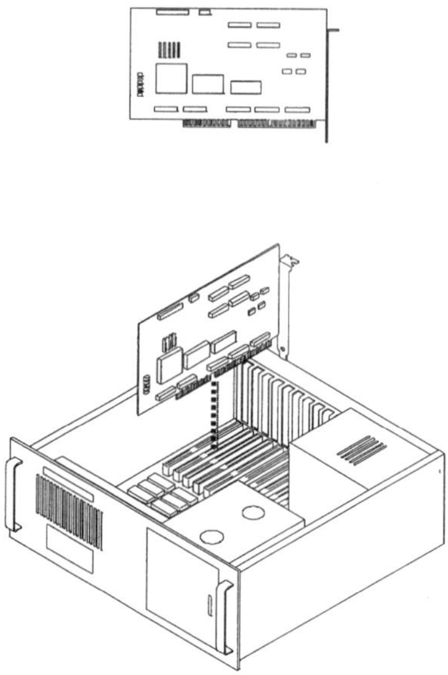

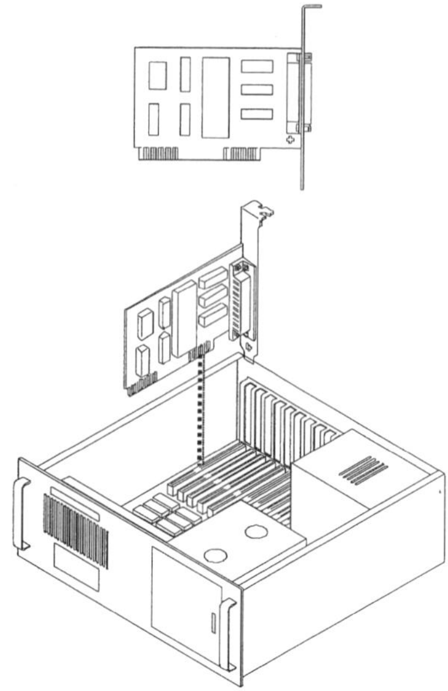

PCI ISA

Bild 2.1: Vorsicht Falle: Heutige PC besitzen meist Steckplätze sowohl für sogenannte PCI- als auch für ISA-Karten. Vor dem Kauf einer Steckkarte sollten Sie sich durch einen Blick in den PC davon überzeugen, ob Sie auch wirklich für den gewählten Kartentyp noch einen Platz frei haben.

So wird es gemacht

Vor allem, wenn Sie noch vor der Frage stehen, was für eine Art von ISDN-Adapter für Sie in Frage kommt, gilt es sehr genau zu prüfen, ob er sich auch ohne weiteres anschließen läßt. Im Falle einer ISDN-Karte sollten Sie unbedingt überprüfen, welche Steckplätze Sie noch frei haben:

1. Schalten Sie Ihren PC aus und ziehen Sie den Netzstecker. Dann schrauben Sie Ihren PC auf.
2. Sie sehen jetzt die Steckplätze vor sich. PCI-Steckplätze erkennen Sie an dem weißen Sockel und den eng zusammenliegenden Kontakten. ISA-Steckplätze sind dagegen dunkel gehalten und die Kontakte liegen weiter auseinander. Weiteres Kriterium: Die PCI-Steckplätze sind kürzer als die ISA-Plätze, und in Towergehäusen liegen sie meist oberhalb von ISA-Plätzen.

Bild 2.2: Detailansicht eines typischen Pentiums. Die oberen hellen Steckplätze sind für PCI-Karten vorgesehen, die darunter liegenden dunklen Steckplätze für ISA-Karten.

Auch für ISDN-Modems und ISDN-Terminaladapter sind bestimmte Kriterien zu beachten. Wenn Sie die Anschaffung eines solchen Gerätes erwägen, dann lesen Sie dazu bitte Kapitel 2.2.

Wenn Sie keine Steckplätze mehr frei haben, dann überprüfen Sie, ob Sie wirklich alle eingebauten Karten benötigen. Eine Controller-Karte für einen bereits defekten Streamer können Sie beispielsweise bedenkenlos rausschmeißen – damit haben Sie Platz geschaffen für eine ISDN-Karte.

Wenn Sie eine ISDN-Karte oder einen entsprechenden externen Adapter kaufen und die Installation nicht selber durchführen wollen, empfiehlt sich der Kauf bei einem Fachhändler, der die Installation für Sie gleich erledigt. Damit sparen Sie in der Regel bares Geld, denn Schnäppchen plus Technikerstunde mit An- und Abfahrt sind meist teurer als das auf den ersten Blick teuere Angebot eines seriösen Fachhändlers für Karte inklusive Einbau.

2.1 ISDN-Karte

Eine Erweiterungskarte in einen PC einzubauen ist eigentlich kein Kunststück. Jedenfalls rein theoretisch nicht. Denn nach der reinen Lehre ist nichts weiter zu tun, als den Rechner aufzuschrauben, die Karte einzustecken und nach anschließendem Zusammenbau die Software zu installieren. Was in Windows 95 besonders komfortabel sein soll, da hier ein automatischer Suchlauf neue Hardware erkennen und richtig ins System einpassen soll.

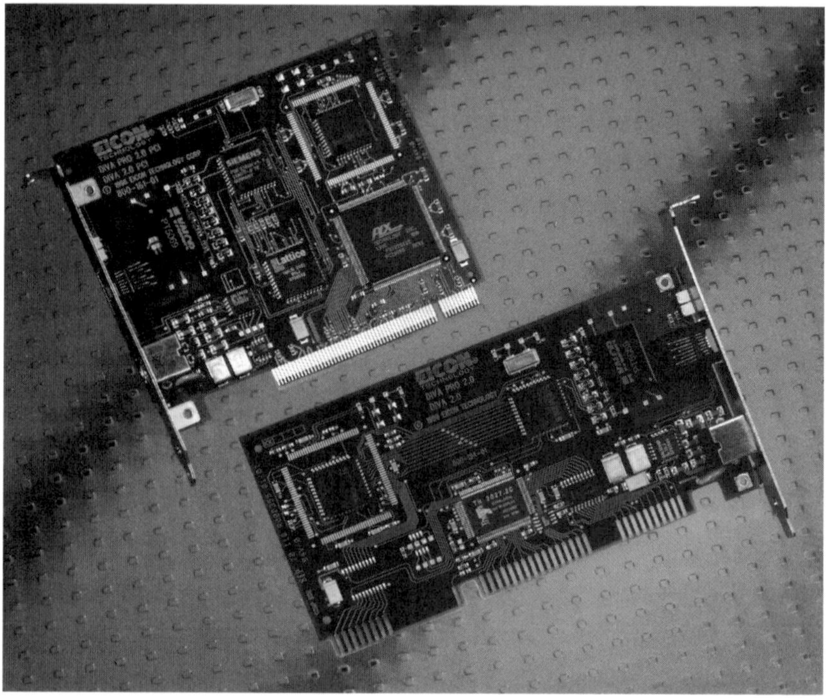

Bild 2.3: Zwei Karten, zwei Stecktechniken: Oben ist eine ISDN-Karte für PCI-Steckplätze zu sehen, unten eine für ISA-Steckplätze. Achten Sie darauf, den passenden Kartentyp für Ihren PC zu besorgen.

In der Praxis sieht das alles natürlich wieder ganz anders aus. Da ist zuerst einmal der Umstand, daß Windows in den USA konzipiert wurde. Auch dort ist ISDN ein Begriff. Als zügige Geschwindigkeitsverbindung, um Daten auszutauschen. Doch im Leben der meisten Amerikaner spielt ISDN ungefähr die gleiche Rolle wie Jazz-Musik. Nämlich gar keine. Das ist bedauerlich, denn so fühlen sich die Entwickler von Microsoft nicht verpflichtet, sich des Themas ISDN für Windows aus vollem Herzen anzunehmen. Dafür hat allerdings Microsoft Deutschland einiges dafür getan, daß ISDN-Karten in der deutschen Version von Windows 95 ein komfortables Installationsangebot erhalten – in älteren Windows-Versionen gibt es jedoch keine ISDN-Unterstützung.

Den automatischen Suchlauf können Sie dennoch auch in Windows 95 bei vielen Karten vergessen. Und auch die Mär, daß eine ISDN-Karte einfach nur eingesteckt werden muß. Denn die Wahrheit ist, daß fast alle ISDN-Karten-Hersteller bei Installation und Betrieb ihr eigenes Süppchen kochen.

Von Jumpern und DIP-Schaltern

Und was das Erstaunliche ist: Selbst heutzutage ist an manche ISDN-Karte noch Hand anzulegen. Und zwar an das sogenannte Mäuseklavier, auch DIP-Schalter genannt. Oder an Steckbrücken, die meist als Jumper bezeichnet werden. Auf vielen ISDN-Karten finden Sie meist drei bis fünf solcher Jumper. Eine Änderung an der entsprechenden Einstellung kann nur vorgenommen werden, wenn man die Karte aus dem PC ausgebaut hat.

Grundlagen

DIP-Schalter und Jumper sind dazu da, bestimmte Einstellungen eines Gerätes oder einer Einsteckkarte festzulegen. Wie Lichtschalter können sie zwei Zustände annehmen: „Ein“ und „Aus“. Was mit dem jeweiligen Umlegen eines Mikroschalters oder dem Umstecken einer Steckbrücke erreicht werden kann, steht entweder auf der Platine oder im Handbuch – im Idealfall natürlich sowohl als auch.

Sie können diese speziellen Mikroschalter zwar wie Lichtschalter betätigen, sollten sie allerdings weitaus weniger häufig benutzen. In der Regel ist die Einstellung dieser Schalter auf einer ISDN-Karte nur einmal nötig, nämlich dann, wenn sie mit der Konfiguration des Rechners abgeglichen werden soll. Anschließende Eingriffe sind dann nur noch notwendig, wenn es zu Konflikten mit anderen Hardware-Komponenten kommt, etwa wenn später noch eine Netzwerkkarte installiert wird, die der ISDN-Karte bestimmte Einstellungen streitig macht.

Werfen Sie vor dem Einbau einer ISDN-Karte unbedingt einen Blick in das Handbuch. Bei einigen Karten ist es notwendig, erst die Software zu installieren und dann erst die Karte. Es kann auch notwendig sein, die Karte per DIP-Schalter oder Jumper einzustellen.

Worauf Sie achten müssen

Eigentlich ist es nicht besonders schwer, sogenannte Jumper zu stecken oder DIP-Schalter umzulegen. DIP-Schalter sind Mikroschalter, die beispielsweise durch gezielten Druck mit der Spitze eines Kugelschreibers umgeschaltet werden können. Jumper sind praktisch die Sparversion: Bei ihnen ist eine kleine Steckbrücke zu stecken, um eine Verbindung zu aktivieren. Bei DIP-Schaltern kennzeichnen dagegen meist eine Eins und eine Null, ob die Verbindung aktiv ist oder nicht.

Das Problem liegt also nicht im Umstecken oder Umschalten. Die spannende Frage lautet vielmehr: Was genau bewirkt welcher Zustand? Wenn dazu auf der Platine nichts aufgedruckt ist, finden Sie entsprechende Hinweise im Handbuch.

Schreiben Sie die Beschreibungen zu DIP-Schalter oder Jumper-Einstellungen aus Ihrem Handbuch ab, speichern Sie sie in ihrem PC, drucken Sie sie mehrfach aus, fotokopieren Sie sie oder speichern Sie sie auf sicher abgelegten Disketten. Denn wenn Sie die Karte nach zwei Jahren in einem anderen PC einbauen wollen und das Handbuch nicht mehr finden, wird es schwierig, den Sinn von DIP-Schaltern und Jumpern zu erschließen.

Das Jumpern, wie es genannt wird, bewirkt in der Regel nichts anderes wie ein Mausklick in einem entsprechenden Programm. So können Sie etwa bei manchen ISDN-Karten die sogenannten I/0-Adressen per Software „jumpern“; dazu eignet sich beispielsweise der Geräte-Manager von Windows 95. Wenn eine ISDN-Karte die Einstellung der I/O-Adresse jedoch per DIP-Schalter oder Jumper geändert haben möchte, dann können Sie diese in der Regel nicht per Software einstellen, sondern müssen an der Karte selbst Hand anlegen.

So wird es gemacht

Zuerst gilt es zu überprüfen, ob die Karte nur per Software oder auch per Hardware – also per DIP-Schalter oder Jumper – konfiguriert werden muß. Das verrät schon ein scharfer Blick auf die Karte selber. Halten Sie dabei nach einer Anordnung von Mikroschaltern Ausschau, wie sie in Bild 2.4 dargestellt sind oder aber nach Steckbrücken. Befinden sich solche DIP-Schalter oder Steckbrücken auf der Platine, dann heißt es in der Regel auch Hand anzulegen.

Im Handbuch oder auf der Platine selber muß stehen, zu was diese Schaltoptionen überhaupt gut sind. Und da gibt es verschiedene Möglichkeiten. In jedem Fall hat es etwas mit den sogenannten Ressourcen (freien Interrupts und I/O-Adressen) Ihres PC zu tun. Und die sind teilweise so knapp bemessen wie Lehrstellen in Deutschland. Mitunter bedarf es eines sehr gezielten Vorgehens, um dann doch noch eine entsprechende Ressource freizugeben.

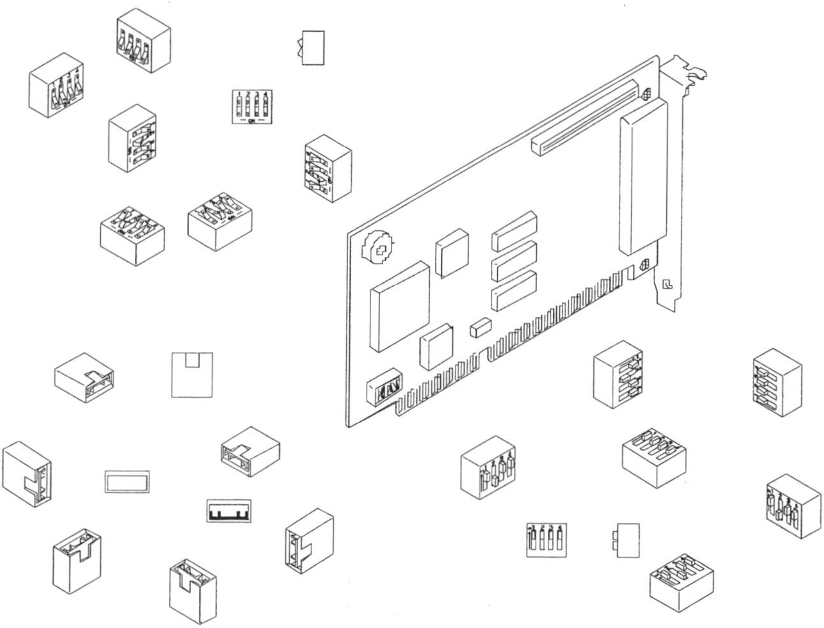

Bild 2.4: Typische PC-Einsteckkarte. Am hinteren unteren Ende befindet sich ein DIP-Schalter zur Einstellung von Systemparametern. Diese Schalter können wie links oben als Kippschalter oder wie unten rechts als Schiebeschalter ausgeführt sein. Links im Bild sind als Jumper bezeichnete Steckbrücken zu sehen, die die gleiche Funktion für eine Jumperreihe übernehmen wie ein aktivierter DIP-Schalter.

Interrupt einstellen

Interrupts, auch kurz IRQs genannt, machen vor allem durch Konflikte auf sich aufmerksam. Solange sie einwandfrei ihren Job machen, bleiben sie unauffällig im Hintergrund. Kommen sich aber zwei oder mehr von ihnen ins Gehege, werden gezielte manuelle Eingriffe unvermeidbar.

Das Tragische an Interrupts ist, daß es von ihnen einfach zu wenige gibt. Gerade mal 16 Stück sind es, die sich auf wichtige Hardware-Komponenten verteilen lassen. Und acht von ihnen sind, wie Tabelle 2.5 offenbart, bereits in festen Händen. Auch die restlichen acht sind nicht so frei, wie es zunächst den Anschein hat. Soundkarte, CD-ROM-Laufwerk, SCSI-Adapter, zusätzliche Laufwerke – sie alle wollen durch mindestens einen Interrupt bedient werden. Ein normal ausgestatteter Multimedia-PC benötigt daher bereits ohne ISDN-Karte häufig alle 16 Interrupts – doch woher den fehlenden für eine ISDN-Karte nehmen? Das wird im folgenden beantwortet.

Grundlagen

Erweiterungskarten wie beispielsweise ISDN-Adapter müssen in der Lage sein, dem Prozessor im PC mitzuteilen, wann sie Daten für ihn haben, die von ihm zu verarbeiten sind. Dies geschieht mit Hilfe der Interrupts, die im Grunde nichts anderes sind als eine direkte Leitung vom Peripheriegerät zum Prozessor. Liegt an dieser Leitung Spannung an, weiß der Prozessor, daß Daten für ihn anliegen, die er verarbeiten muß. Er muß daher seine Arbeit kurz unterbrechen (to interrupt) und diese Daten abholen. Damit der Prozessor weiß, wer ihm die Daten zur Verfügung stellt und wo die Daten abzuholen sind, stehen die bereits genannten 16 Interruptleitungen zur Verfügung.

Das erklärt auch, warum sich nicht zwei Geräte eine Interrupt-Leitung teilen können. Der Prozessor wüßte dann nämlich nicht, welches der beiden Geräte die Daten zur Verfügung stellt und damit auch nicht, wo er die Daten abholen muß.

So wird es gemacht

Um zu verhindern, daß eine Interrupt-Leitung von mehreren Komponenten gleichzeitig beansprucht wird, sollten Sie sich vor der Erweiterung des Rechners durch eine ISDN-Karte darüber informieren, welche Interrupts bereits belegt und welche noch frei sind. Wenn sich etwa zwei Systemerweiterungen einen Interrupt teilen, kann das nur in seltenen Fällen gut gehen; bei ISDN-Adaptern führt es jedoch früher oder später auf jeden Fall zu massiven Problemen.

Unter Windows 3.x sind die Möglichkeiten zur Diagnose und vor allem zum Einstellen der Interrupts sehr beschränkt. Das DOS-Programm Microsoft Diagnostic – kurz MSD.EXE – muß ran, wenn es um die Diagnose der Interrupts oder anderer Systemressourcen geht. Alternativ bieten sich Hilfsprogramme wie Dr. Halo, Check It, System Info Checker und Free IRQ an.

Allerdings haben all diese Programme einen Nachteil: Sie sind nicht allwissend. Denn sie können nicht die Hardware selbst erkennen, sondern nur die Treiber, die im Zusammenhang mit einem Interrupt stehen. Die Einstellungen bestimmter Komponenten, wie die von Soundkarten, werden also nicht zuverlässig erkannt. Der schwerwiegendste Nachteil ist jedoch, daß Sie mit einem Programm wie MSD.EXE selbst keine Einstellungen vornehmen können.

Eine ganz andere Welt eröffnet da Windows ab der Version 95: Hier ist es der Geräte-Manager, der nicht nur komfortabel über alle Systemressourcen und damit auch über die Interrupts informiert, sondern auch direkt Änderungen der Einstellungen gestattet. Der Geräte-Manager ist damit zur wichtigsten Schaltstelle geworden, um den Einbau einer ISDN-Karte vorzubereiten, Probleme zu überprüfen und auch gleich einzugreifen: Er gestattet den komfortablen Direktzugriff auf alle Systemressourcen. Die Details werden auf den folgenden Seiten dargestellt.

In Windows 95 führt ein sehr schneller Weg zu den Systemressourcen, jedenfalls dann, wenn Sie eine Windows 95-Tastatur zur Verfügung haben. Drücken Sie einfach die <Windows>- plus die <Pause>-Taste. Dann müssen Sie nur noch GERÄTE-MANAGER anklicken – und schon sind Sie mitten drin im Geschehen.

Einen guten Überblick über die belegten Ressourcen erhalten Sie, wenn Sie im Gerätemanager (<Windows>+<Pause>) auf DRUKKEN klicken und sich eine Systemübersicht ausdrucken lassen.

Tabelle 2.5: Die knappste Ressource eines PC sind die Interrupts. Hier finden Sie alle Interrupts, die überhaupt für die Installation einer Karte in Frage kommen

Interrupts	**Funktion**	**Für ISDN-Karte frei**
IRQ0	System-Timer	nein
IRQ1	Tastatur	nein
IRQ2	diverse interne Zwecke	nur in Ausnahmefällen
IRQ3	serielle Schnittstelle COM 2	nein
IRQ4	serielle Schnittstelle COM 1	nein
IRQ5	Druckerschnittstelle LPT2	ja, falls nur eine Druckerschnittstelle vorhanden
IRQ6	Diskettenlaufwerke	nein
IRQ7	Druckerschnittstelle LPT1	nein
IRQ8	CMOS Echtzeituhr	nein
IRQ9	diverse interne Zwecke	nur in Ausnahmefällen
IRQ10	frei	Ja

Interrupts	Funktion	Für ISDN-Karte frei
IRQ11	frei	Ja
IRQ12	frei	ja
IRQ13	Numerischer Koprozessor	nein
IRQ14	Festplatte	nein
IRQ15	frei	ja

2.1.1 ISDN-Karte einbauen und konfigurieren

Vor dem Einbau einer Karte muß also erst einmal festgestellt werden, ob das System überhaupt dafür vorbereitet ist. Die dafür nötigen Schritte unterscheiden sich komplett zwischen den 16-Bit- und 32-Bit-Versionen von Windows. Bei den 16-Bit-Versionen von Windows (Windows 3.x) ist der Weg hart und steinig und mit Bordmitteln nur mit den bereits erwähnten Einschränkungen über das Hilfsprogramm MSD.EXE möglich.

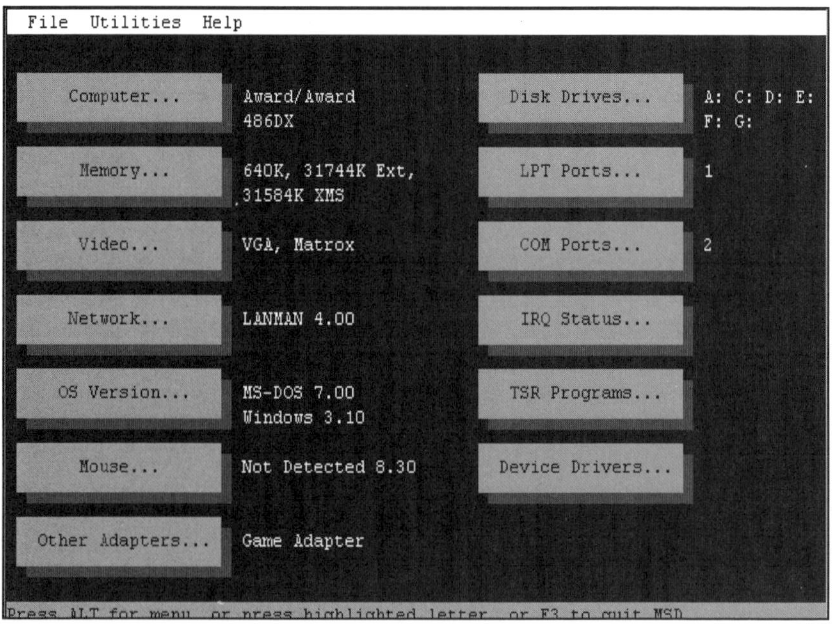

Bild 2.6: Unter Windows 3.x hilft das DOS-Programm MSD.EXE weiter, um den Systemeinstellungen auf die Spur zu kommen.

Ressourcen überprüfen

So wird es bei Windows 3.x gemacht

So gehen Sie vor, um das Programm MSD zu starten:

1. Starten Sie Ihren Rechner im MS-DOS-Modus.
2. Rufen Sie das Programm MSD auf. Dazu müssen Sie MSD eintippen und mit der <Return>-Taste abschließen. Wenn das Programm nicht startet, müssen Sie in Ihr DOS-Verzeichnis wechseln. Ist das Programm auch dort nicht auffindbar, dann legen Sie die MS-DOS-Diskette ein und rufen Sie dort das Programm auf.
3. Nach dem Aufruf des Programms sehen Sie das in Bild 2.6 gezeigte Eingangsmenü. Drücken Sie jetzt <Q> für IRQ Status.
4. Sie befinden sich jetzt in dem in Bild 2.7 gezeigten IRQ Status. Leider ist das eine eher unverbindliche Aussage, da das Programm MSD.EXE nur indirekt die Belegung der Interrupts feststellen kann.

Von jedem Interrupt, bei dem unter „Description" ein Gerät angegeben ist und das unter „Detected" mit Yes gekennzeichnet ist, sollten Sie die Finger lassen, da dieser Interrupt bereits belegt ist.

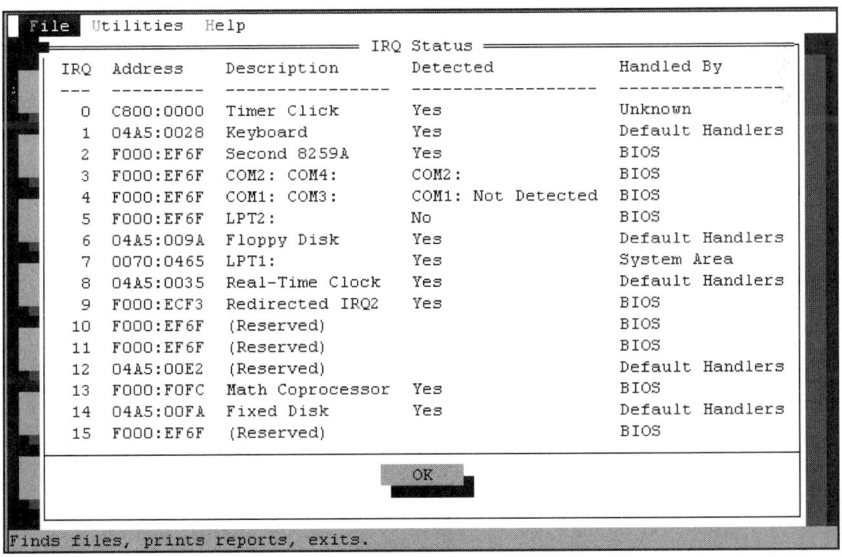

File Utilities Help

IRQ Status

IRQ	Address	Description	Detected	Handled By
0	C800:0000	Timer Click	Yes	Unknown
1	04A5:0028	Keyboard	Yes	Default Handlers
2	F000:EF6F	Second 8259A	Yes	BIOS
3	F000:EF6F	COM2: COM4:	COM2:	BIOS
4	F000:EF6F	COM1: COM3:	COM1: Not Detected	BIOS
5	F000:EF6F	LPT2:	No	BIOS
6	04A5:009A	Floppy Disk	Yes	Default Handlers
7	0070:0465	LPT1:	Yes	System Area
8	04A5:0035	Real-Time Clock	Yes	Default Handlers
9	F000:ECF3	Redirected IRQ2	Yes	BIOS
10	F000:EF6F	(Reserved)		BIOS
11	F000:EF6F	(Reserved)		BIOS
12	04A5:00E2	(Reserved)		Default Handlers
13	F000:F0FC	Math Coprocessor	Yes	BIOS
14	04A5:00FA	Fixed Disk	Yes	Default Handlers
15	F000:EF6F	(Reserved)		BIOS

OK

Finds files, prints reports, exits.

Bild 2.7: In älteren Windows-Versionen gibt das Menü „IRQ Status" einen unverbindlichen Überblick über die Belegung der Interrupts.

So wird es bei Windows 95 gemacht

So gehen Sie vor, um im Geräte-Manager von Windows 95 nach dem Rechten zu sehen:

1. Starten Sie die Systemsteuerung durch gleichzeitiges Drücken der <Windows>- und der <Pause>-Taste und klicken Sie dort auf die Registerkarte GERÄTE-MANAGER. Haben Sie keine Windows 95-Tastatur zur Verfügung, dann klicken Sie auf das Windows-Start-Logo in der Taskleiste. Die Taskleiste befindet sich für gewöhnlich am unteren Bildschirmrand und das Start-Logo dort links. Klicken Sie danach nacheinander auf EINSTELLUNGEN, SYSTEMSTEUERUNG und dann auf SYSTEM. Als letzten Schritt müssen Sie noch den GERÄTE-MANAGER anklicken.
2. Doppelklicken Sie oben im Fenster auf COMPUTER und Sie erhalten in der Registerkarte EIGENSCHAFTEN FÜR COMPUTER Einblick in die Belegung der Interrupts. Mit der Bildlaufleiste auf der rechten Seite können Sie die einzelnen Einträge abfahren. Insgesamt können die Positionen 0 bis 15 belegt sein.
3. Wenn hier einzelne Interrupts nicht belegt sind, dann können Sie sich diese Nummern notieren.

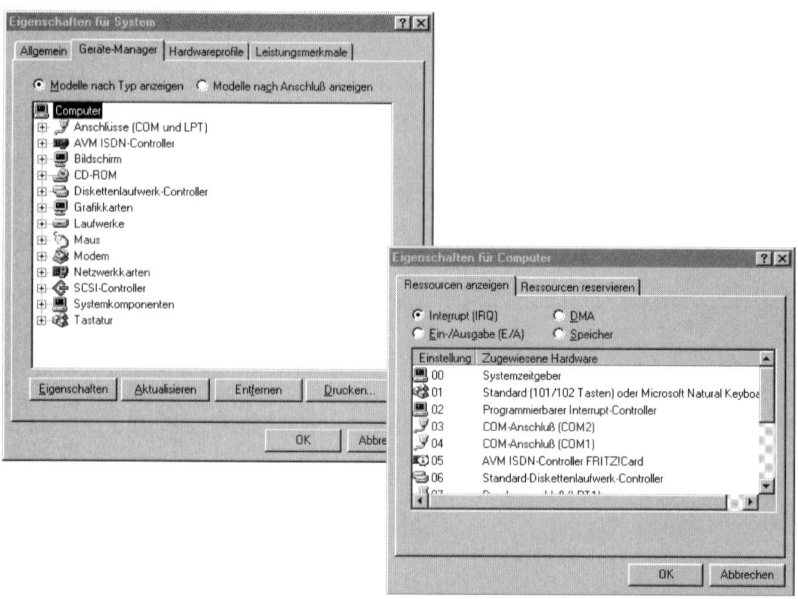

Bild 2.8: Der Überblick über die Interrupts gelingt ab Windows 95 mit ein paar Mausklicks. Hier ist bereits der Interrupt 5 mit einer ISDN-Karte belegt.

Der Geräte-Manager schlägt Alarm, wenn er auf Fehler oder Ungereimtheiten stößt. In der Registerkarte GERÄTE-MANAGER sind die kritischen Einträge durch einen gelben Punkt mit Ausrufezeichen markiert; auch ein gelbes Fragezeichen kann Ärger bedeuten. Prüfen Sie dann unbedingt die einzelnen Einstellungen.

I/O-Adresse auwählen

Der Geräte-Manager gibt nicht nur Auskunft über die Belegung der Interrupts, er ist auch äußerst bereitwillig zu Diensten, wenn es um die Abklärung weiterer Systemressourcen geht. Gekennzeichnet sind diese als Ein-/Ausgabe (E/A), DMA und Speicher. Bei ISDN-Karten geht es vor allem auch um die Einstellung der Ein-/Ausgabe-Bereiche, die in Handbüchern und ergänzender Literatur häufig als I/O-Adressen bezeichnet werden.

Grundlagen

Die I/O-Adressen spielen eine zentrale Rolle, wenn es um die Kommunikation zwischen einer Erweiterungskarte oder einem Peripheriegerät und dem PC geht. I steht dabei für Input und O für Output. Zur Verwirrung wird das ganze in Windows 95 Ein-/Ausgabe genannt, was zwar dasselbe bedeutet, jedoch erst auf den zweiten Blick erkennbar ist – wenn überhaupt.

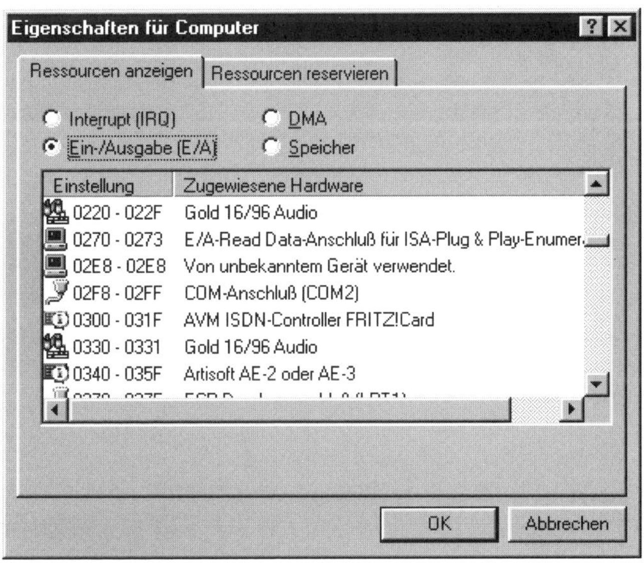

Bild 2.9: Ein Blick auf die Liste der E/A (I/O)-Adressen dieses PC zeigt, daß die Adresse 300 von der AVM FRITZ!Card belegt ist.

Die I/O-Adressen haben die unangenehme Eigenschaft, mit hexadezimalen Zahlen daherzukommen. Als Endanwender haben Sie mit dieser Zahlengattung beim PC mittlerweile nichts mehr zu tun – aber bei der Installation einer ISDN-Karte kommen Sie häufig nicht um sie herum.

Einer ISDN-Karte muß im System eine bestimmte I/O-Adresse zugewiesen werden. Sie spielt ungefähr die gleiche Rolle wie die Hausnummer bei der Zustellung der Post. Wobei in diesem Fall einem Gerät immer nur eine Hausnummer zugeordnet sein kann. Ist eine I/O-Adresse durch ein Gerät bereits besetzt, dann kann sie nicht von der ISDN-Karte genutzt werden.

Bevor Sie an die Software-Installation einer ISDN-Karte gehen, sollten Sie prinzipiell alle Daten sichern und andere Anwendungen schließen. Nicht nur Kommunikationsprogramme können sich sonst bei der Installation quer stellen und so die Installation scheitern lassen – oder, was noch schlimmer ist, das ganze System instabil machen.

Was tun, wenn kein IRQ frei ist?

Wenn die Interrupts wegen Überfüllung geschlossen sind, dann hilft alles nichts: Einer muß frei gemacht werden. Ansonsten ist der Einbau eines neuen Gerätes von vornherein ausgeschlossen. Es ist etwas Ideenreichtum gefragt, um herauszubekommen, welcher Interrupt unter Umständen frei gemacht werden könnte. In Tabelle 2.5 haben Sie bereits gesehen, daß einige Interrupts in festen Händen sind. Sie können also nur einen der acht anderen Interrupts prüfen, in der Hoffnung, eine Komponente zu finden, die Sie rausschmeißen und gegen ein neues Gerät ersetzen können.

Sie haben einen freien Interrupt und die Karte läßt sich dennoch nicht installieren? Das kann leider nur allzu leicht vorkommen. Denn schließlich bieten in der Regel nur PCI-Karten die Option, mit jedem Interrupt zusammenzuarbeiten. ISA-Karten dagegen sind teilweise eingeschränkt.

Erst ab Windows 98 sollen sich die Interrupts von Haus aus mehrfach belegen lassen und das auch nur, wenn entsprechend konfigurierte neue Karten oder Geräte mit im Spiel sind. Wer einen IRQ doppelt belegt – was unter Windows 3.x leicht möglich ist – riskiert Systemabstürze, Fehlermeldungen und den totalen Ausfall des Systems.

So wird es gemacht

Werfen Sie unbedingt einen Blick in das Handbuch Ihrer ISDN-Karte, um festzustellen, ob es irgendwelche Einschränkungen in der Wahl der Interrupts gibt. Unter Umständen heißt es dann, Bäumchen wechsle dich zu spielen: Und zwar dann, wenn keine der noch freien Ressourcen vom neuen ISDN-Adapter genutzt werden kann. Dann müssen Sie bei einem oder mehreren der bereits installierten Geräte die verwendeten Ressourcen ändern, um eine für den ISDN-Adapter nutzbare frei zu bekommen.

Anwendungsbeispiel

Es bleibt Gerhard Strasser nichts anderes übrig, als wachen Blickes die Interrupt-Belegung durchzugehen. Es dauert einige Zeit, bis er fündig wird: Auf Interrupt 5 liegt der Controller seines alten Handscanners, der gerade mal 16 Graustufen verarbeiten kann und auch sonst nicht mehr auf der Höhe der Zeit ist. Dieses Gerät hat er schon seit Monaten nicht mehr benutzt. Und wenn er ehrlich ist, wird er ihn wohl auch nie wieder benutzen. Also macht sich Gerhard Strasser kurzerhand daran, den Eintrag des Controllers zu löschen. Anschließend deinstalliert er noch die zugehörigen Programme und Treiber und baut die Karte aus.

Wenn Sie einen Eintrag im Geräte-Manager löschen, dann können Sie das Gerät danach nicht mehr verwenden. Statt dessen müssen Sie es, sollten Sie es doch wieder brauchen, neu installieren.

So löschen Sie Komponenten

Das Löschen einer Komponente im Geräte-Manager nennt sich Entfernen. Und genau diese Schaltfläche ist es auch, die einen Eintrag und damit die entsprechende Komponente aus Windows 95 entfernt. Dazu ist nichts weiter zu machen, als den entsprechenden Eintrag anzuklicken, auf ENTFERNEN zu klicken und das Löschen per OK zu bestätigen.

Wenn links neben einem Eintrag ein Pluszeichen steht, dann handelt es sich um eine sogenannte Geräteklasse. Und die lassen sich nicht so einfach löschen. Wenn Sie jedoch auf eine Geräteklasse doppelklicken, dann werden darunter die einzelnen Komponenten dieser Klasse aufgeführt. Und die lassen sich sehr wohl – jedoch einzeln – löschen. Sind alle Komponenten entfernt, dann kann auch die Geräteklasse gelöscht werden, sofern sie keinen Schutz durch das System genießt.

Wenn Sie partout keinen Interrupt freischaufeln können, andererseits aber auf eine parallele oder serielle Schnittstelle verzichten können, dann gibt es noch eine letzte Möglichkeit: Deaktivieren Sie einfach eine Schnittstelle. Das geht allerdings nicht in Windows 95, sondern muß im BIOS eingestellt werden.

So wird es gemacht

Ihr Rechner verrät Ihnen beim Start, wie Sie ins BIOS kommen. Mitunter fordert er Sie beispielsweise auf, die Taste <Del> zu drücken; auf deutschen Tastaturen entspricht das <Entf>. Oder er verlangt eine Tastenkombination wie <Ctrl> und <S>; gemeint ist damit <Strg> und <S>. Anschließend kommen Sie in das BIOS, wie in Bild 2.10 gezeigt. Hier müssen Sie den – englischsprachigen – Anweisungen folgen, um eine parallele oder serielle Schnittstelle aufzusuchen und zu deaktivieren.

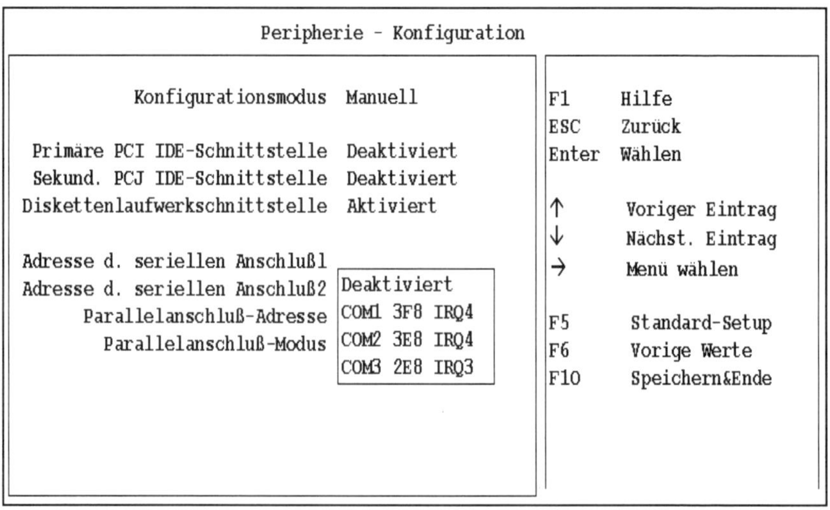

Bild 2.10: Wenn Sie auf andere Art keinen Interrupt frei machen können, bleibt noch der Ausweg über das Deaktivieren einer seriellen oder parallelen Schnittstelle im BIOS.

ISDN-Karte einbauen

Die Installation seines alten Handscanners hat Gerhard Strasser eliminiert. Damit hat er einen Interrupt für den neuen ISDN-Adapter frei und muß diesen noch einbauen. Voller Tatkraft macht er sich ans Werk:

1. Er zieht den Netzstecker und schraubt das Gehäuse seines PC auf.
2. Er nimmt die Karte aus der Verpackung. Zuerst streift er dazu die Kunststoffhülle ab und greift dann die Karte vorsichtig am hinteren Ende, am sogenannten Slotblech. Er geht deshalb so vorsichtig mit der Karte um, weil er weiß, daß ihr statische Aufladungen durch eine direkte Berührung Schaden zufügen kann.
3. Dann zieht er die kleine Controller-Karte des Scanners aus ihrem Steckplatz und setzt statt dessen dort die ISDN-Karte vorsichtig ein.

Bild 2.11: Dieses Foto zeigt, wie eine ISDN-Karte in einen Einsteckplatz durch Reindrücken befestigt wird. Sie muß fest sitzen, da es sonst Kontaktprobleme geben kann.

4. Er schraubt seinen Rechner wieder zu.
5. Er steckt das Netzkabel wieder ein und startet den Rechner.

Damit hat er die Hardware-Installation vorgenommen und kann jetzt ans Installieren der Software gehen. Als relativ routinierter Software-Installateur will er jetzt des Setup-Programm von der ISDN-Karte starten:

Bild 2.12: Auf diesem Foto sehen Sie, wie das Slotblech der Karte mit einer Schraube festgezogen wird. Es ist wichtig, darauf zu achten, daß die Karte fest sitzt, damit sie sich beim Einstecken der Kabel nicht wieder lösen kann.

1. Er klickt im Explorer sein CD-ROM-Laufwerk an und geht über den Pfad CARDWARE, FRITZCARD zum Verzeichnis WINDOWS 95.
2. Mit einem Doppelklick startet er das Programm SETUP.EXE. Darauf erscheint die in Bild 2.13 dargestellte Fehlermeldung mit dem Hinweis: ES IST KEIN AVM ISDN-CONTROLLER INSTALLIERT!

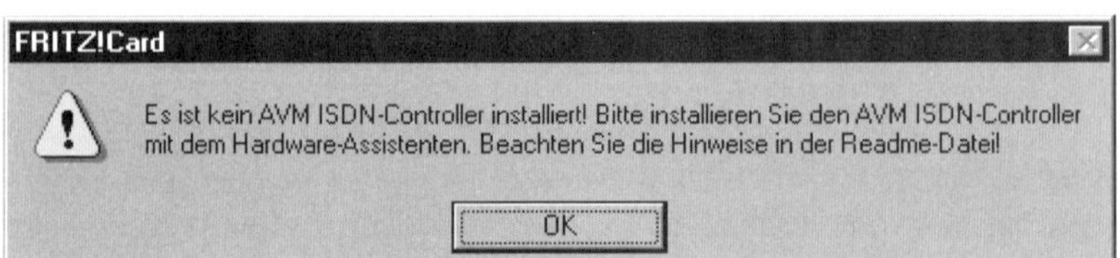

Bild 2.13: Wenn bei der Installation der FRITZ!Card dieser Hinweis erscheint, dann müssen Sie die Installation wahrscheinlich noch einmal von vorne beginnen.

Gerhard Strasser hat gleich zwei Fehler bei der Installation gemacht: Zum einen hat er versäumt, sich die Karte genauer anzuschauen. Denn dann hätte er bemerkt, daß die Karte Jumper besitzt und es somit nötig ist, sich der Karte etwas genauer zu widmen. Und zum zweiten hat er einen zwar durchaus üblichen Installationsweg gewählt, der aber in diesem speziellen Fall ins Aus führt, weil die weitverbreitete FRITZ!Card es eben etwas anders haben will.

Unter Windows 3.x wäre der von Gerhard Strasser eingeschlagene Weg durchaus richtig gewesen – allerdings mit einer Ausnahme: Er hätte sich in jedem Fall um die Jumper kümmern müssen.

In Handbüchern ist mitunter die Installation per Diskette beschrieben, obwohl der Karte zur Installation eine CD-ROM beiliegt. Das bedingt ein anderes Vorgehen als im Handbuch angegeben.

Treiber installieren

Ab Windows 95 ist es nach Einschieben der Setup-CD-ROM meist nicht nötig, ein spezielles Installationsprogramm aufzurufen: Das Eingangsmenü der CD-ROM öffnet sich in der Regel automatisch. Dort brauchen Sie meist nur noch das zur Installation nötige Menü anzuklicken und werden dann automatisch durch die Installation geleitet.

Bei Windows 3.x sieht das ein bißchen anders aus. Hier sollten Sie sich etwas in Geduld fassen, denn so mancher Hersteller versteckt sein Setup-Programm in einem nicht sofort einsichtigen Verzeichnis. Es kann zum Beispiel unter „Programme" versteckt sein oder unter „Installation". Oft steckt es in einem Unterverzeichnis mit einem Namen wie WIN3.X. Wenn Sie die entsprechende SETUP.EXE gefunden haben, brauchen Sie nur noch doppelzuklicken.

So wird es gemacht

Leider war Gerhard mit seinem wie auf Seite 48 beschriebenen Einbau der ISDN-Karte etwas voreilig. Er hätte erst den Hardwareassistenten ausführen sollen, bevor er die Karte installiert! Also heißt es, daß er die Karte wieder ausbauen muß ...

Kein unbedingt schöner Gedanke, aber was sein muß, muß sein. Er macht sich sofort an die Arbeit und baut die Karte aus. Dann macht er sich an die Installation:

Bild 2.14: Viele Installations-CD-ROMs, wie die der FRITZ!Card, starten nach dem Einlegen automatisch.

1. Er schiebt die Installations-CD-ROM ins Laufwerk.
2. Das Startmenü der AVM-Karte erscheint auf dem Bildschirm. Er muß jetzt nur entscheiden, ob er eine PCMCIA-Karte für Notebooks oder die reguläre Karte installieren möchte. Er wählt die reguläre Karte.
3. Im nächsten Fenster wird er gefragt, was er installieren möchte. Er wählt den Punkt ISDN-Controller FRITZ!Card.
4. Die nächste Frage bezieht sich auf das Betriebssystem. Er wählt Windows 95. Nachdem er die Installation gestartet hat, übernimmt der Hardwareassistent von Windows 95 die Regie und führt ihn über den normalen Weg der Erstinstallation einer neuen Hardware-Komponente.
5. Zur Eröffnung klickt er auf WEITER. Auf die Frage, SOLL JETZT NEUE HARDWARE GESUCHT WERDEN? wählt er trotz der Empfehlung des Systems NEIN, da er ja bereits weiß, welche Hardware er installieren will.
6. Dann hat er den zu INSTALLIERENDEN HARDWARE-Typ auszuwählen. Da es den Bereich ISDN-Karten nicht gibt, wählt er hier ANDERE KOMPONENTEN.

7. Im nächsten Fenster klickt er auf die Schaltfläche DISKETTE. Etwas widersinnig, da er den Treiber von CD-ROM laden möchte – aber richtig.
8. Jetzt muß er noch den Installationspfad auf der CD-ROM angeben. Er klickt dazu auf DURCHSUCHEN und dann auf der CD-ROM auf das Verzeichnis, in dem sich die passenden Treiber für Windows 95 befinden.

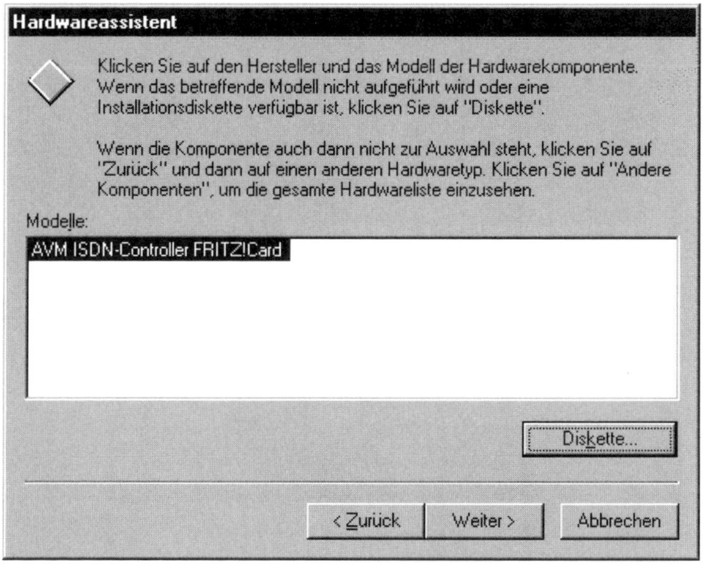

Bild 2.15: Im Hardwareassistenten ist während der Installation auf Diskette zu klikken und dann der passende Treiber auszuwählen.

Das System übernimmt jetzt bei der Wahl des Interrupts und der I/O-Adresse die Regie. Es meldet die gewählte Einstellung. Und trotz des Komforts bei diesem Installationsschritt ist es jetzt notwendig, selbst Hand anzulegen: Die I/O-Adresse, von Windows 95 in diesem Fall als E/A-Bereich bezeichnet, muß vom Anwender notiert werden, um ihn anschließend auf der Karte zu „jumpern“, also mit einer Steckbrücke zu aktivieren.

Erfahrene Anwender kommen etwas schneller zum Ziel, wenn Sie gleich den Hardwareassistenten aufrufen. Dazu müssen Sie per Mausklicks über START, EINSTELLUNGEN, SYSTEMSTEUERUNG gehen und dort HARDWARE doppelklicken. Dann geht es ab Punkt 5 der vorangegangenen Schritt-für-Schritt-Anleitung weiter.

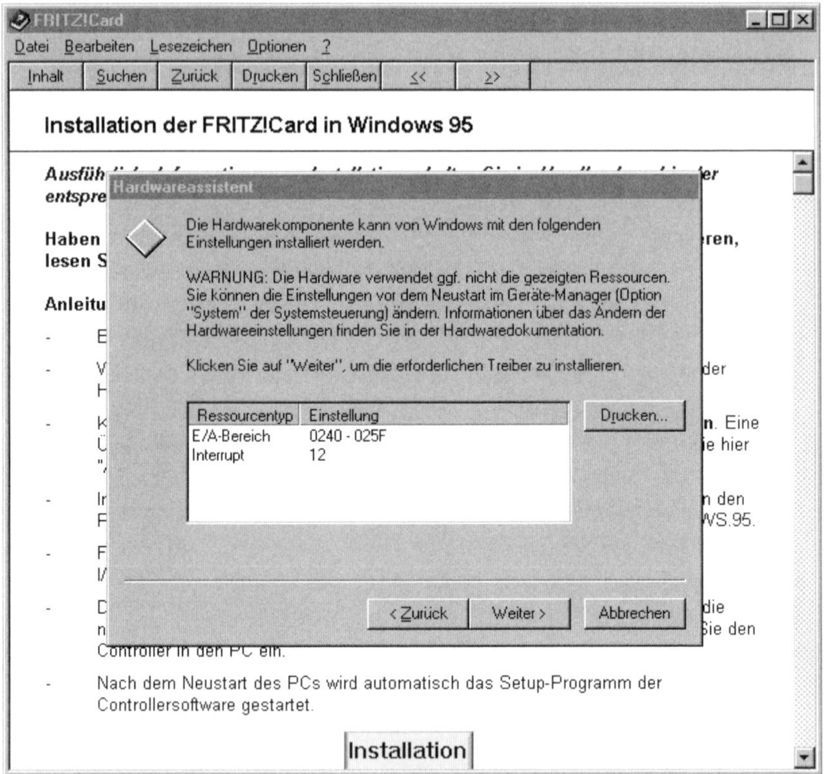

Bild 2.16: Der Hardwareassistent gibt automatisch die Werte für den E/A-Bereich an, die dann auf der ISDN-Karte eingestellt werden müssen.

Eine spannende Sache ist die Beschäftigung mit den I/O-Adressen. Wenn sie nicht richtig angegeben sind, kann die ISDN-Karte nicht mit dem PC kommunizieren. Doch leider ist ausgerechnet bei ISDN-Karten häufig eine intensive Beschäftigung mit diesen Adressen nötig – was meistens auch noch mit dem Umstecken von Jumpern oder dem Einstellen von DIP-Schaltern verbunden ist.

Einbau und Konfiguration von A bis Z

Im folgenden wollen wir mit Ihnen den kompletten Einbau und die Installation der Treiber anhand einer AVM FRITZ!Card einmal durchspielen.

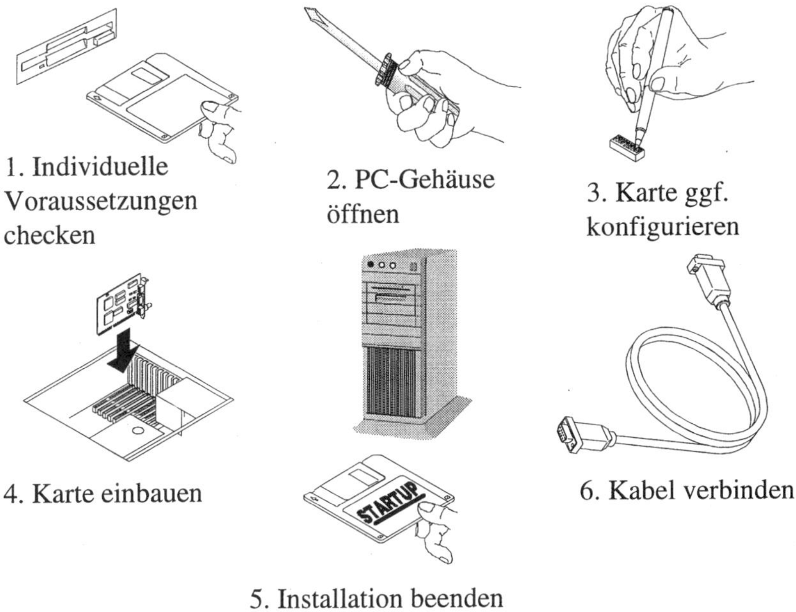

Bild 2.17: Typische Schritte für die erfolgreiche Installation einer ISDN-Karte.

Der grundsätzliche Weg der Installation eine FRITZ!Card orientiert sich am folgenden Schema:

1. Durchlaufen des Hardwareassistenten.
2. Automatische Zuweisung eines Interrupts und eines I/O-Bereichs.
3. Karte per Jumper auf den entsprechenden Bereich einstellen.

Wie lassen sich eigentlich die anderen ISDN-Karten installieren? Das ist unterschiedlich. Bei den Karten von Teles müssen die I/0-Bereiche teilweise auch manuell auf der Karte gewählt werden, und das je nach Karte mit DIP-Schaltern oder per Jumper. Eine Karte wie die Columbus World von ITK erfordert dagegen keine Einstellungen auf der Karte.

Grundlagen

Es gibt grundsätzlich zwei verschiedene Wege, eine ISDN-Karte in Windows 95 einzupassen. Der eine Weg ist der für die FRITZ!Card beschriebene, beim anderen Weg wird die Karte als Netzwerkkarte ins System eingebunden.

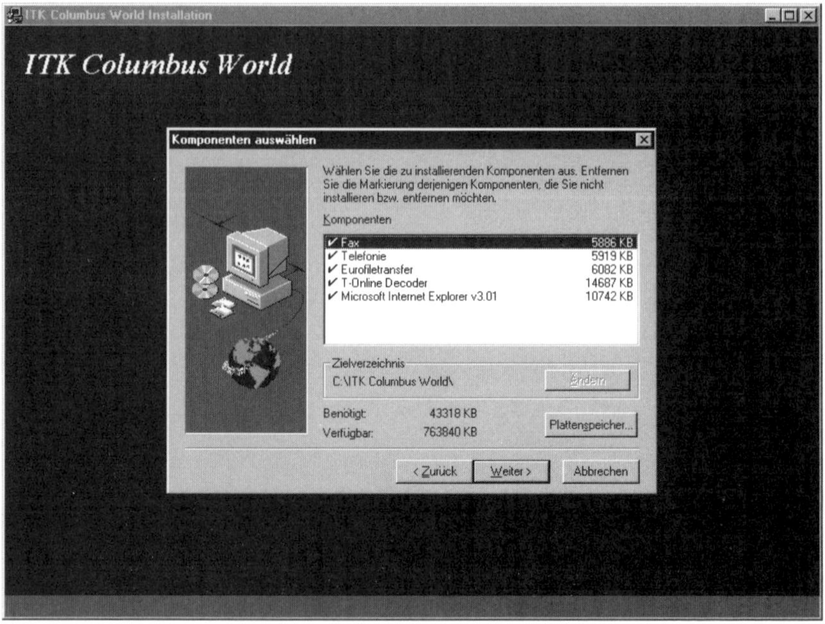

Bild 2.18: Bei einer ISDN-Karte wie der Columbus World läuft die Installation über die automatisch gestartete Hardware-Erkennnung sehr komfortabel.

Mitunter ist die Installation so einfach wie bei einer ganz normalen Komponente: Die Columbus World braucht beispielsweise nur eingesteckt zu werden. Nach dem Hochfahren des Systems erkennt Windows 95 automatisch die neue Komponente und führt Sie zum Hardwareassistenten. Dort müssen Sie, wie im Anwendungsbeispiel beschrieben, die Treiber nur noch von CD-ROM laden – und schon wird die Karte eingebunden.

Es kann vorkommen, daß Windows 95 der ISDN-Karte einen I/O-Bereich zuweist, der sich dort nicht per Jumper oder DIP-Schalter einstellen läßt. Dann gilt es, per Hand einen anderen I/O-Bereich zuzuweisen.

So wird es gemacht

Um die von Windows 95 zugeteilten I/O-Bereiche für die Karte per Hand zu ändern, müssen Sie unter Windows 95 erst einmal den Geräte-Manager aufsuchen:

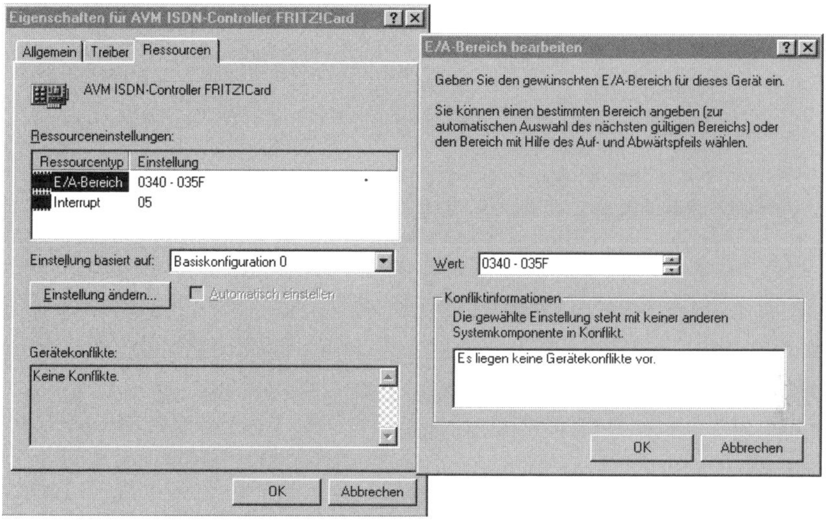

Bild 2.19: Der hier als E/A-Bereich bezeichnete I/O-Bereich läßt sich ab Windows 95 bequem per Mausklick ändern.

1. Rufen Sie den Geräte-Manager auf. Dazu können Sie gleichzeitig die <Windows>- und die <Pause>-Taste drücken oder sich über START, EINSTELLUNGEN, SYSTEMSTEUERUNG durchklicken und in der SYSTEMSTEUERUNG dann SYSTEM anklicken.
2. In EIGENSCHAFTEN FÜR SYSTEM klicken Sie auf den GERÄTE-MANAGER. Dort klicken Sie auf Ihre ISDN-Karte. Häufig müssen Sie mit einem weiteren Klick noch im Detail die Karte auswählen.

Einige ISDN-Karten nisten sich unter dem Oberbegriff Netzwerkkarten ein. Wenn Sie also Ihre Karte im Geräte-Manager nicht entdecken, dann klicken Sie auf NETZWERKKARTEN und wählen dort Ihre Karte aus.

Um jetzt die Bereiche wie gewünscht einzustellen, gehen Sie wie folgt vor:

1. Mit einem Doppelklick auf die Karte kommen Sie in den Bereich ihrer EIGENSCHAFTEN. Dort klicken Sie auf die Registerkarte RESSOURCEN. Unter RESSOURCENTYP muß sich auch der E/A-BEREICH befinden.
2. Achten Sie darauf, daß der entsprechende E/A-Bereich aktiviert, also dunkelblau unterlegt ist, und klicken Sie dann auf die Schaltfläche EINSTELLUNG ÄNDERN.

3. In der Registerkarte E/A-BEREICH BEARBEITEN können Sie jetzt mit den Pfeiltasten rechts von WERT die einzelnen Adressen durchklicken. Wählen Sie hier eine Adresse, die einem legitimen Wert Ihrer ISDN-Karte entspricht und speichern Sie die Einstellung mit zweimal OK.

Sie können jederzeit die Einstellungen der I/O-Bereiche Ihres PC überprüfen. Wenn Sie im GERÄTE-MANAGER sind, müssen Sie nur noch den Eintrag COMPUTER anklicken und den Punkt EIN-/AUSGABE wählen. Mit der Bildlaufleiste auf der rechten Seite können Sie jetzt die einzelnen Punkte abfahren und so die Belegung überprüfen.

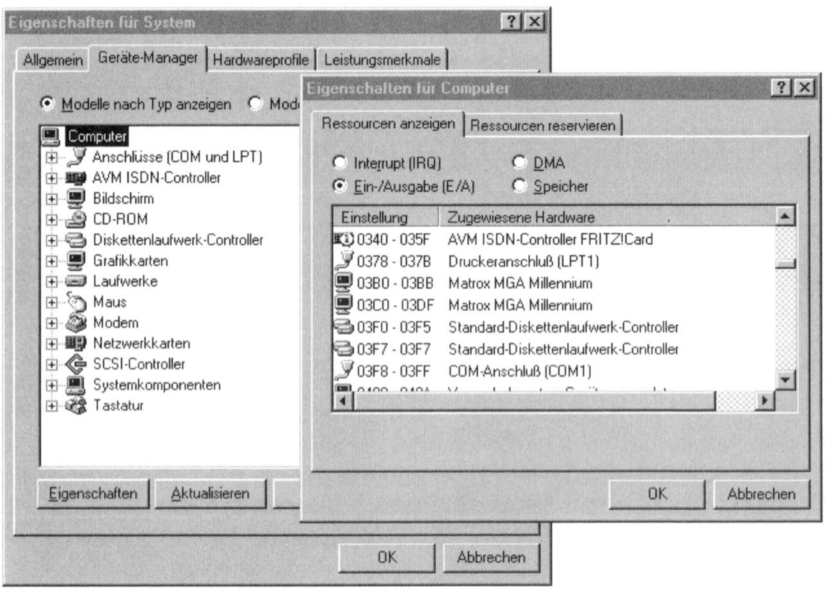

Bild 2.20: Über den Geräte-Manager kommen Sie in den Ein-/Ausgabe-Bereich, in dem sich die entsprechenden Adressen ablesen lassen.

Wenn in Ihrem System noch ein anderer ISDN-Adapter installiert ist, kann es zu Störungen kommen. Und das selbst dann, wenn er entfernt worden ist: Treiber und andere Programmteile machen sich unter Umständen noch im System breit und legen Ihre neue Karte lahm.

Wenn Sie mehrere ISDN-Karten in Ihrem PC einsetzen wollen, ist es von Vorteil, wenn sie vom selben Hersteller stammen. Denn nur so können Sie einigermaßen sicher sein, daß ein und dieselbe CAPI ausreicht, die Karte zu bedienen – Konflikte zwischen den verschiedenen CAPIs sind damit ausgeschlossen.

Als letzen Schritt des Karteneinbaus müssen Sie jetzt nur noch die ISDN-Karte mit dem ISDN-Anschluß verbinden.

Der ISDN-Anschluß der Deutschen Telekom, kurz NTBA oder auch NT genannt, sollte möglichst in der Nähe des PC sein. Dann genügt ein normales ISDN-Telefonkabel, ein sogenanntes 2 Mal 2, um die Verbindung zwischen ISDN-Karte und NTBA sicherzustellen. Wenn Sie Ihren ISDN-Anschluß erst verlegen lassen wollen, dann achten Sie darauf, ihn gleich in Nachbarschaft des PC zu installieren oder installieren zu lassen.

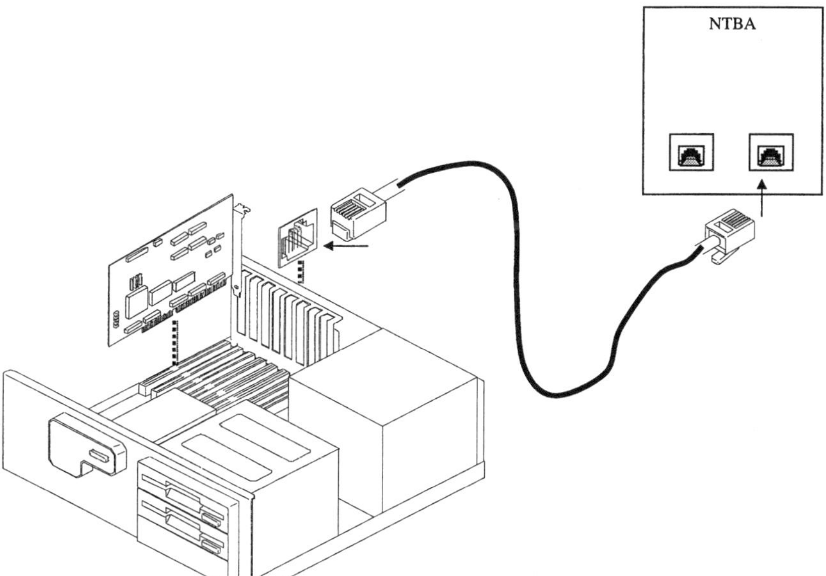

Bild 2.21: Zur Installation einer ISDN-Karte gehört neben dem Einstecken der Karte auch die richtige Verbindung mit dem NTBA der Deutschen Telekom.

Entfernen von alten ISDN-Adaptern

Sollten sich zwei ISDN-Adapter in Ihrem System in die Quere kommen, dann kann das mehrere Gründe haben:

1. Streit der CAPIs: Zu diesem Thema finden Sie nähere Informationen in Kapitel 2.1.3.
2. Störende Treiber und – bei Windows 95 zusätzlich – Einträge in der Registrierdatenbank.

Unter Windows 3.x sind es im wesentlichen die Dateien SYSTEM.INI und WIN.INI plus spezielle Treiber und INI-Dateien, die sich querlegen. Bei Windows 95 kommen dann noch die Einträge in der Registrierdatenbank dazu.

Es gibt drei Lösungsansätze für dieses Problem:

1. Ab Windows 95: Deinstallation des Treibers über den Geräte-Manager.
2. Alle Windows-Versionen: Installieren Sie Windows komplett neu, löschen Sie also vorher alle Einträge, die mit dem Betriebssystem in Zusammenhang stehen. Die sicherste Grundreinigung ist die Formatierung der Partition oder der Festplatte, auf der Sie das Betriebssystem installiert haben.
3. Alle Windows-Versionen: Entfernen Sie von Hand alle störenden Einträge der alten Installation, die sich jetzt querlegt.

Methode 1 ist zwar simpel, aber leider auch selten erfolgreich, da trotz Deinstallation des Treibers Überreste in der Installation vorhanden bleiben. Der Weg: Gehen Sie wie oben geschildert in den Geräte-Manager. Wählen Sie dort die ISDN-Karte aus – in diesem Falle die, die sie entfernen wollen. Klicken Sie dann auf ENTFERNEN und bestätigen Sie Ihre Absicht mit OK. Wenn dann immer noch Störungen auftreten, müssen Sie eine der beiden anderen Methoden anwenden.

Für die Methode 2 bedarf es keiner speziellen Kenntnisse. Bei aufwendig installierten PC müssen Sie jedoch mit bis zu drei Tagen rechnen, bis wieder alles so ist, wie es sein soll. Sinn macht diese Methode jedoch durchaus, vor allem, wenn Ihr PC ohnehin nicht stabil läuft und öfter abstürzt. Sie holen die Zeit unter Umständen später wieder rein, da das System dann insgesamt schneller und stabiler laufen sollte.

Für Methode 3 sind grundlegende Kenntnisse und eine gute Spürnase nötig. Wenn Sie an die Registrierdatenbank oder an Dateien wie die SYSTEM.INI und WIN.INI Hand anlegen wollen, dann machen Sie unbedingt vorher eine aktuelle Sicherheitskopie dieser Dateien. Im Zweifelsfall ist es besser, hier auf Eingriffe zu verzichten.

Die Registrierdatenbank von Windows 95 verwaltet nahezu alle wichtigen Systemeinträge. Wenn Sie hier eine Änderung vornehmen, wird sie sofort eingetragen! Es erfolgt keine Sicherheitsabfrage, keine spezielle Warnung! Die Methode Try and Error auf die Registrierdatenbank anwenden zu wollen, kann also fatale Folgen haben. Denn jeder Eingriff wirkt sich hier auf das gesamte System aus und kann Windows gnadenlos durcheinanderwirbeln.

Es ist immer gut, Windows auf einer speziellen Partition Ihrer Festplatte oder aber auf einer speziellen Start-Festplatte zu installieren. Denn wenn Sie gezwungen sind, das Betriebssystem einmal von Grund auf neu zu installieren und dabei auch die Festplatte zu formatieren, bleiben so sämtliche Daten auf den anderen Partitionen erhalten.

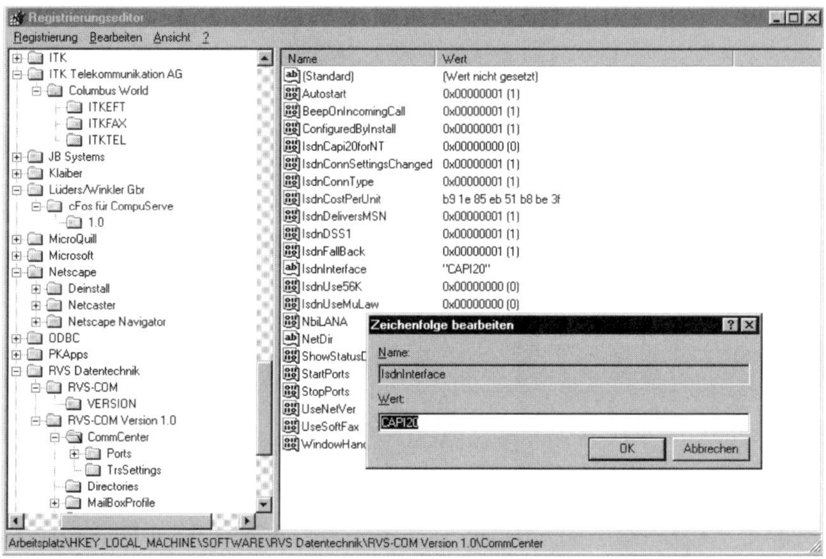

Bild 2.22: In der Registrierdatenbank finden Sie sämtliche Einstellungen zu ISDN. Hier Änderungen vorzunehmen ist aber nur etwas für erfahrende Anwender.

2.1.2 Karte auf den ISDN-Anschluß vorbereiten

Alles konfiguriert und nichts läuft? Dann haben Sie vielleicht das eine oder andere Detail noch zu berücksichtigen, das die Kommunikation via ISDN erst möglich macht. Nach der Installation eines ISDN-Adapters – ob Karte oder externes Gerät – bedarf es weiterer Schritte, um ihn erfolgreich nutzen zu können. Die grundsätzliche Konfiguration einer Karte wurde bereits zusammen mit der Installation abgehandelt – die beiden Themen sind so eng miteinander verbunden, daß eine Trennung rein willkürlich wäre. Aber jetzt muß die Karte noch direkt für Ihren ISDN-Anschluß konfiguriert werden.

Wenn Sie mit ISDN im Internet arbeiten oder arbeiten wollen, werden Sie öfters über die Abkürzung PPP stolpern. Gemeint ist damit ein weitverbreitetes Protokoll zur Einwahl bei Internet-Providern.

Es gibt grundsätzlich mehrere Möglichkeiten, mit einer ISDN-Karte ans digitale Netz zu gehen. In Deutschland üblich ist der Weg über eine sogenannte CAPI. Darüber hinaus gewinnt NDIS an Einfluß, ein Standard, der vor allem aus den USA kommt.

Grundlagen

ISDN-Karten brauchen ein Stück Software, das sie fit für die Außenwelt macht. CAPI heißt das gute Stück, das auf der Packung fast jeder ISDN-Karte prangt und damit suggeriert, ein Standard sei damit gemeint. Die CAPI – Kurzform von Common Applications Programming Interface – bekommt jedoch starke Konkurrenz aus den USA.

Die vor allem im europäischen Raum verbreiteten CAPI-Treiber für ISDN-Hardware unterstützen die vielfältigen Dienste des digitalen, öffentlichen Netzes nahezu uneingeschränkt. Damit sind also sowohl Internet-Verbindungen möglich als auch Faxverkehr, Fernzugriff, Datentransfer im EuroFile-Format wie auch Videoübertragung und PC-gestützte Telefonie.

Dagegen behandeln NDIS-Treiber, die auch WAN-Miniporttreiber genannt werden, ISDN-Karten, als handle es sich um reine Netzwerkkarten. Der Rechner verhält sich damit dann folgerichtig wie ein PC in einem lokalen Netz. Die Installation von ISDN-Adaptern mit Hilfe von NDIS-Treibern ist jedoch in keiner Weise so einfach und geradlinig wie bei herkömmlichen Netzkarten. Die Auswahl des richtigen Transportprotokolls zum Beispiel stellt so manchen Anwender vor ungeahnte Probleme.

Einen Rechner ausschließlich mit NDIS-Treibern zu betreiben, macht derzeit nur selten Sinn. NDIS schränkt den Rechner zwar in seiner Fähigkeit zum Übertragen von Daten nicht ein, unterstützt aber darüber hinaus keine weiteren Anwendungen. So läßt sich die ISDN-Karte beispielsweise mit einem NDIS-Treiber nicht für Telefoniezwecke wie etwa einen Anrufbeantworter einsetzen. Auch der Versand von Dokumenten via Fax ist nicht möglich. Kurzum, um einen zusätzlichen CAPI-Treiber werden Sie nicht herumkommen, wenn Sie Ihren ISDN-Adapter zu mehr nutzen möchten, als ihn in ein Netzwerk einzubinden.

Zum ISDN-Netzrechner erweitert, können Sie mit NDIS-Treibern via Fernzugriff oder über das Protokoll PPP eine ISDN-Verbindung zum Arbeitsrechner zu Hause, zum Firmenserver oder auch zum Internet aufbauen: Und genau dafür wurden diese Treiber konzipiert.

Im Augenblick hat die CAPI eine dominierende Stellung in Deutschland. Andere Treiberkonzepte machen ihr zwar Konkurrenz, konnten bislang aber noch nicht richtig Fuß fassen. Deswegen werden heutzutage fast alle ISDN-Adapter mit einer CAPI ausgeliefert und nur mitunter durch andere Standards ergänzt.

In der Regel verkehrt Ihr Kommunikationsprogramm also über die CAPI mit ISDN. Das kann Ihnen eigentlich vollkommen egal sein, solange alles reibungslos läuft. Da ein Installationsprogramm die CAPI automatisch installiert, stehen die Chancen also gut, daß Sie sich nie um dieses doch recht technische Thema kümmern müßten. Das ist jedoch nur dann der Fall, wenn das Installationsprogramm genau die richtige CAPI installiert hat.

Es gibt zwei verschiedene CAPI-Versionen, die beide seit Jahren gemeinsam eine wichtige Rolle spielen: die CAPI 1.1 und die CAPI 2.0. Diese Versionen sind untereinander nicht kompatibel und können auch nicht gemeinsam installiert werden.

Eine Dual-CAPI ist eine CAPI, die die beiden CAPI-Versionen 1.1 und 2.0 miteinander unter einen Hut bringt. Dieser Ansatz ist allein deswegen große Klasse, weil es über diesen Trick möglich wird, auf beide CAPI-Versionen zuzugreifen: Das System glaubt nämlich, daß es nur eine CAPI sei. Solche Lösungen bieten etwa Teles und AVM.

CAPI: Was es ist, wofür Sie es brauchen

Aber wozu das alles? Reicht es nicht, wenn ich die neuere CAPI 2.0 installiere? Die Antwort ist ein entschiedenes Jein. Die CAPI 2.0 gibt es zwar schon seit 1993, doch immer noch setzen einige Anwendungen zwingend die CAPI 1.1 voraus, um die Arbeit überhaupt aufzunehmen. Das ganze können Sie sich aus Anwendersicht ähnlich vorstellen wie den Wechsel zwischen der 16-Bit-Technik, die bis Windows 3.x dominierte, und der 32-Bit-Technik, die mit Windows 95 und Windows NT auf vielen Rechnern Einzug hielt. Auch in diesem Fall war es nötig, die älteren 16-Bit-Programme auf den neueren 32-Bit-Betriebssystemen zum Laufen zu bringen.

So ähnlich ist das auch mit der CAPI. Die 1989 konzipierte Version 1.1 ist noch voll auf das nationale ISDN eingestimmt. Erst die Version 2.0 wurde auf Euro-ISDN getrimmt. Manche Anwendungen verlangen nach wie vor nach der alten CAPI. Sie könnten nun jedesmal den einen CAPI-Treiber deinstallieren und den anderen installieren: Aber das ist viel zu umständlich und außerdem fehleranfällig. Besser ist es also, auf eine Dual-CAPI zu setzen, die beide Versionen von sich aus verwaltet.

Wenn Sie eine ISDN-Karte erwerben, dann achten Sie darauf, daß Sie möglichst eine Dual-CAPI bietet. Wenn Sie nur neuere Anwendungen nutzen wollen, kann auch eine CAPI 2.0 reichen. Eine CAPI 1.1 alleine genügt nicht!

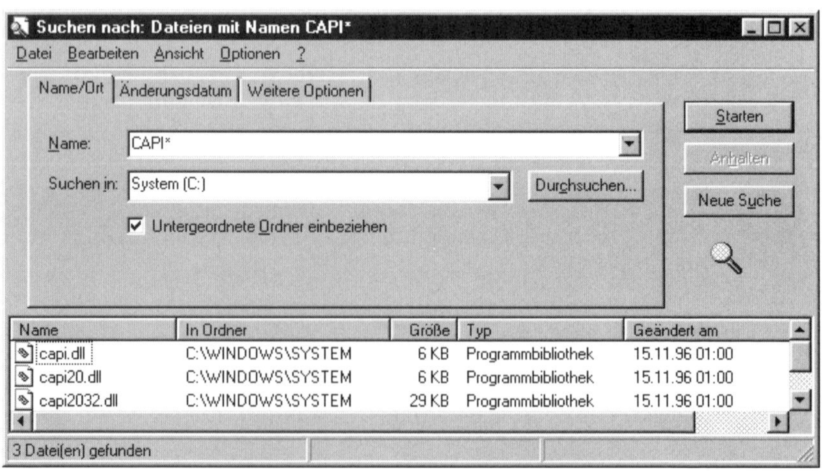

Bild 2.23: Wenn wie hier mehrere CAPI-Treiber vorhanden sind, drohen Konflikte. Prüfen Sie genau, welche CAPI für den Betrieb Ihrer ISDN-Software nötig ist und lagern Sie die anderen auf eine Diskette aus.

Hinzu kommt, daß die Version 1.1 ein 16-Bit-Programm ist, CAPI 2.0 dagegen wurde in 32-Bit implementiert. Applikationen, die die CAPI 2.0 voraussetzen, werden Sie daher nur unter Windows 95 finden.

In Deutschland haben Sie es in erster Linie mit der CAPI zu tun. Dummerweise ist jedoch CAPI nicht gleich CAPI. Hersteller, die sich an die CAPI ab Version 2.0 halten, können darüber hinaus weitere Merkmale in ihre CAPI einbauen wie Kompression und Verschlüsselung. Es ist also wichtig, für eine bestimmte Karte auch die passende CAPI zur Verfügung zu haben.

Die CAPI 3.0, die auch sämtliche weitergehenden Telefoniemerkmale wie Anklopfen und Weiterleiten unterstützen soll, wurde bereits für 1997 angekündigt, doch dann wieder auf die lange Bank geschoben. Wenn eine CAPI eine Bezeichnung wie 3.21 oder ähnlich trägt, setzt sie also nicht notwendigerweise auf die CAPI 3.0 auf. Vielmehr handelt es sich um die Version 3.21 der CAPI 1.1 oder 2.0 des Herstellers X.

Worauf Sie achten müssen

Unter der CAPI setzt in Windows 95 das sogenannte CAPI Subsystem an. Das Subsystem sorgt dafür, daß ISDN im gesamten Betriebssystem zur Verfügung steht. Konkurrierend zum CAPI Subsystem gibt es noch ein paar andere Lösungen, so etwa von AVM. Endanwender müssen sich mit diesen im Untergrund wirkenden Subsystemen in der Regel nicht auseinandersetzen, sich aber mitunter vor der Installation einer Karte für eines entscheiden.

Was Windows 95 für ISDN bietet

Die deutsche Version von Windows 95 ist bereits für ISDN eingerichtet; die entsprechende Lösung wurde von der Firma Acotec entwickelt. Das sogenannte Acotec-CAPI-2.0-Protokoll benötigt das CAPI-Subsystem des entsprechenden Hardware-Herstellers, das an das Acotec-Protokoll angepaßt sein muß. Damit ist es beispielsweise möglich, den Zugriff auf einen ISDN-PC aus der Ferne über das sogenannte DFÜ-Netzwerk abzuwickeln.

Windows 95 behandelt eine ISDN-Karte, die über ein CAPI-Subsystem und das Acotec-CAPI-2.0-Protokoll eingebunden wird, wie eine Netzwerkkarte. Das hat mit NDIS jedoch nichts zu tun, sondern ist Bestandteil der CAPI-Philosophie. Kommunikationsprogramme können über das dann eingerichtete virtuelle Modem auf die Außenwelt zugreifen. Sie benötigen also kein Kommunikationsprogramm mit spezieller ISDN-Unterstützung.

Doch auch hier kochen manche Hersteller ihr eigenes Süppchen. Die Firma AVM hat, obwohl oder weil in einem Gebäude mit Acotec sitzend, als erste voller Entschlossenheit ein System entwickelt, das am Acotec-Protokoll vorbei ganz ähnliche Funktionen bietet. Andere Firmen sind dem gefolgt. Wenn Sie auf einem PC zum ersten Mal eine ISDN-Karte installieren, sollten Sie deswegen keine Probleme bekommen. Anders sieht es aus, wenn es zu einem Kartenwechsel kommt. Dann muß vorher alles restlos entfernt werden, damit sich hier nicht verschiedene Welten in die Quere kommen.

Worauf Sie achten müssen

Wenn sich verschiedene unter der CAPI liegende Treiber oder treiberähnliche Programme in die Quere kommen, dann bedarf es einer sauberen Deinstallation. Bietet ein Hersteller ein spezielles Programm für diesen Zweck an, dann sollten Sie diese Option auch nutzen. Bei Teles ist es beispielsweise das Programm T-DEINST.EXE. Gedacht sind solche Programme auch, um die Registrierdatenbank von Windows 95 zuverlässig zu säubern.

Doch nicht immer funktioniert das einwandfrei. Bereits erwähnt wurden die Optionen, die Ihnen zur Verfügung stehen, um Ihren Rechner doch noch aufnahmebereit für eine neue Anwendung zu machen (siehe Seite 60). Fragen Sie im Zweifelsfall den Hersteller der zu entfernenden Treiber, wo er sie wie abgelegt. Erfahrene Anwender können sie dann aus der Registrierdatenbank entfernen. Weniger erfahrenen Anwendern bleibt oft nur die Option, Windows noch einmal komplett neu zu installieren.

Fossiltreiber: Die ISDN-Karte wird zum Modem

Es ist eigentlich paradox: ISDN-Karten, die vollständig digital arbeiten, sollen auf einen digitalen Übertragungsweg zur Kommunikation und Datenübertragung zugreifen. Klingt nach einer besonders leichten Aufgabe. Und doch: Es bedarf oft eines umständlichen Dazwischenschaltens spezieller Treiber, damit es überhaupt geht.

Denn heutige Software zeigt sich noch erstaunlich schlecht eingerichtet für eine rein digitale Datenübertragung; nach wie vor steht vielmehr die Umwandlung für das analoge Netz via Modems im Mittelpunkt. Ohne Umwege sind die meisten Programme nur in der Lage, Modems anzusteuern. ISDN-Adapter können diese Programme nicht ohne weiteres dazu veranlassen, eine Verbindung aufzubauen und Daten auszutauschen.

Die Fossiltreiber machen nun nichts anderes, als zwischen solch konservativer Software und dem digitalen Übertragungsweg zu vermitteln. Der Vorteil: Mit ihrer Hilfe lassen sich herkömmliche Programme auch für die Datenübertragung und Kommunikation via ISDN nutzen.

Eine weitere Form von Treibern sind die auf die Hardware zugeschnittenen ISDN-Treiber, die Ihnen den zum Teil umständlichen Umgang mit Fossiltreibern ersparen. Einige Karten, wie etwa die ISDN/PC-Karte der Aachener Firma Elsa, sind mit solchen Treibern und mit entsprechenden Kommunikationsprogrammen ausgerüstet. Diese Produkte richten unter Windows 95 sogenannte virtuelle Modems ein, die damit Fossiltreiber überflüssig machen. Jede Anwendung, die auch auf Modems zugreifen kann, hat damit auch Zugriff auf den ISDN-Adapter. Die Übersetzung der entsprechenden Befehle von der Software auf die Steuerkommandos des ISDN-Adapters übernimmt das virtuelle Modem respektive der dahinter stehende Treiber.

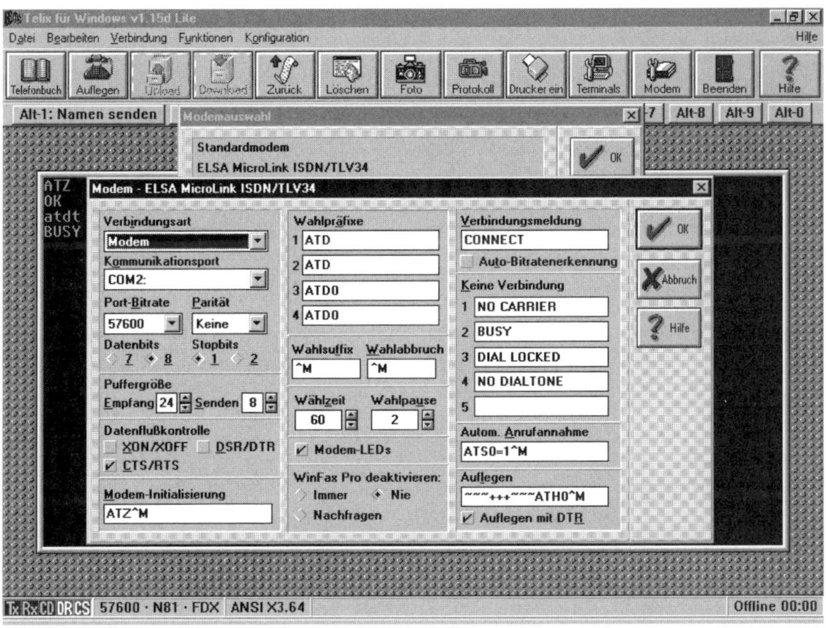

Bild 2.24: Ein Programm wie Telix läßt sich mit Fossiltreibern auch problemlos über ISDN nutzen.

Wer Papiertaschentücher meint, sagt oft Tempo-Taschentücher. Bei den Fossiltreibern sieht es ähnlich aus: cFos-Treiber und die ganze Gemeinde der Fossiltreiber werden häufig in einen Topf geworfen. Dabei gibt es durchaus auch andere Fossiltreiber. Nachdem sich nun aber auch AOL und CompuServe der cFos-Treiber bedienen, kommt ihnen die Rolle eines Quasi-Standards zu.

cFos-Treiber ist nicht gleich cFos-Treiber. Erst einmal gibt es verschiedene cFos-Varianten, die schon am Namen wie 0.89a oder v0.89d erkenntlich sind. Und zweitens führen die cFos-Treiber einen Stellvertreterkrieg: Der mit CompuServe ausgelieferte cFos-Treiber und der mit AOL ausgelieferte sind nicht kompatibel zueinander. Schlimmer noch: Sie überschreiben sich gegenseitig. Eine völlig sichere Lösung gibt es dabei nicht – nur Tricks, um aus der Situation das Beste zu machen.

In Kapitel 3 finden Sie weitere Hinweise, wie Sie die Fossiltreiber für den Zugang zu den einzelnen Online-Diensten effizient einsetzen.

Mit Hilfe der Fossiltreiber können Sie eine breite Palette bereits vorhandener Produkte verwenden. Dazu zählen „alte" Terminalprogramme wie Telemate und Telix und spezielle Produkte wie pcAnywhere für Windows und DOS. Die Fossiltreiber arbeiten sowohl unter Windows 3.x als auch unter Windows 95.

So wird CFos installiert

Programme wie der Fossiltreiber cFos werden nach dem Start des CAPI-Treibers geladen. Dann müssen Sie die Einstellungen in Ihrem Kommunikationsprogramm nachjustieren, die in der Regel noch auf Ihr Modem abgestimmt sind. Unter Optionen wie etwa „Terminal" oder „Grundeinstellung" aktivieren Sie unter Anschlußart statt einer seriellen Schnittstelle den Eintrag Fossil.

Um das ganze ein bißchen spannender zu machen, verstecken die Software-Produzenten solche Einstellmöglichkeiten unter verschiedenen Oberbegriffen. Zumindest sind die meisten Programme mittlerweile jedoch auf Fossiltreiber eingerichtet und verlangen keine weiteren Parameter. Sie sollten sich trotzdem mit dem Handbuch oder den Hilfetexten zur Software beschäftigen, um spezielle Eigenarten berücksichtigen zu können. Allerdings brauchen Sie sich um die Einstellung der Datenübertragungsrate in der Regel keine Gedanken zu machen: Fossiltreiber nutzen meist von sich aus die maximale Geschwindigkeit der ISDN-Karte.

Bild 2.25: Von der Homepage der cFos-Macher können Sie sich die Shareware-Version mehrerer cFos-Treiber direkt herunterladen.

Dank Fossiltreiber können zwar Terminalprogramme, die für Modems ausgelegt sind, genutzt werden, die Gegenstelle muß aber dennoch ein ISDN-Teilnehmer sein.

Eine ISDN-Karte kann auch ohne zusätzliche Hardware ein Modem emulieren, selbst manch einfache ISDN-Karte ist mit der passenden Software dazu in der Lage.

Höhere Geschwindigkeit durch Kanalbündelung

Ein wichtiges Kriterium für alle, die häufig große Datenmengen über die Leitungen schicken, ist die Frage: Kann der ISDN-Adapter für die Datenübertragung beide zur Verfügung stehenden B-Kanäle gleichzeitig verwenden, also bündeln, oder kann er das nicht? Die sogenannte Kanalbündelung versetzt die Karte in die Lage, den Datenstrom über beide B-Kanäle gleichzeitig zu jagen. Das entspricht einer Übertragungsrate von 128.000 Bit pro Sekunde. Die Übertragung dauert also nur halb so lange. Billiger wird es damit allerdings nicht, denn für jeden Kanal ist die normale Übertragungsgebühr fällig.

Die Geschwindigkeit einer Datenverbindung wird in Bit pro Sekunde beziehungsweise Zeichen pro Sekunde angegeben. Bei ISDN sind 64.000 Bit pro Sekunde möglich. Bei Nutzung beider Kanäle stehen damit 128.000 Bit pro Sekunde zur Verfügung.

Worauf Sie achten müssen

Noch ist die Kanalbündelung nicht standardisiert. Das führt bedauerlicherweise dazu, daß die Karten nur mit Hersteller-spezifischen Protokollen laufen. Das beispielsweise vom Berliner Hersteller AVM verwendete Bündelungsprotokoll X.25/MLP läuft nur bei AVM-Karten. Es ist jedoch bereits Licht am Horizont erkennbar. So verfügt der Fossiltreiber „cFos Pro" gleichfalls über eine Bündelungsoption.

In Abschnitt 2.3.2 finden Sie weitere Hinweise zur Konfiguration von ISDN-Parametern in Windows 95.

2.1.3 Mitgelieferte Software installieren

Es klingt so selbstverständlich und ist es doch nicht: ISDN-Karten unterstützen neben der Datenfernübertragung auch Telefonie und das Faxen vom PC aus. Das ist deswegen nicht selbstverständlich, weil eine ISDN-Karte eigentlich nichts anderes ist als eine Netzwerkkarte – geschaffen zur Übertragung digitaler Daten in digitalen Netzen. Netzwerkkarten können aber nicht faxen. Und Telefonate über eine Netzwerkkarte führen? Dieses Ansinnen weisen übliche Netzwerkkarten strikt zurück.

Die bei ISDN-Karten mitgelieferte Software begegnet Ihnen im vierten Kapitel wieder und zwar unter den jeweils entsprechenden Oberbegriffen wie „Datenübertragung" und „Faxen".

Alle im letzten Abschnitt vorgestellten Konzepte wie die CAPI und die Fossiltreiber dienen dem großen Ziel, den Anwender möglichst komfortabel alle gewünschten Dienste über ISDN nutzen zu lassen. Dazu muß die Software auf diesen Standards aufsetzen können. Grundsätzlich ist das kein Problem, da über die heute üblichen Verbindungsstücke Fossiltreiber und CAPI auch viele altbewährte Programme über ISDN eingesetzt werden können.

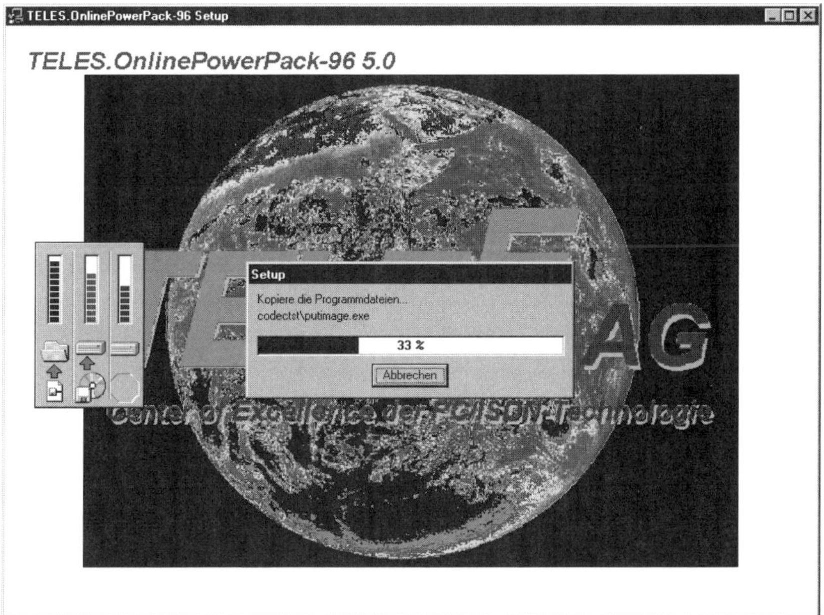

Bild 2.26: Die mit der ISDN-Karte gelieferte Software sollte möglichst gleich installiert werden, da sie meist zur Nutzung der wichtigen Grundfunktionen unerläßlich ist.

Mit der reinen Installation einer Karte ist es meist nicht getan. Sie müssen anschließend bei der Software-Installation noch ein paar Fragen des Systems beantworten, etwa, welche Art von ISDN Sie einsetzen und ob Sie eine Nebenstellenanlage verwenden. Auch persönliche Daten wie Name und Rufnummer werden abgefragt, um sie entsprechenden Kommunikationsmodulen zur Verfügung zu stellen.

Den zahlreichen Anwendungsmöglichkeiten von ISDN tragen die Hersteller der ISDN-Karten Rechnung. Sie legen ihren Karten mehrere Programme bei, wie etwa das bewährte Kommunikationsprogramm Telix oder spezielle Fax-Programme, die für die Zusammenarbeit mit ihren Karten optimiert wurden. Mit ISDN-Karten der Firma Teles wird beispielsweise das TELES.OnlinePowerPack mitgeliefert. Einige andere Kartenhersteller wie die Aachener Firma Elsa setzen dagegen auf eine spezielle Version des bekannten Programmes RVS-COM. Firmen wie AVM und ITK wiederum bieten mehrere Programme, die zwar mehr oder weniger aufeinander abgestimmt sind, aber keine identische Oberfläche besitzen.

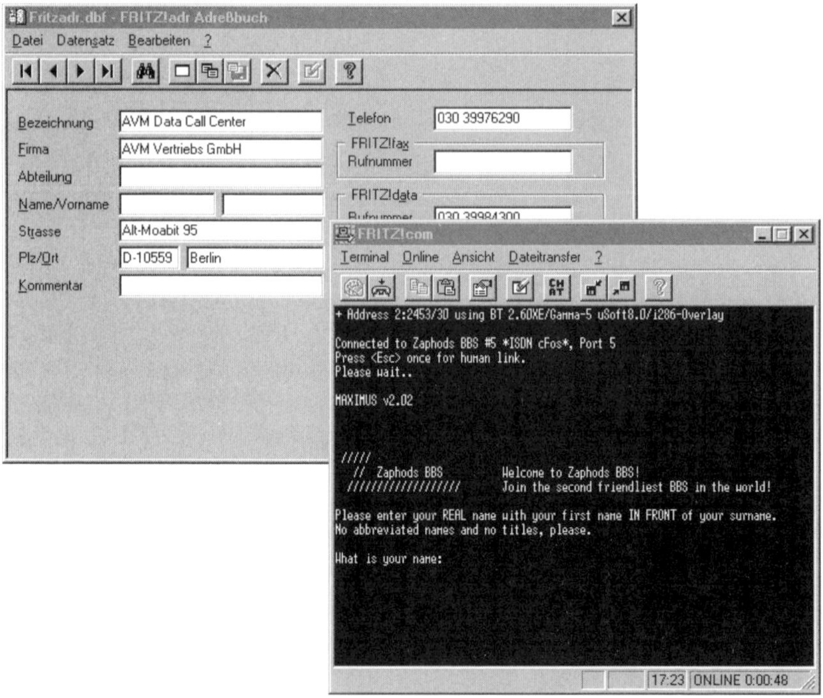

Bild 2.27: Die ISDN-Karten beiliegende Software deckt normalerweise alle Grundfunktionen ab.

Die Installation dieser Software erfolgt entweder im Zusammenhang mit der Karteninstallation oder – modulweise – zu einem späteren Zeitpunkt. Gerade bei den ISDN-Karten macht es Sinn, die mitgelieferte Software sehr genau zu prüfen. Denn beispielsweise beim Faxen versagen oft alternative Lösungen, so daß es oft sowieso nötig wird, das zur Karte gehörende Fax-Programm einzusetzen.

Anwendungsbeispiel

Nach dem vorhergehenden Malheur mit dem voreiligen Einbau der Karte hat Gerhard die Installation der ISDN-Karte nun erledigt – allerdings bis auf die Installation der Software. Doch darauf wird er sehr schnell aufmerksam gemacht. Denn beim nächsten Rechner-Start nach Einbau der FRITZ!Card findet sich Gerhard Strasser in der Software-Installation wieder. Diese „Erinnerung“ ist mittlerweile fast schon Standard bei den verschiedenen Herstellern. Sie können diesen Schritt damit quasi nicht „vergessen“.

1. Gerhard überspringt die ersten Abfragen mit WEITER und wird dann im Fenster KOMPONENTEN WÄHLEN gefragt, ob er nur die INSTALLATION durchführen will oder die INSTALLATION UND KONFIGURATION. Er wählt den zweiten Punkt.
2. Im nächsten Fenster muß er lediglich festlegen, ob er eine TK-Anlage verwendet oder nicht. Da seine ISDN-Karte unabhängig von seiner kleinen Telefonanlage funktioniert und direkt am ISDN-Anschluß der Deutschen Telekom, dem NTBA, steckt, klickt er hier nur WEITER an.
3. Dann folgen die Abfragen für die einzelnen Dienste unter Stichworten wie Btx, Fax und Dateitransfer. Er gibt seine persönlichen Daten ein und führt schließlich auf dem vorgegebenen Weg die Software-Installation zu Ende. Die entsprechenden Programme werden auf seine Festplatte kopiert.

Nach der Installation ist zuerst ein Testlauf angebracht. Gerhard Strasser verschickt über das Programm Fritz!fax ein Testfax an sein eigenes Telefaxgerät, das an seiner Telefonanlage angeschlossen ist. Dazu wählt er das Faxgerät mit seiner externen Nummer an, so, wie das auch ein anderer Teilnehmer von außen machen würde. Das Fax kommt nach ungefähr einer Minute einwandfrei an. Auch der Test der anderen Kommunikationsmodule beweist: Die Installation der ISDN-Karte ist in jeder Hinsicht erfolgreich gewesen.

2.1.4 Besonderheiten beim Betrieb an einer Tk-Anlage

Wenn Sie einen ISDN-Adapter nicht unmittelbar am NTBA, sondern am internen S_0-Bus einer Tk-Anlage betreiben, müssen Sie einige Besonderheiten bei der Konfiguration beachten.

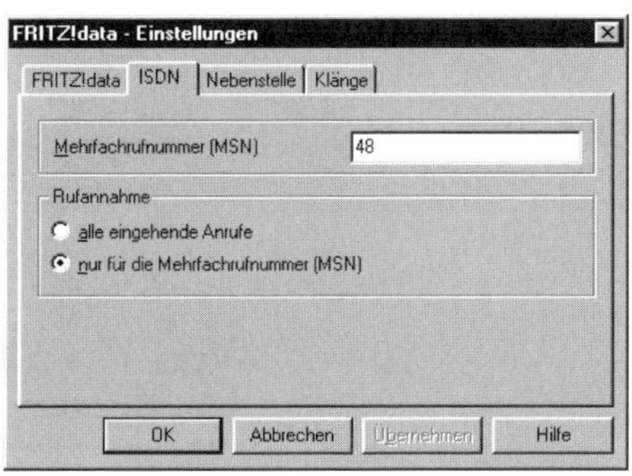

Bild 2.28: Sobald Ihr ISDN-Adapter über eine Tk-Anlage betrieben wird, dürfen Sie nicht mehr die MSN eintragen, sondern müssen die interne Rufnummer der Tk-Anlage eintragen!

Die interne Rufnummer statt der MSN eintragen

Zum einen müssen Sie beachten, daß Sie den verwendeten Anwendungsprogrammen nicht die von der Deutschen Telekom zugeteilte MSN mitteilen dürfen, sondern statt dessen auf die Internrufnummer der Tk-Anlage zurückgreifen müssen.

Die Amtsholung nicht vergessen

Zum anderen müssen Sie der Anwendung auch mitteilen, ob eine „0" für die Amtsholung erforderlich ist oder nicht. Wenn Sie die betreffende Nebenstelle auf spontane Amtsholung umschalten können, entfällt dieser Schritt natürlich. Meist werden Sie jedoch nicht darauf verzichten können.

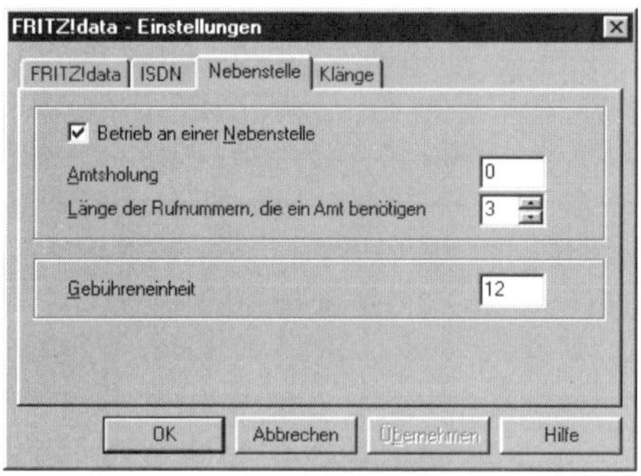

Bild 2.29: Sollte für den Amtszugang eine „0" erforderlich sein, müssen Sie dies der Anwendung mitteilen. Sonst werden Sie nie eine Verbindung aufbauen können.

Die Tk-Anlage konfigurieren

Natürlich dürfen Sie auch nicht vergessen, der Tk-Anlage mitzuteilen, daß Anrufe für eine bestimmte MSN an diejenige Nebenstelle weiterzuleiten sind, an der Ihr ISDN-Adapter angeschlossen ist. In der Rufverteilung muß diese Nebenstelle daher für die betreffende MSN berücksichtigt werden. Andernfalls wird Ihr Adapter keine Anrufe annehmen können, weil ihm diese nicht angezeigt werden.

2.2 ISDN-Terminaladapter

Die recht einfach gestalteten Geräte der ersten Generation machen bei Installation und Betrieb meist wenig Probleme. Traditionell werden Sie wie gewohnt über AT-Befehle gesteuert. Neuere Geräte zeigen sich mitunter auch dem allgemeinen CAPI-Standard gegenüber aufgeschlossen. Im letzteren Fall lassen sie sich wie eine ISDN-Karte konfigurieren, zusätzlich aber auch wie ein analoges Modem ansteuern.

Worauf Sie achten müssen

Zehn Leute fragen, was genau ein ISDN-Terminaladapter ist und erhalten 13 Antworten. Der Grund dafür ist, daß die Definition dieser Geräteklasse von jedem Hersteller anders ausgelegt wird. Einige Kriterien der ISDN-Terminaladapter sind zumindest ganz eindeutig:

1. Sie werden extern an den PC angeschlossen.
2. Sie lassen sich wie ein herkömmliches Modem über gewöhnliche Modem-Software ansteuern, also über die sogenannten AT-Befehle.

Im ersten Kapitel sind in Abschnitt 1.2.1 ISDN-Terminaladapter ausführlich vorgestellt worden. Dort finden Sie vor allem Hinweise zu Leistungsmerkmalen und Einsatzgebieten.

2.2.1 ISDN-Terminaladapter am PC anschließen

ISDN-Terminaladapter sind Tischgeräte, die rein äußerlich leicht mit Modems zu verwechseln sind. Mit Hilfe dieser Geräte können Sie ganz ohne Treiber wie CAPI oder cFos aus Ihrer jeweiligen Anwendung heraus eine ISDN-Verbindung aufbauen. Diese Geräte haben also den Vorteil, daß Sie sich nicht mit Treibern herumschlagen müssen. Sind Sie bereits Modem-Nutzer, können Sie weiter mit Ihren gewohnten Kommunikationsprogrammen arbeiten. Der Adapter wird meist über die serielle Schnittstelle angeschlossen, seltener über die parallele. Da die Datenübertragungsrate im ISDN bei 64.000 Bit pro Sekunde liegt, sollte die Schnittstelle zwischen Rechner und Adapter ausreichend schnell sein.

Und genau da liegt einer der Knackpunkte im Umgang mit ISDN-Terminaladaptern. Eine langsame Schnittstelle wirkt wie ein Flaschenhals auf die Übertragungsgeschwindigkeit zwischen Modem und Rechner.

In Abschnitt 2.3.1 erfahren Sie im Detail, wie Sie Probleme durch langsame Schnittstellen bewältigen können.

Wenn Sie einen Adapter von 9 auf 25 Pole kaufen, dann lassen Sie sich keinen Maus-Adapter andrehen. Die sind nämlich meist nicht vollständig verschaltet und können zu massiven Kommunikationsproblemen führen.

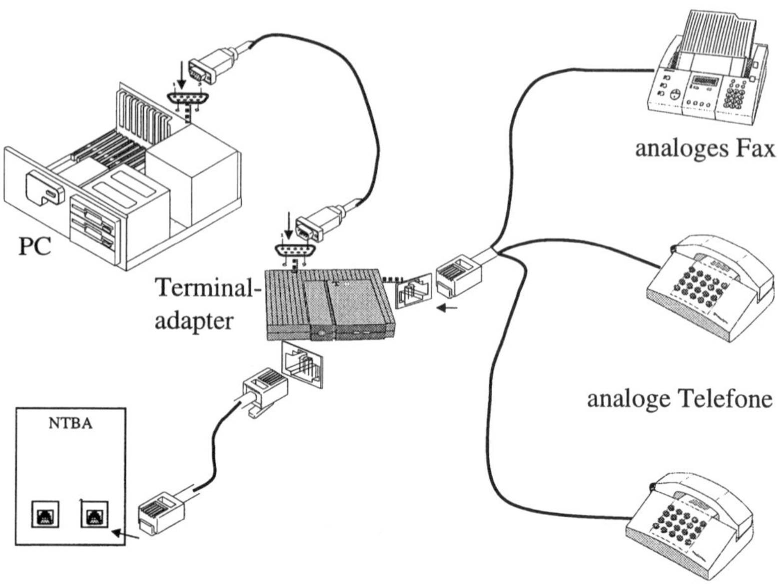

Bild 2.30: Um einen ISDN-Terminaldapter ans Netz zu bringen, sind einige wenige Verbindungen notwendig.

Auch wenn Ihr ISDN-Adapter nur maximal 64.000 Bit pro Sekunde überträgt, sollten Sie die Schnittstellen-Geschwindigkeit wesentlich höher einstellen. Der Grund: Die Daten werden meist komprimiert, der Faktor kann bis zu vier zu eins betragen. Die Geschwindigkeit zwischen PC und ISDN-Adapter muß also viermal so hoch sein, damit die serielle Leitung nicht zum Flaschenhals wird.

2.2.2 Terminaladapter konfigurieren

Bei ISDN-Terminaladaptern, die wie Modems angesteuert werden, erfolgt auch die Konfiguration wie bei einem Modem. Das sieht in Windows 95 etwa so aus:

1. Sie müssen erst den Bereich MODEMS in der SYSTEMSTEUERUNG aufsuchen. Dazu klicken Sie auf START, dort auf EINSTELLUNGEN und schließlich auf SYSTEMSTEUERUNG.
2. In dem großen Fenster SYSTEMSTEUERUNG doppelklicken Sie auf das Telefon-Icon mit der Unterschrift MODEMS.

3. Im Fenster EIGENSCHAFTEN FÜR MODEMS klicken Sie auf die Schaltfläche HINZUFÜGEN, wodurch sich die Registerkarte NEUES MODEM INSTALLIEREN öffnet.
4. Klicken Sie dann AUF MODEM AUSWÄHLEN (KEINE AUTOMATISCHE ERKENNUNG) und auf WEITER. Damit öffnet sich ein Fenster, in dem links die HERSTELLER und rechts die verfügbaren MODELLE der Modems aufgeführt sind.
5. Wenn Sie eine Diskette oder CD-ROM mit Windows-95-Treibern für den ISDN-Terminaldapter besitzen, dann klicken Sie auf die Schaltfläche DISKETTE und installieren Sie die Treiber vom entsprechenden Laufwerk. Drücken Sie so oft auf die Schaltfläche WEITER, bis die Treiber von der Windows-95-Installations-CD-ROM eingebunden sind.

Bild 2.31: Viele ISDN-Terminaladapter können Sie wie ein Modem einbinden.

Sie brauchen die Konfiguration des ISDN-Terminaladapters grundsätzlich nur einmal durchzuführen. In der Regel können Sie dann von allen Anwendungen aus mit Modem-Unterstützung auf diesen ISDN-Terminaladapter zugreifen.

AT-Kommandos: Die Sprache der ISDN-Terminaladapter

Wenn Sie sich mit AT-Kommandos auskennen, sind vom ISDN-Terminaladapter kaum Probleme zu erwarten. Sie steuern das Gerät wie ein herkömmliches Modem über AT-Kommandos beziehungsweise über Programme, die diese Kommandos intern nutzen. Der Befehlssatz wurde für die meisten Geräte erweitert, um etwa zwischen Euro-ISDN und dem nationalen Protokoll zu wählen. Vom Terminalprogramm aus bestimmen Sie zudem, über welches Protokoll Sie Ihren Kommunikationspartner ansprechen wollen. Zur Verfügung stehen hier, wie bei ISDN-Karten üblich, die Protokolle X.75, V.110 und V.120. Einige Geräte können diese Protokolle in einem speziellen Modus durchprobieren, bis das richtige gefunden ist.

Die folgenden AT-Befehle werden von den meisten ISDN-Terminaladaptern verstanden. Sie sollten für einen problemlosen Modem-Betrieb ausreichen. Im Zweifelsfall hilft ein Blick ins Handbuch weiter.

Tabelle 2.32: AT-Befehle für die Ansteuerung von ISDN-Terminaladaptern.

AT-Befehl	Wirkung
AT	Attention; testet, ob der ISDN-Terminaladapter Befehle entgegennimmt. Darauf sollte der ISDN-Terminaladapter mit OK antworten.
ATM0	Lautsprecherkontrolle immer aus
ATM1	Lautsprecherkontrolle an bei Wahl und Verbindungsaufbau
ATM2	Lautsprecherkontrolle immer an
ATM3	Lautsprecherkontrolle an beim Warten auf Antwortton
ATZ	Reset; entspricht dem Aus- und Einschalten des ISDN-Terminaladapters
ATDT#	Wählt die Nummer # nach dem Tonwahl-Verfahren.
ATDP#	Wählt die Nummer # nach dem Pulswahl-Verfahren.
AT&W	Schreibt die derzeitigen Einstellungen in den nichtflüchtigen Speicher des ISDN-Terminaladapters. Sie stehen damit beim nächsten Einschalten oder ATZ-Befehl wieder zur Verfügung.
AT&W1	Einige ISDN-Terminaladapter speichern mehr als eine Konfiguration. Mit diesem Befehl wird die aktuelle Konfiguration im ersten Speicherbereich abgelegt.
AT&W2	Einige ISDN-Terminaladapter speichern mehr als eine Konfiguration. Mit diesem Befehl wird die aktuelle Konfiguration im zweiten Speicherbereich abgelegt.

AT-Befehl	Wirkung
AT&F	Factory Settings; setzt den ISDN-Terminaladapter wieder auf die werksseitigen Voreinstellungen zurück.
ATX3	Sorgt dafür, daß der ISDN-Terminaladapter vor dem Wählen nicht auf ein Freizeichen wartet. Dies ist vor allem an Nebenstellenanlagen wichtig.
ATX1	Ignoriert auch das Besetztzeichen.
ATLn	Steuert die Lautstärke des Modem-Lautsprechers.
N	Kann ein Wert von 0 (aus) bis 3 (laut) sein.
ATS0=1	Weist das Modem an, auf einen Anruf zu warten und nach einmaligem Klingeln die Verbindung aufzubauen.
ATS0=0	Schaltet die Empfangsbereitschaft wieder aus.
AT\Nn	Bestimmt, ob eine Verbindung nach MNP1-5 oder V.42bis aufgebaut werden soll.

Auch das gehört zur Installation: Telefon, Fax und was sonst noch an externen Geräten an einem entsprechend ausgestatteten ISDN-Terminaladapter a/b angeschlossen werden soll, muß auch per Kabel mit diesem verbunden werden. Im Gegensatz zu vielen Tk-Anlagen, die nur über Klemmen verfügen und somit kein direktes Einstöpseln der analogen Geräte ermöglichen, geht es hier meist unproblematischer zu. In der Regel werden die passenden Adapter gleich mitgeliefert.

2.2.3 Mitgelieferte Software installieren

Die ISDN-Terminaladaptern beiliegende Software muß in der Regel separat installiert werden. Doch hier gibt es gravierende Unterschiede im Lieferumfang und im Zusammenspiel mit den einzelnen Komponenten. Während einfache ISDN-Terminaladapter, die beispielsweise als Restposten verkauft werden, mitunter ohne Software ausgeliefert werden, kommen andere mit umfangreichen Programmpaketen daher.

2.2.4 Besonderheiten beim Betrieb an einer Tk-Anlage

Wenn Sie einen ISDN-Terminaladapter nicht unmittelbar am NTBA, sondern am internen S_0-Bus einer Tk-Anlage betreiben, müssen Sie einige Besonderheiten bei der Konfiguration beachten.

Die interne Rufnummer statt der MSN eintragen

Einem ISDN-Terminaladapter müssen Sie per AT-Befehl mitteilen, auf welche Rufnummern er reagieren soll. Hier dürfen Sie jedoch auf keinen Fall die von der Deutschen Telekom zugewiesene MSN eintragen, sondern die von der Tk-Anlage verwendete interne Rufnummer. Diese legt nämlich fest, welche Rufnummer auf Ihrem internen S_0-Bus angezeigt wird.

Die Amtsholung nicht vergessen

Zum anderen müssen Sie Windows 95 mitteilen, ob eine „0" für die Amtsholung erforderlich ist oder nicht. Wenn Sie die betreffende Nebenstelle auf spontane Amtsholung umschalten können, entfällt dieser Schritt natürlich. Meist werden Sie jedoch nicht darauf verzichten können.

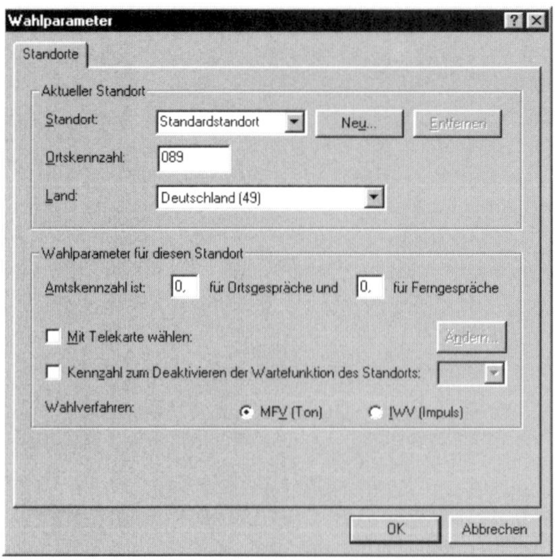

Bild 2.33: Sollte für den Amtszugang eine „0" erforderlich sein, müssen Sie dies der Anwendung mitteilen: SYSTEMSTEUERUNG – MODEMS – WAHLPARAMETER. Sonst werden Sie nie eine Verbindung aufbauen können.

Die Tk-Anlage konfigurieren

Natürlich dürfen Sie auch nicht vergessen, der Tk-Anlage mitzuteilen, daß Anrufe für eine bestimmte MSN an diejenige Nebenstelle weiterzuleiten sind, an der Ihr ISDN-Adapter angeschlossen ist. In der Rufverteilung muß diese Nebenstelle daher für die betreffende MSN berücksichtigt werden. Andernfalls wird Ihr Adapter keine Anrufe entgegennehmen können, weil ihm diese nicht angezeigt werden.

2.3 ISDN-Modem

Ohne herkömmliches Modem sind Sie mit einer ISDN-Karte zuweilen aufgeschmissen. Zum Beispiel dann, wenn Sie nur per analogem Modem eine Verbindung zustande bringen oder aber der ISDN-Anschluß beim gewünschten Partner defekt oder belegt ist. Dann heißt es, aufs Modem auszuweichen.

2.3.1 ISDN-Modem am PC anschließen

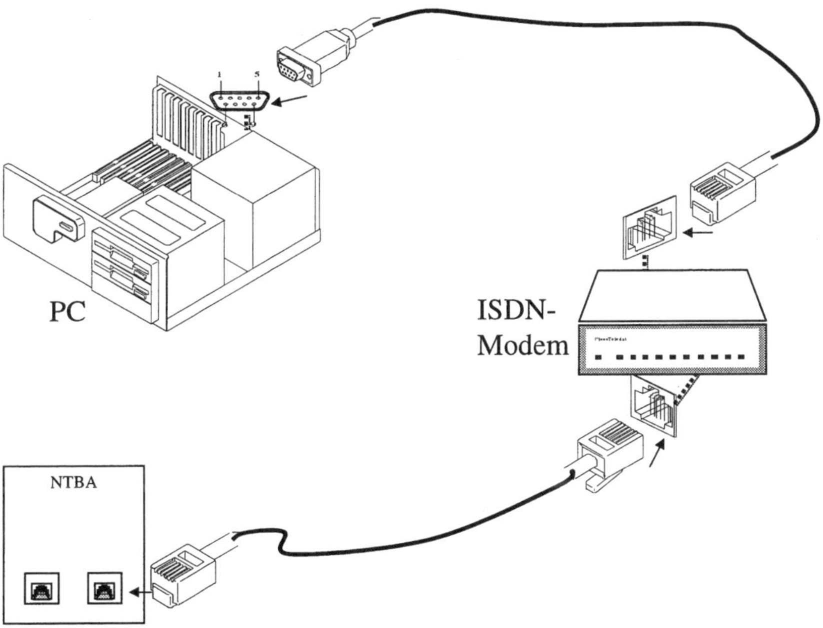

Bild 2.34: Ein ISDN-Modem ist wie ein herkömmliches Modem einfach zwischen Telefonanschluß und PC zu schalten. Das besondere daran: Es vereint sowohl Modem als auch ISDN-Adapter in einem Gehäuse.

Die naheliegende Variante: Sich gleich ein Gerät zulegen, daß beide Welten miteinander vereint und dabei auch noch besonders simpel bei der Installation ist. Das ist im Falle eines ISDN-Modems gegeben. Dabei ist der Anschluß eines ISDN-Modems prinzipiell simpel. Es wird wie ein Modem meist an der seriellen Schnittstelle angeschlossen; die andere Seite des Kabels kommt an den NTBA der Deutschen Telekom.

Der Anschluß eines ISDN-Modems ist zwar äußerst simpel. Doch auch hier gibt es einen Haken: Eine serielle Schnittstelle ist nicht auf Hochgeschwindigkeit getrimmt. Das bedeutet, daß sie unter Umständen zum Engpaß einer ansonsten schnellen Datenübertragung wird. Als Mindestvoraussetzung sollte die für das ISDN-Modem vorgesehene serielle Schnittstelle mit dem Baustein UART 16550 ausgestattet sein.

Worauf Sie achten müssen

Es ist eigentlich kein Kunststück, eine schnelle serielle Schnittstelle herzustellen. Und doch hinken diese kleinen Bauteile der sich allgemein überschlagenden PC-Entwicklung drastisch hinterher. Dabei muß die serielle Schnittstelle mehr verkraften als nur die grundlegende Datentransferrate von 64.000 Bit pro Sekunde. Werden die Daten komprimiert, dann rauscht eine enorme Menge an Informationen über die Leitung. Und vor allem, wenn per Kanalbündelung die geballte Kraft eines ISDN-Anschlusses genutzt werden soll, wird es schnell eng. So braucht das externe ISDN-Modem ELSA Microlink ISDN/TLV.34 schon eine Schnittstellen-Geschwindigkeit von 230.400 Bit pro Sekunde, wenn die Kanalbündelung vernünftig funktionieren soll.

So wird es gemacht

Überprüfen Sie, wie es um Ihre Schnittstelle bestellt ist. Dazu können Sie den Rechner auseinanderbauen und nachsehen, ob auf der Schnittstellen-Karte ein Baustein mit der Bezeichnung 16550 zu finden ist. Wenn ja, dann handelt es sich um eine moderne Schnittstellen-Karte. Zumindest in Windows 95 geht es aber auch viel einfacher:

1. Klicken Sie sich über START, EINSTELLUNGEN, SYSTEMSTEUERUNG durch. Dort finden Sie das Icon MODEMS. Aktivieren Sie es mit einem Doppelklick.
2. In der Registerkarte EIGENSCHAFTEN FÜR MODEMS klicken Sie auf die Schaltfläche EIGENSCHAFTEN.
3. Im folgenden Dialogfeld aktivieren Sie die Registerkarte ALLGEMEIN und klicken in dem Bereich unter MAXIMALE GESCHWINDIGKEIT auf den Pfeil nach unten.
4. Daraufhin öffnet sich eine Liste mit aufsteigenden Zahlen. Wenn die größte dort aufgeführte Zahl 115.200 ist, reicht die Geschwindigkeit der Schnittstelle nur für eine einfache ISDN-Datenverbindung mit 64.000

Bits pro Sekunde. Optimal wäre ein Wert von 460.800. Generell gilt: Je größer die größte hier angegebene Zahl ist, desto besser.

5. Klicken Sie dann auf die Karteikarte EINSTELLUNGEN. Hier können Sie die Parameter für eine ISDN-Verbindung festlegen. Ein Klick unten links bringt Sie dann zu den ANSCHLUSSEINSTELLUNGEN.

6. Wenn Ihr PC mit einem 16550-kompatiblen Schnittstellen-Baustein ausgerüstet ist, sollte das System automatisch ein Häkchen vor FIFO-PUFFER VERWENDEN in der ersten Zeile gesetzt haben. Sie können jetzt die Geschwindigkeit des Puffers in vier Stufen verstellen, und das sowohl für den Eingangspuffer als auch für den Sendepuffer.

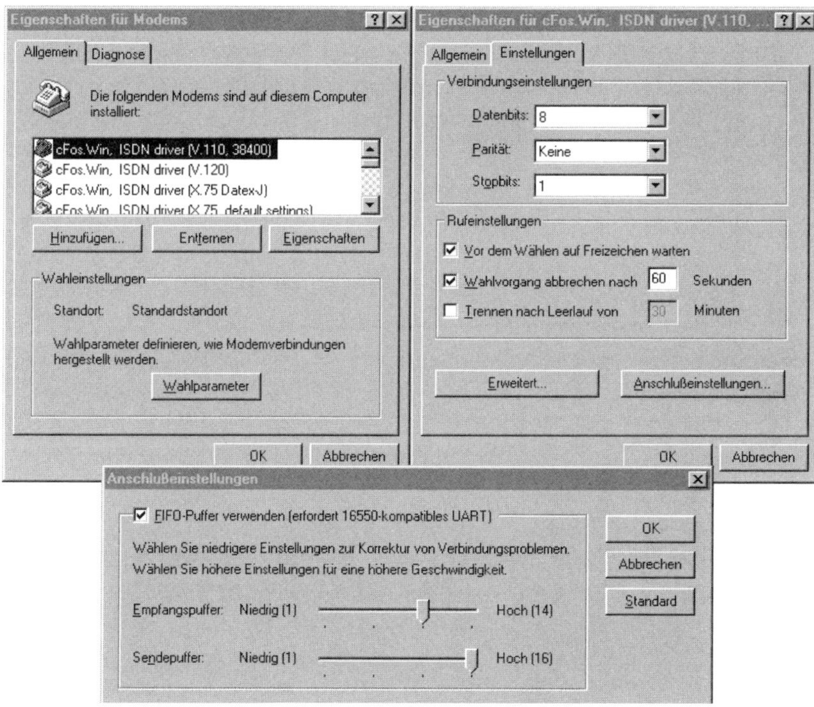

Bild 2.35: Die Einstellung des FIFO-Puffers entscheidet mit über die Qualität einer ISDN-Verbindung.

Es macht Sinn, den Puffer möglichst hoch zu wählen. Es ist bei ISDN-Verbindungen kaum zu erwarten, daß es deshalb zu Verbindungsproblemen kommen wird. Sollten Sie nach Wahl eines hohen Puffers allerdings Probleme mit ISDN-Verbindungen haben, dann reduzieren Sie den Puffer einfach wieder.

Einstellen des Sende- / Empfangspuffers

Ein Puffer macht nichts anderes, als Daten zwischenzuspeichern. Damit kann er Schwankungen im Datenfluß hervorragend ausgleichen. Der dafür bei seriellen Schnittstellen mittlerweile recht häufig verwendete FIFO-Baustein ist allerdings ein schmalbrüstiger Puffer: Mehr als jeweils 16 Byte für die Sende- und die Empfangsleitung hat er nicht zu bieten. Wer bei ISDN alle Register mit Datenkomprimierung und Kanalbündelung ziehen will, stößt sehr schnell an Grenzen.

Einige Kartenhersteller haben bereits darauf reagiert und bieten Beschleuniger-Karten an, die mit weit umfangreicheren Puffern als nur 16 Byte ausgestattet sind. Diese ermöglichen dann auch Übertragungsraten, wie sie mit ISDN-Terminaladaptern kein Problem darstellen.

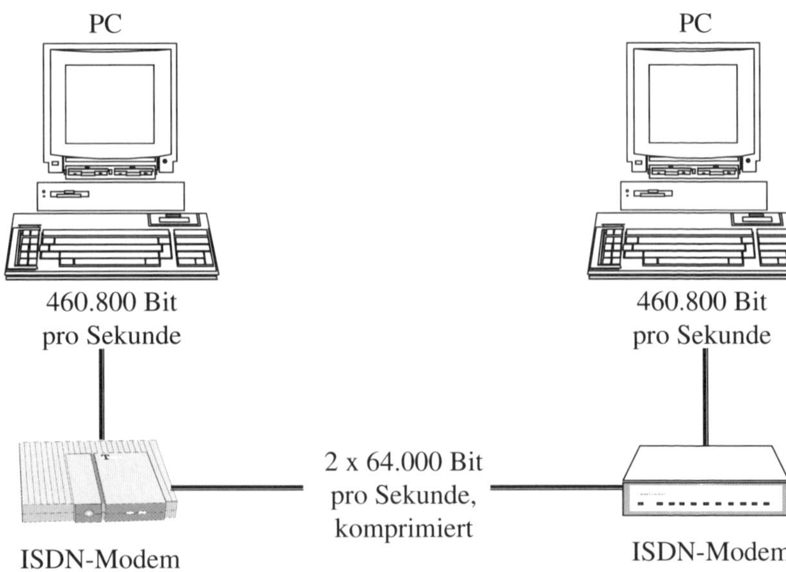

Bild 2.36: Bei der Datenübertragung sollte die serielle Schnittstelle genug Reserven bieten, um auch bei komprimierten Dateien und bei Kanalbündelung nicht schlapp zu machen.

Den Engpaß einer seriellen Schnittstelle hinzunehmen, rechnet sich nicht. Statt dessen sollten Sie lieber die Schnittstellen-Karte austauschen oder austauschen lassen. Achten Sie drauf, daß die neue Karte bis zu 230.400 Bit pro Sekunde übertragen kann. Wenn Sie Ihre Daten dagegen übertragen, ohne sie vorher zu packen, sollten Sie auf eine Übertragungsrate von 460.800 Bit pro Sekunde achten. Allerdings wird es für Sie billiger sein, wenn Sie sich ein Packprogramm kaufen, statt die noch schnellere Schnittstellen-Karte.

2.3.2 Mitgelieferte Software installieren

Da ISDN-Modems generell mit AT-Befehlen zurechtkommen, lassen sich herkömmliche Terminalprogramme wie zum Beispiel Telix sowohl für den Modemverkehr als auch für ISDN-Verbindungen zu nutzen. Die Software wird bei ISDN-Modems selbständig installiert. Unter Windows 3.x ist es nötig, die Verbindungsparameter für jedes Programm einzugeben. Bei Windows 95 geschieht dies in der Regel zentral.

So wird es gemacht

1. Klicken Sie sich über START, EINSTELLUNGEN, SYSTEMSTEUERUNG durch. Dort finden Sie das Icon MODEMS. Aktivieren Sie es mit einem Doppelklick.
2. In der Registerkarte EIGENSCHAFTEN FÜR MODEMS klicken Sie auf WAHLPARAMETER.
3. Geben Sie in der oberen Hälfte die Daten Ihres Standorts ein oder korrigieren Sie sie. Es ist auch möglich, ergänzende Standorte einzutragen. Dies ist zum Beispiel dann sinnvoll, wenn Sie mit einem Notebook häufig an einem anderen Standort arbeiten.
4. Wichtig sind die Wahlparameter Ihres aktuellen Standorts: Benötigen Sie eine Amtskennzahl in Nebenstellenanlagen? Dann tragen Sie sie in dem entsprechenden Feld ein. Als Wahlverfahren sollten Sie in der Regel MFV wählen. Nur wenn es zu Problemen kommt, kann es im Einzelfall sinnvoll sein, es mit IWV zu versuchen.

Im fünften Kapitel finden Sie weitere Hinweise zu einzelner Software, die sich auch mit ISDN-Modems nutzen läßt und teilweise zum Lieferumfang dieser Geräte gehört.

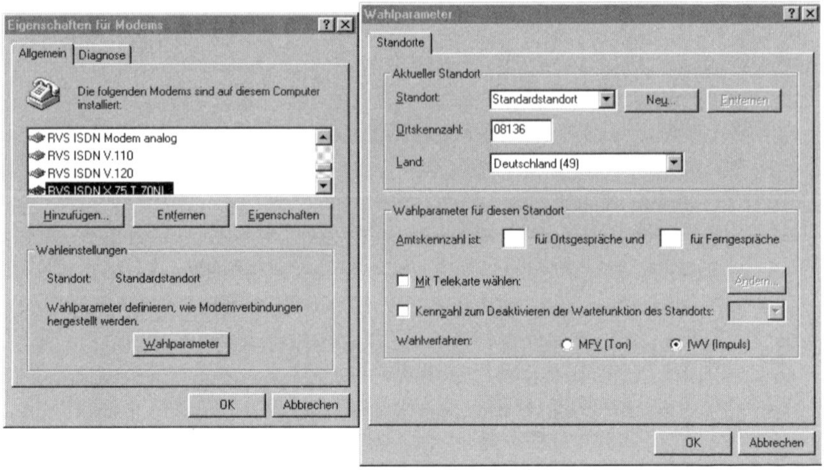

Bild 2.37: Hier sollte beim Wahlverfahren rechts unten statt IWV in der Regel MFV angekreuzt sein.

2.3.3 Besonderheiten beim Betrieb an einer Tk-Anlage

Wenn Sie ein ISDN-Modem nicht unmittelbar am NTBA, sondern am internen S_0-Bus einer Tk-Anlage betreiben, müssen Sie einige Besonderheiten bei der Konfiguration beachten.

Die interne Rufnummer statt der MSN eintragen

In der Software des ISDN-Modems (zum Beispiel Faxprogramm oder Datenübertragungsprogramm) müssen Sie angeben, auf welche Rufnummern das Modem reagieren soll. Hier dürfen Sie jedoch auf keinen Fall die von der Deutschen Telekom zugewiesene MSN eintragen, sondern die von der Tk-Anlage verwendete interne Rufnummer. Diese legt nämlich fest, mit welcher Rufnummer das ISDN-Modem über den internen S_0-Bus der Tk-Anlage angesprochen wird.

Die Amtsholung nicht vergessen

Zum anderen müssen Sie Windows 95 mitteilen, ob eine „0“ für die Amtsholung erforderlich ist oder nicht. Wenn Sie die betreffende Nebenstelle auf spontane Amtsholung umschalten können, entfällt dieser Schritt natürlich. Meist werden Sie jedoch nicht darauf verzichten können.

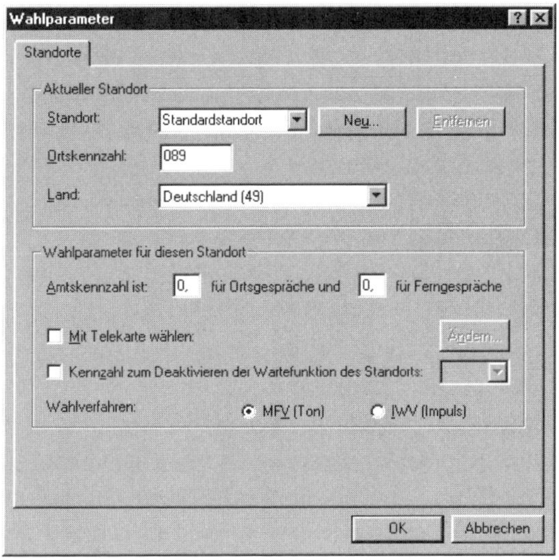

Bild 2.38: Sollte für den Amtszugang eine „0" erforderlich sein, müssen Sie dies der Anwendung mitteilen: SYSTEMSTEUERUNG – MODEMS – WAHLPARAMETER. Sonst werden Sie nie eine Verbindung aufbauen können.

Das Amtsfreizeichen

Diese Einstellung findet sich in der SYSTEMSTEUERUNG – MODEMS. Öffnen Sie für das betreffende Gerät die EIGENSCHAFTEN und aktivieren Sie dort das Register EINSTELLUNGEN. Sie finden dann unter Rufeinstellungen unter anderem die Option VOR DEM WÄHLEN AUF FREIZEICHEN WARTEN. Das zugehörige Kontrollfeld müssen Sie unbedingt deaktivieren, wenn das ISDN-Modem an einer Tk-Anlage angeschlossen ist. Es wird sonst nie anfangen zu wählen. Diese Einstellung entspricht übrigens dem AT-Befehl „ATX3".

Die Tk-Anlage konfigurieren

Natürlich dürfen Sie auch nicht vergessen, der Tk-Anlage mitzuteilen, daß Anrufe für eine bestimmte MSN an diejenige Nebenstelle weiterzuleiten sind, an der Ihr ISDN-Adapter angeschlossen ist. In der Rufverteilung muß diese Nebenstelle daher für die betreffende MSN berücksichtigt werden. Andernfalls wird Ihr Adapter keine Anrufe entgegennehmen können, weil ihm diese nicht angezeigt werden.

3 Online gehen mit ISDN

Es hat lange genug gedauert, bis Online-Anbieter und Internet-Provider genügend schnelle ISDN-Verbindungen zur Verfügung gestellt haben. Der Durchbruch erfolgte erst im Jahr 1997: Mittlerweile sind die großen Anbieter fast ausnahmslos über ISDN zu erreichen. Zumindest diejenigen, die in Europa sitzen oder den europäischen Markt intensiv bedienen wollen.

3.1 Günstige Anbieter mit ISDN-Leitungen

Fernseher einschalten, und das Bild erscheint: So einfach wie beim Fernsehen läuft es beim Aufbau einer Internet-Verbindung nicht. Fehler beim Verbindungsaufbau, scheinbar willkürlicher Abbruch einer Verbindung, schleichende Übertragung – all das gehört noch zum Alltag des recht neuen Mediums. Wer einen kostengünstigen Zugang sucht, um per ISDN im Internet zu surfen oder um elektronische Post zu nutzen, steht dabei vor der Qual der Wahl. Neben den großen Online-Diensten wie T-Online, AOL und CompuServe gibt es zahlreiche große (zum Beispiel EuNet, Germany.Net, Metronet) und viele kleinere Internet-Provider. Welcher dieser Anbieter für Sie die beste Wahl ist, hängt zu einem Großteil von der Verfügbarkeit eines ortsnahen Einwahlknotens ab. Wenn Sie sich erst in der Fernzone in das Netz eines Providers einwählen müssen, wird die Online-Reise schnell zu einem teuren Vergnügen. Ein weiterer Punkt ist die Geschwindigkeit der Datenübertragung vom/zum Provider und von diesem ins Internet. Selten können Sie mit der vollen Geschwindigkeit von ISDN auf Inhalte des Internet zugreifen. Zudem unterliegen die Datenübertragungsgeschwindigkeiten der großen Anbieter auch Schwankungen. Aktuellen Tests in Online- und PC-Zeitschriften können Sie am besten entnehmen, welcher Anbieter in Sachen Geschwindigkeit die Nase vorn hat.

Kostenloser Zugang zum Internet – das ist keine Utopie. In den Kapiteln 3.5 und 3.6 finden Sie Näheres dazu, wie Sie via ISDN Zugang zu Internet-Providern aufbauen können, die für Ballungsgebiete oder Flächenregionen interessant sind.

Testen Sie am besten verschiedene Anbieter, bevor Sie sich endgültig entscheiden. Erst dann sollten Sie Ihre Adresse für elektronische Post „veröffentlichen“.

Wenn Sie sich noch nicht für einen Anbieter entschieden haben, dann wählen Sie am besten einen, dessen Einwahlknoten zum City-Tarif erreichbar ist – das spart deutlich Telefonkosten. Stellen Sie dabei sicher, daß der für Sie in Frage kommende Einwahlknoten dieses Anbieters mit schnellen ISDN-Anschlüssen ausgestattet ist.

3.1.1 Wen Sie per ISDN-Anschluß erreichen können

Das Angebot an Teilnehmern, die per ISDN zu erreichen sind, wächst ständig. Selbst lokale Mailboxen bieten immer häufiger ISDN-Zugänge an. Und natürlich alle Internet-Provider und Online-Dienste. Dabei müssen Sie entscheiden, welcher Anbieter für Sie am ehesten in Frage kommt. Doch nach welchen Kriterien sollen Sie da vorgehen?

Grundlagen
Was ist ein Internet-Provider und was ist ein Online-Dienst? Ganz so einfach ist eine Unterscheidung nicht. Ein Internet-Provider bietet meist nur den Internet-Zugang und die Nutzung elektronischer Post an. Eigene Inhalte bietet er jedoch in der Regel nicht an; über eine Homepage und ein bißchen drum und dran verfügt er aber meistens dennoch. In der Regel erhalten Sie hier also Internet pur.

Ein Online-Dienst bietet seinen Kunden die typischen Dienste einer Mailbox: elektronische Post, Dateitransfer, Diskussionsforen und ähnliches. Im Gegensatz zum Internet ist ein Online-Dienst ein geschlossener Rechnerverbund (proprietärer Dienst) mit einer zentralen Verwaltung. Der Kunde hat Anspruch auf definierte Leistungen, die auch die Pflege vorhandener Datenbestände umfaßt. T-Online, CompuServe und America Online sind typische Online-Dienste. Da sie aber auch den Zugang auf bestimmte Bereiche des Internets gewähren, sind sie gleichzeitig auch Internet-Provider. Hier erhalten Sie also Internet plus Sonderleistungen.

3.1.2 Wie Sie per ISDN-Anschluß ins Internet kommen

Um ins Internet zu kommen, brauchen Sie einen POP. Das ist die übliche Abkürzung für Point of Presence. Gemeint ist damit ein Einwahlknoten oder, um in der Sprache des Internets zu bleiben, ein Verbindungspunkt zu einem Internet-Provider. Wenn Sie sich einen Internet-Provider aussuchen, sollten Sie darauf achten, daß er in Ihrem Ortsbereich einen POP mit stabilen ISDN-Anschlüssen zur Verfügung stellt. Ein Internet-Provider unterhält in der Regel entweder mehrere POPs, um möglichst vielen Teilnehmern eine Verbindung zum Ortstarif zu ermöglichen, oder aber er kooperiert mit lokalen Firmen als Unter-Provider.

Was Sie dafür benötigen

Für einen Internet-Zugang werden an den PC keine besonderen Anforderungen gestellt, ein heute üblicher Pentium oder ein ordentlich ausgestatteter 486er reichen. Für Windows 3.x genügt meistens ein Arbeitsspeicher ab 8 MByte, bei Windows 95 sollten es mindestens 16 MByte oder mehr sein.

Ebenso wichtig ist genügend großer Speicherplatz, um die nötige Software zu installieren und um Daten aus dem Internet herunterladen zu können. Beachten Sie dabei, daß allein moderne Zugangssoftware schon bis zu 50 MByte Speicherplatz auf der Festplatte belegen kann. Grafikkarte und Monitor sollten mindestens 256 Farben und 640 mal 480 Bildpunkte, besser aber 800 mal 600 Bildpunkte anzeigen können.

In der Regel benötigen Sie folgende Software:

1. Einen Web-Browser wie den Microsoft Internet Explorer 4.0 oder den Netscape Communicator 4.01. Browser mit Versionsnummern unter 3 sind in der Regel nicht mehr auf der Höhe der Zeit. Achten Sie unbedingt darauf, daß Sie einen sogenannten Frame-fähigen Browser einsetzen. Dieser stellt sicher, daß die in der Seitenbeschreibungssprache HTML (die Sprache des WWW – Hypertext Markup Language) programmierten Web-Sites auch korrekt auf Ihrem Bildschirm dargestellt werden. In Windows 98 soll bereits der Internet Explorer 4.0 integriert sein, bei Online-Anbietern wie AOL und CompuServe gehört er zum Lieferumfang. Für Windows 3.x benötigen Sie einen 16-Bit-Browser; auch diesen gibt es von Netscape und Microsoft.
2. Eine ISDN-fähige Zugangssoftware eines Internet-Providers oder eines Online-Anbieters. Meist gehört dazu ein Einwahl-Programm, ein sogenannter Dialer. Unter Windows 95 wird auch häufig automatisch eine Verbindung mit dem DFÜ-Netzwerk eingerichtet. Erhalten Sie keine Zugangssoftware, dann benötigen Sie zumindest die Daten Ihres Providers (zum Beispiel IP-Adresse). Wie Sie dann vorgehen, erfahren Sie in Kapitel 3.6 und 3.7.

ISDN-Terminaladapter und interne ISDN-Karten verhalten sich in Bezug auf die Einrichtung von Online-Diensten und Internet-Providern unterschiedlich. Viele ISDN-Terminaladapter sind ähnlich wie Modems zu behandeln, was die Einrichtung in diesen Fällen mitunter vereinfacht. In den folgenden Abschnitten stehen jedoch die internen ISDN-Karten im Mittelpunkt.

3.1.3 Wie die Kontaktaufnahme per ISDN klappt

Meistens führt die ISDN-Installation für einzelne Dienste direkt zum Ziel, mitunter kann es aber auch kleinere oder gar größere Probleme geben. Diese können spezifischer Natur sein, weil etwa eine bestimmte ISDN-Karte mit einem bestimmten Dienst Probleme hat.

In diesen Fällen werden Sie nicht der Erste sein, der auf Unstimmigkeit stößt; die Chance ist groß, daß bereits eine Lösung existiert. Suchen Sie also möglichst bevor Sie von analog auf ISDN umstellen in den entsprechenden Foren der Dienste, auf den Internet-Seiten der entsprechenden Hersteller oder in themenspezifischen oder anderen speziellen Mitteilungsbereichen, ob Sie dort nicht bereits eine komplette Lösung angeboten bekommen. Oder versuchen Sie, per E-Mail, telefonisch oder per Fax, eine Stellungnahme von der jeweiligen Hotline zu erhalten.

Wenn Sie Probleme mit dem Aufbau einer Verbindung haben, dann versuchen Sie es später noch einmal. Denn die Verbindungen verhalten sich etwas „launisch“. Nicht jedes Verbindungsproblem muß eine bestimmte Ursache haben. Oft reicht schon eine einzige neue Anwahl, um zum Erfolg zu kommen.

Wenn die Daten trotz ISDN nur über die Leitung tröpfeln, dann haben Sie wahrscheinlich einen überlasteten Zugang erwischt. Das sollten Sie sich nicht bieten lassen: Brechen Sie die Verbindung ab und versuchen Sie es noch einmal. Meist klappt es schon beim nächsten Versuch weitaus besser. Das vermeidet dann, daß Sie unnötig lange am Netz hängen und hilft, manchen Geldschein zu sparen.

In Kapitel 5.3 finden Sie weitere Hinweise, wie Sie Probleme mit einer ISDN-Verbindung lösen können.

3.1.4 Wie Sie elektronische Post ans Ziel bringen

Wenn Sie sich via elektronischer Post mit Teilnehmern anderer Dienste austauschen wollen, dann müssen Sie sich an die entsprechenden Namenskonventionen bei der Adreßeingabe halten. Diese haben wir weiter unten für Sie kurz zusammengestellt. Beachten Sie auch, daß der Austausch von Daten, bei denen es sich nicht um reine Textnachrichten handelt, also beispielsweise das Versenden von Programmen oder Bildern, Einschränkungen unterliegt, wenn

Sie sie nicht innerhalb eines Dienstes verschicken. Es kann also passieren, daß eine Excel-Tabelle, die Sie via CompuServe an einen Teilnehmer im Internet verschicken, nur noch verstümmelt und damit unbrauchbar ankommt.

Worauf Sie achten müssen
Zu den Binär-Dateien gehören Textdateien, die Sie mit einem Programm wie Word für Windows 7.0 erstellt haben sowie Bilder, Datenbankinhalte, Videos und so weiter. Diese Art von Dateien läßt sich im Gegensatz zu einfacher elektronischer Post, die keine Formatierungen enthält, nicht über alle Grenzen zwischen den verschiedenen Anbietern austauschen.

So wird es gemacht
Es besteht allerdings die Möglichkeit, solche Dateien mit Hilfe eines Programms wie UUENCODE vor dem Versenden in ein Format zu überführen, das den unbeschadeten Transport über alle Grenzen erlaubt; der Empfänger muß die Daten dann jedoch zurückkonvertieren. Wenn Sie allerdings häufig größere Binärdateien mit einigen definierten Anbietern austauschen wollen, dann sollten Sie einen direkten Dateitransfer via ISDN in Erwägung ziehen, wie er in Kapitel 4.1 geschildert ist. Das geht am schnellsten und Ihre Dateien bleiben unbeschadet.

Tabelle 3.1: Beim Verschicken von elektronischer Post müssen Sie die Eigenarten der einzelnen Systeme berücksichtigen

Online-Dienst	E-Mail-Adresse
AOL	AOL-Name@aol.com. Beispiel: WinklerBRD@aol.com
CompuServe	User-ID/Alias@compuserve.com. Bei Verwendung der User-ID muß das Komma der CompuServe-Adresse durch einen Punkt ersetzt werden! Beispiel: DieterWinkler@compuserve.com beziehungsweise nach der alten Schreibweise: 100123.1234@compuserve.com
MSN	Mitglieds-ID@msn.com. Beispiel: DJWinkler@msn.com
T-Online	Teilnehmernummer/Alias@t-online.de. Beispiel: DieterWinkler@t-online.de beziehungsweise nach der alten Schreibweise: 08912345678-0001@t-online.de

3.2 AOL-Zugang per ISDN

Die Geburtswehen um professionelle ISDN-Zugänge für America Online waren besonders heftig. Mit ISDN-Zugängen, die mit 19.200 Bit pro Sekunde nicht einmal die Geschwindigkeit von analogen High-Speed-Modems boten, zeigte sich der Gigant unter den Online-Diensten bis Anfang 1997 nicht unbedingt auf der Höhe der Zeit. Das ist nun anders.

Vor allem die 32-Bit-Version der AOL-Zugangssoftware ab der Versionsnummer 3.0 hat in Verbindung mit entsprechend ausgebauten Einwahlknoten die Situation drastisch verbessert. Auch hier ist wieder deutlich zu erkennen, daß der Trend verstärkt in Richtung 32-Bit-Software geht. Anwender, die weiterhin Windows 3.x einsetzen möchten, haben das Nachsehen, können aber direkt von der AOL-CD-ROM einen sogenannten 16-Bit-Client installieren.

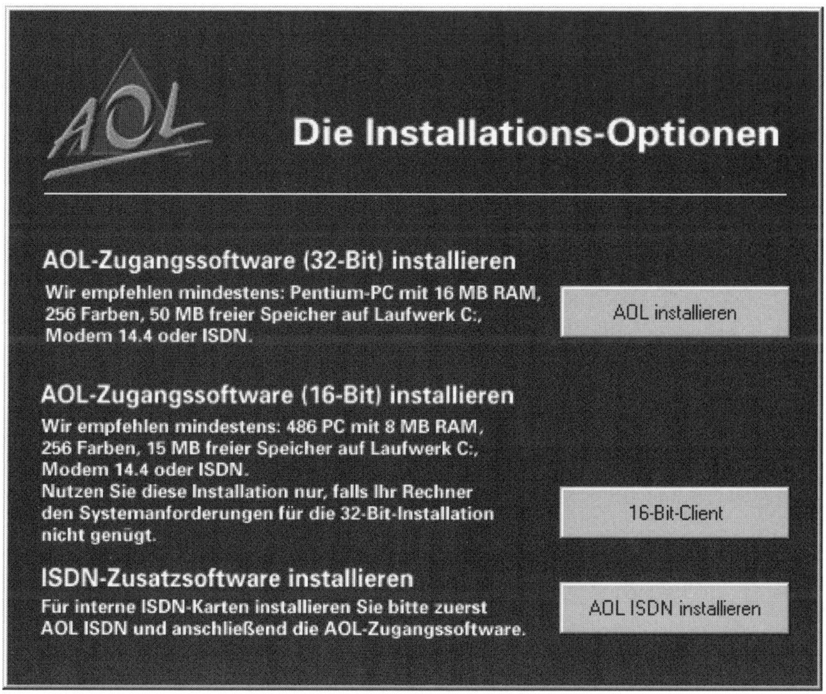

Bild 3.2: Wenn Sie den passenden Anschluß an AOL per ISDN haben wollen, müssen Sie erst einmal den Punkt AOL ISDN INSTALLIEREN *anklicken.*

Die verbesserten Optionen für elektronische Post und der integrierte Web-Browser der Version 3.0 stellen sicherlich eine Verbesserung dar. Entscheidend aber ist, daß diese Version nun auch von Haus aus ISDN kennt und ohne Widerspruch bereit ist, eine entsprechende Installation durchzuführen. Mittlerweile arbeiten bei AOL schnellere ISDN-Zugänge, womit der weltweit größte Online-Dienst sich nun auch in Sachen digitaler Netzzugänge auf der Höhe der Zeit befindet.

3.2.1 Installation der AOL-Zugangssoftware

AOL läßt sich für ISDN einfach einrichten. Das ganze läuft über den Umweg der Fossiltreiber, was für die Kontaktaufnahme mit dem Online-Dienst nicht unbedingt ein Nachteil ist. Allerdings gibt es Probleme bei gleichzeitiger Nutzung von anderen Online-Diensten; doch dazu mehr in Kapitel 3.2.2.

Achten Sie bei der Installation der AOL-Zugangssoftware darauf, daß Sie unbedingt zuerst die ISDN-Software installieren. Diese stellt die Basis für die nachfolgende Installation der Zugangssoftware dar.

Haben Sie bereits eine AOL-Version installiert, dann dürfen Sie keineswegs die neue Version im gleichen Verzeichnis installieren – sonst kommt es zu Konflikten. Für ISDN-Verbindungen ist es wichtig, eine unter Umständen vorhandene alte Version AOL ISDN 1.04 durch die neue Version 1.05 zu ersetzen.

So wird es gemacht

Die CD-ROM mit der 32-Bit-Zugangssoftware AOL 3.0 brauchen Sie nur in Ihr CD-ROM-Laufwerk einzulegen, sie startet dann automatisch. In der ersten Bildschirmmaske klicken Sie auf AOL INSTALLIEREN. Vor der Installation der eigentlichen Zugangssoftware ist dann ein kleiner Umweg nötig. Zuerst muß ausdrücklich AOL ISDN installiert werden, und erst dann die AOL-Zugangssoftware. Wählen Sie also zuerst AOL ISDN INSTALLIEREN und geben Sie dann an, in welchem Verzeichnis die AOL ISDN Software installiert werden soll.

Während der Installation wird geprüft, welche CAPI Sie verwenden und es wird ein COM-Port zugeteilt (Achtung: Hierfür wird immer ein COM-Port genommen, der in Ihrem System nicht existiert, beispielsweise COM 3.). Im Fenster „Modem-Auswahl" und „Anpassung" müssen Sie Ihre ISDN-Karten-Treiber auswählen. Wenn Ihr Kartentyp mit verschiedenen Protokollen aufgelistet ist – wie etwa V.120 und X.75 – dann achten Sie darauf, daß Sie möglichst das Protokoll X.75 auswählen.

Im Verlauf der Installation von AOL ISDN werden Sie gebeten einzugeben, welchen COM-Port cFos emulieren soll. Merken Sie sich genau, welchen Port Sie hier eintragen. Diese Information benötigen Sie später in der Zugangssoftware von AOL. Sie müssen dort nämlich eintragen, welchen Port Ihr „Modem", in diesem Fall also der cFos, verwendet.

Erst nach geglückter Installation der ISDN-Software können Sie die eigentliche AOL-Zugangssoftware installieren. Nutzen Sie ältere Windows-Versionen als Windows 95, dann wählen Sie den Punkt 16-Bit-Client. Die Software prüft zuerst, ob Sie eine ältere Version der AOL-Software auf Ihrem Rechner haben. Erst dann läuft die Installation menügesteuert ab. Wenn Sie Windows 95 benutzen, dann brauchen Sie nur AOL INSTALLIEREN anzuklicken. Sie werden dann entsprechend durch die Installation geleitet.

Achten Sie darauf, daß Sie den nächsten Einwahlknoten wählen. Sind Sie sich unsicher, welcher das ist, dann hilft ein Blick in das Tarif-Telefonbuch der Deutsche Telekom weiter.

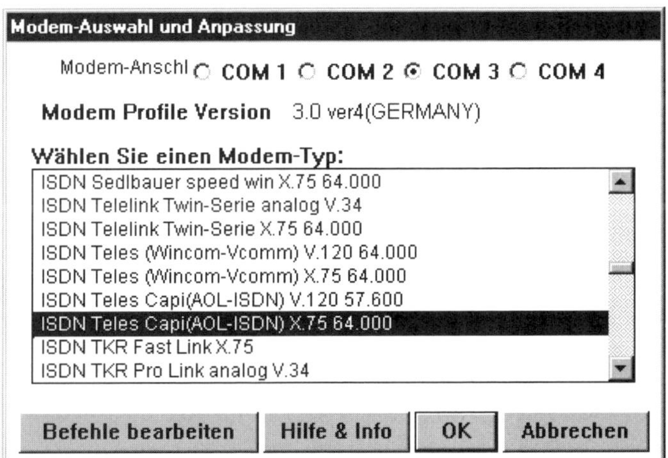

Bild 3.3: Auch wenn Sie eine ISDN-Karte und kein Modem verwenden: Hier finden Sie eine große Auswahl von ISDN-Treibern, die meist gleich für mehrere Karten eines Herstellers passen.

Achten Sie darauf, daß Sie im oben gezeigten Dialog (Bild 3.3) genau den COM-Port angeben, den Sie während der Installation von AOL ISDN für cFos angegeben haben!

3.2.2 AOL ISDN parallel mit anderen Diensten nutzen

Fossiltreiber haben nicht nur den Nachteil, daß sie ein Stück vom Arbeitsspeicher abzwacken, sondern noch einen ganzen anderen: Sie sind nicht unbedingt kompatibel zueinander. Gerade bei AOL und CompuServe ist das bitter. Obwohl beide Dienste cFos-Treiber verwenden, gibt es Ärger, wenn Sie beide zusammen auf einem PC installieren – der eine cFos schießt den anderen ab. Allerdings läßt sich dieses Problem lösen.

So wird es gemacht

Sie können das Problem inkompatibler cFos-Versionen auf drei Arten lösen:

1. Sie können einen Dienst so einrichten, daß er nur über ein herkömmliches Modem läuft: Das ist die schnellste, aber nicht die eleganteste Lösung. Holen Sie etwa in AOL nur gelegentlich elektronische Post ab und surfen Sie über CompuServe im Internet, dann richten Sie AOL als Modem-Verbindung ein und CompuServe als ISDN-Verbindung. Oder auch genau umgekehrt.
2. Besorgen Sie sich einen vollwertigen cFos-Treiber. Sie erhalten ihn als Shareware beispielsweise direkt im Internet unter http://www.cfos.com oder in CompuServe unter GO CFOS; in AOL gehen Sie in den AOL-Treibershop und geben dort den Suchbegriff cFos ein. Deinstallieren Sie bereits vorhandene cFos-Versionen mit dem zugehörigen Deinstallationsprogramm und installieren Sie die vollwertige Version.
3. Konfigurieren Sie einen Dienst anders, richten Sie ihn vollständig über das DFÜ-Netzwerk ein. Hier bietet sich CompuServe an, das über eine einigermaßen dokumentierte PPP-Verbindung läuft. Die grundsätzliche Vorgehensweise wird in Kapitel 3.4.3 geschildert.

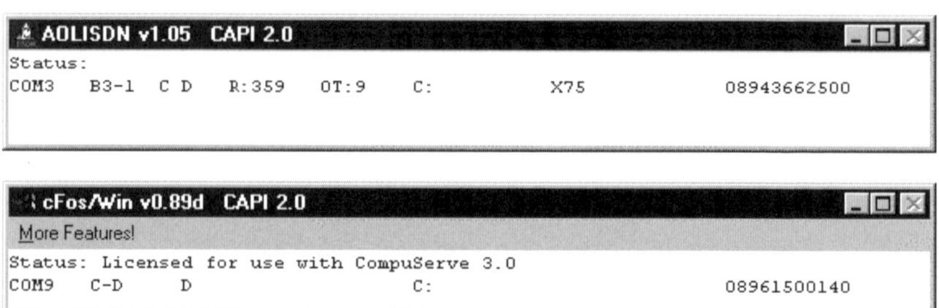

Bild 3.4: Die cFos-Treiber von AOL (oben) und CompuServe (unten) sind nicht miteinander kompatibel.

3.3 T-Online-Zugang per ISDN

Der T-Online-Vorgänger Btx war der erste Online-Dienst, der mit schnellen ISDN-Zugängen glänzen konnte. Ab der Version 2.0 macht die Zugangssoftware des Marktführers in Deutschland auch und gerade im Internet so richtig Dampf. T-Online bietet damit einen der schnellsten Internet-Zugänge überhaupt. Die Deutsche Telekom hat dafür ein neues, leistungsstarkes Einwahlkonzept umgesetzt, das die Vorteile eigener Infrastruktur voll ausspielt. Und sie ist der einzige Anbieter, der überall zum Ortstarif erreichbar ist und damit auch abseits der Großstädte äußerst attraktive Konditionen bietet.

3.3.1 Installation der T-Online-Zugangssoftware

Unter Windows 95 fährt die CD-ROM mit der Installationssoftware automatisch hoch. Bei älteren Windows-Versionen ist es nötig, im Dateimanager das CD-ROM-Laufwerk auszuwählen und per Mausklick das Installationsprogramm T-ONLINE.EXE auf der CD-ROM doppelzuklicken.

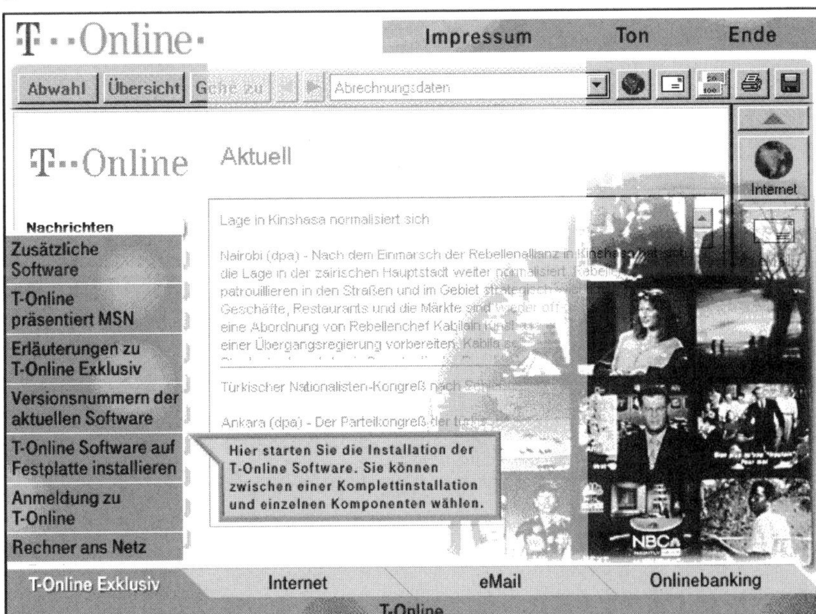

Bild 3.5: Bei T-Online können Sie die Komponenten zur Installation komfortabel auswählen.

Die ISDN-Installation verläuft in T-Online unauffällig und unproblematisch. Gängige ISDN-Karten oder externe ISDN-Terminaladapter machen dabei in der Regel keine Probleme. Unterstützt werden die CAPI 1.1 und 2.0 und damit auch alle gängigen Windows-Versionen. Das besondere an T-Online: Sie brauchen hier keine komplizierten Vorinstallationen für Fossiltreiber oder ähnliche Zusatz-Software durchzuführen.

Wenn Sie noch keinen Zugang zu T-Online haben, sollten Sie ihn über einen Drittanbieter (zum Beispiel 1&1, Montabaur) bestellen. Dann ist er kostenlos. Wenn Sie sich direkt in T-Online anmelden wollen, werden 50 Mark fällig.

So wird es gemacht

Nachdem Sie Ihre ISDN-Karte erfolgreich zum Laufen gebracht haben, können Sie sich bei T-Online anmelden. T-Online garantiert Ihnen schnelle Internet-Verbindungen und darüber hinaus das breite Angebot des ältesten und größten Online-Anbieters Deutschlands.

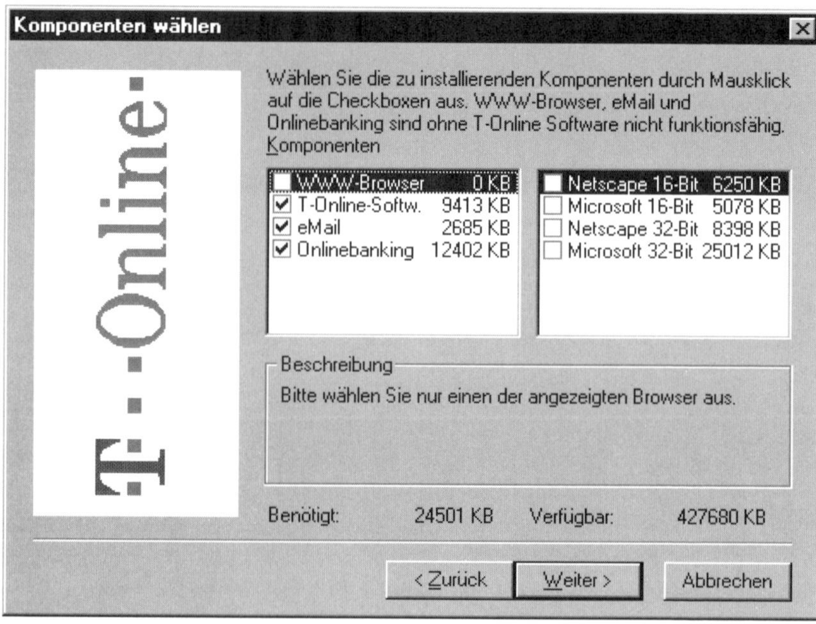

Bild 3.6: Bei der Installation haben Sie unter anderem auch die Wahl, sich Ihren Lieblings-Browser auszuwählen.

Sobald Sie die Zugangssoftware mitsamt Ihren Zugangsdaten erhalten haben, schieben Sie die Installations-CD in Ihr CD-ROM-Laufwerk. Das in Bild 3.5 gezeigte Einwahlmenü hält den Punkt T-ONLINE SOFTWARE AUF DER

FESTPLATTE INSTALLIEREN bereit. Klicken Sie ihn an, er wird dann automatisch ins Setup geführt. Als Zielverzeichnis können Sie den vorgeschlagenen Pfad C:\T-ONLINE akzeptieren.

Im nächsten Fenster können Sie die Software-Komponenten auswählen. Lassen Sie auf der linken Seite alle Komponenten angekreuzt und markieren Sie zusätzlich den WWW-Browser. Dann wechseln Sie auf die rechte Seite und klicken alle Browser-Versionen weg, bis nur noch Microsoft 32-Bit mit einem Häkchen markiert ist. Wenn Sie Windows 3.x benutzen, müssen Sie einen der beiden 16-Bit-Browser auswählen. Diese laufen zwar auch unter Windows 95, schöpfen die Möglichkeiten dieses Betriebssystems jedoch nicht voll aus.

Nachdem Sie im nächsten Fenster die Programmgruppe T-Online 2.0 ausgewählt haben, müssen Sie nur noch die Angaben für die elektronische Post eingeben. Dabei haben Sie die Wahl, ob Sie die E-Mail-Komponenten von T-Online nutzen möchten oder lieber den vom Internet Explorer.

Ab der Version 2.0 bietet die Deutsche Telekom die Option, gleichzeitig auf T-Online und auf das Internet zuzugreifen. Dann können Sie sich beispielsweise vom Internet eine größere Datei herunterladen und gleichzeitig in T-Online surfen.

3.3.2 ISDN-Verbindungen sicher beenden

Wenn Sie T-Online nutzen, sollten Sie sicherstellen, daß die Verbindung nicht weitertickert, wenn Sie sie nicht mehr benötigen. Das ist um so wichtiger bei ISDN-Verbindungen, da hier kein blinkendes Modem verrät, daß eine Verbindung noch ungewollt aktiv ist.

So wird es gemacht
Klicken Sie dazu das Menü EINSTELLUNGEN an und dort unter GRUNDEINSTELLUNGEN den Punkt AUTOMATISCHE ABWAHL. Geben Sie dann dort eine Zahl Ihrer Wahl ein. Wenn Sie etwa eine Minute eintragen, dann werden die Verbindungen nach einer Minute getrennt. Das ist nicht immer vorteilhaft. Denn kommt es bei der Übertragung einer längeren Datei mal zu einer Pause, dann werden Sie nach dieser Zeit automatisch rausgeschmissen. Geben Sie dort also besser einen Wert von rund drei bis fünf Minuten ein.

3.3.3 T-Online in Windows 95 integrieren

Ab der Version 2.0 von T-Online ist es möglich, den ISDN-Zugang zu T-Online in Windows 95 manuell zu integrieren. Damit steht er dann für die

Nutzung von Programmen wie Exchange und Outlook Express direkt aus dem DFÜ-Netzwerk zur Verfügung. Dazu müssen Sie im DFÜ-Netzwerk eine sogenannte PPP-Verbindung konfigurieren, wie in Kapitel 3.6 prinzipiell geschildert. Wenn Sie im DFÜ-Netzwerk eine NEUE VERBINDUNG ERSTELLEN wollen, dann können Sie dort eine beliebige Ortskennzahl und Landeskennzahl eintragen; diese Einträge werden nicht wirklich benötigt und können später wieder gelöscht werden.

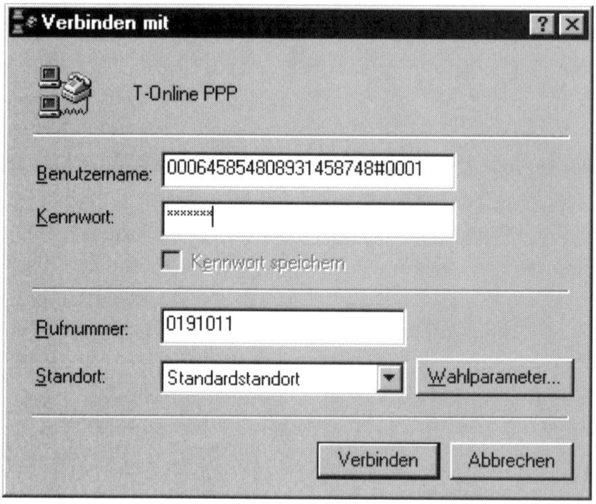

Bild 3.7: Eine ISDN-Verbindung läßt sich für T-Online wie für einen beliebigen Internet-Provider einrichten.

3.4 CompuServe-Zugang per ISDN

Wie bei den anderen Online-Diensten sind auch bei CompuServe verschiedene Varianten des entsprechenden Zugangsprogramms WinCIM im Umlauf. Vor allem die Versionen mit einer 2 und einer 3 im Namen erfreuen sich in der Praxis großer Beliebtheit. Sie unterscheiden sich jedoch in vielerlei Hinsicht, auch im Verhalten mit ISDN:

1. Die Versionen ab 3.02 arbeiten mit ISDN-Adaptern jeglicher Art recht zuverlässig zusammen. Dabei müssen Sie jedoch bei der Installation extra die Einstellung ISDN wählen.

2. Die direkten Vorgänger-Versionen sind nur mit einigem Nachdruck zur Zusammenarbeit mit ISDN-Adaptern zu bewegen. Der Anschluß externer Geräte, die sich – wie beispielsweise ISDN-Modems – über die sogenannten AT-Befehle steuern lassen, ist problemlos.

3.4.1 Installation der CompuServe-Zugangssoftware

Die Installation verläuft ähnlich wie bei America Online. Allerdings müssen Sie hier nicht erst den Umweg über eine vorgeschaltete ISDN-Installation gehen. Nervig ist allerdings, daß Sie bei der Version 3.02 gezwungen werden, QuickTime für Windows zu installieren, um sich Videos anzusehen, die Sie für die Installation überhaupt nicht benötigen.

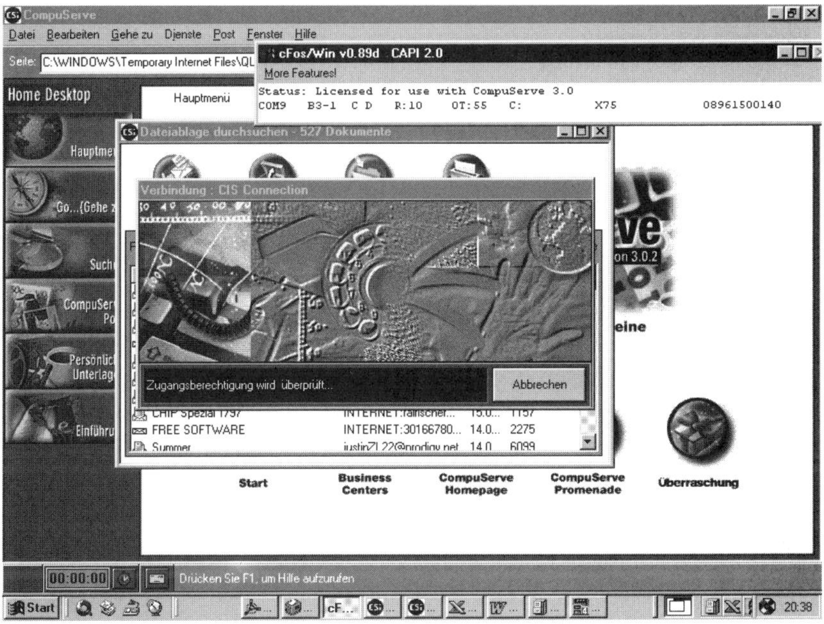

Bild 3.8: Die ISDN-Verbindung zu CompuServe läuft ab Windows 95 im Regelfall über das DFÜ-Netzwerk mit Hilfe des oben im Bild gezeigten Fossiltreibers cFos.

So wird es gemacht

Wenn Sie die CompuServe-CD-ROM in Ihr CD-ROM-Laufwerk einlegen, wird sie automatisch gestartet. Haben Sie QuickTime auf Ihrem Rechner noch nicht installiert, ist erst dieses Programm zu installieren. Danach passiert von selbst gar nichts mehr. Am einfachsten ist es jetzt, die CD-ROM noch einmal aus dem Laufwerk zu entfernen und nach erneutem Einlegen wieder zu starten. Erst dann dürfen Sie den WinCIM installieren. Sie müssen jetzt auf COMPUSERVE 3.02 klicken und dann nochmals auf INSTALLIEREN.

Wie auch bei AOL sind hier ISDN-Verbindungen nicht als Standard vorgesehen. Klicken Sie allerdings auf BENUTZERDEFINIERT, dann sind Sie richtig. Sie haben dann die Wahl, für ISDN-Verbindungen das DFÜ-Netzwerk zu installieren oder die bestehende Internet-Verbindung zu verwenden. Wenn Sie über CompuServe im Internet surfen wollen, liegen Sie mit dem DFÜ-Netzwerk richtig. Wenn Sie bereits einen Internet-Zugang besitzen (zum Beispiel über einen Provider), können Sie auch bestehende Internet-Verbindungen wählen.

Im weiteren Verlauf der Installation werden Sie gefragt, ob Sie den cFos-Treiber verwenden wollen. In den meisten Fällen, vor allem beim Einsatz von ISDN-Karten, liegen Sie damit richtig. Beachten Sie jedoch, daß dies eine spezielle cFos-Variante ist, die nur mit CompuServe zusammenarbeitet. Das hat den bereits erwähnten Nachteil, daß andere Anwendungen, die auf einem inkompatiblen cFos-Treiber aufsetzen, dann nicht mehr laufen.

Wenn Sie beim Verbindungsaufbau mit CompuServe einen ISDN-Monitor benutzen, der die ISDN-Karte überwacht, kann es zu Störungen kommen. Deaktivieren Sie dann den ISDN-Monitor.

3.4.2 Den richtigen ISDN-Zugang wählen

Die Installation des WinCIMs zwingt Sie nicht wie bei AOL, sich auf ein festes Protokoll wie X.75 festzulegen. Das würde auch keinen Sinn machen. Denn mit CompuServe können Sie mehrere Protokolle fahren: X.75, das Sie im Normalfall wählen sollten, sowie das amerikanische V.110, das langsame V.120 und schließlich die Spezialversion von X.75, die die Einwahl zum Citytarif ermöglicht. Kommen Sie mit einem Protokoll nicht weiter, dann versuchen Sie es mit einem anderen.

So wird es gemacht
Wenn Sie das ISDN-Protokoll wechseln wollen, gehen Sie wie folgt vor: Gehen Sie über GEHE ZU zu den EINSTELLUNGEN. Klicken Sie dort DFÜ-NETZWERK KONFIGURIEREN an. In der Registerkarte CS3 CONNECTION können Sie dann unter GERÄT das Protokoll aussuchen, das Sie benutzen möchten. Bestätigen Sie danach Ihre Wahl mit zweimal OK.

CompuServe bietet eine Besonderheit: Durch ein Abkommen mit der Deutschen Telekom besteht die Möglichkeit, sich wie in T-Online überall zum Citytarif einzuklinken. Dafür wird nur ein bescheidener Obolus in Höhe von einem Dollar pro Stunde fällig. Wenn Sie diesen Zugang ausprobieren, dann prüfen Sie, ob in Ihrem Fall die Übertragungsgeschwindigkeit dem eines normalen X.75-Zugangs entspricht. Dazu laden Sie sich eine Datei herunter und dividieren deren Größe in Byte durch die dafür benötigten Sekunden. Das Ergebnis sollte deutlich über 5000 Byte pro Sekunde liegen. Ist das der Fall, können Sie kräftig Geld sparen, ansonsten rentiert sich dieser Zugang nicht.

Für die Einwahl zum Citytarif über die Datex-J-Knoten der Deutschen Telekom benötigen Sie ein spezielles Skript und weitere Informationen. Klicken Sie dazu im WinCIM auf DIENSTE und dann dort auf MITGLIEDER SERVICE, wo Sie die aktuellen Informationen vorfinden sollten.

3.4.3 ISDN-Zugang über das DFÜ-Netzwerk

Sie können sich den CompuServe-Zugang auch über das DFÜ-Netzwerk aufbauen, so daß Sie keinen Fossiltreiber mehr benötigen. Dann können Sie beispielsweise AOL parallel mit einem Fossiltreiber nutzen. Zusätzlicher Nutzen ist dann, daß Sie Ihre CompuServe-Mails direkt aus Standard-Programmen wie Exchange oder Outlook Express verwalten können.

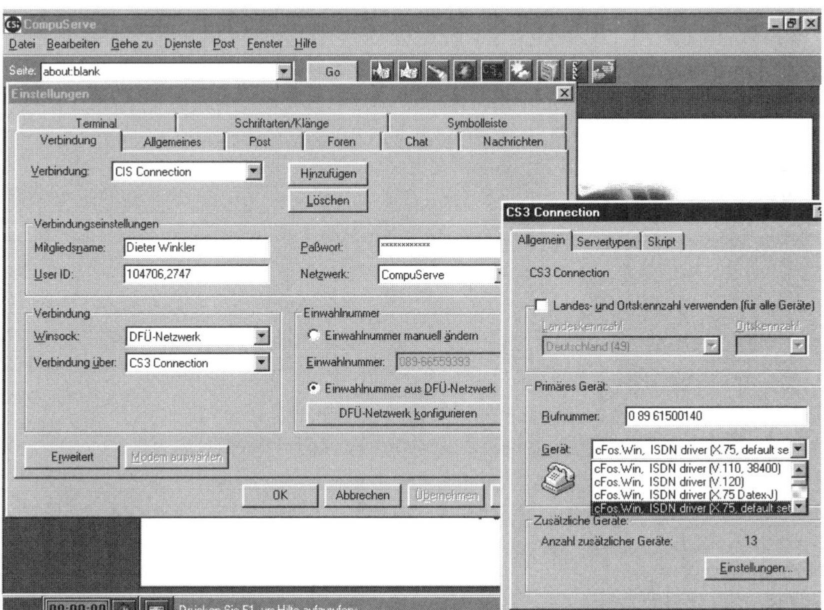

Bild 3.9: Im DFÜ-Netzwerk lassen sich die einzelnen ISDN-Protokolle per Mausklick auswählen.

So wird es gemacht

Um sich in CompuServe einwählen zu können, ist ein Skript nötig, das, ähnlich wie ein Makro, sich wiederholende Schritte automatisch ausführt. Auf der Windows 95-CD-ROM ist ein Skript für CompuServe vorhanden. Dieses können Sie jedoch für einen ISDN-Zugang nicht verwenden. Im einzelnen benötigen Sie:

1. Die Installation des DFÜ-Netzwerks wie in Kapitel 3.6.3 beschrieben.
2. Die Installation des TCP/IP-Protokolls wie in Kapitel 3.6.4 beschrieben.
3. Die Installation der Skriptverwaltung wie im folgenden beschrieben.
4. Ein modifiziertes Anwahl-Skript, etwa PHONE.SCR, das Sie über CompuServe selber herunterladen können, und zwar unter: GO TECHINFO.

Zuvor sollten Sie allerdings unter START, PROGRAMME, ZUBEHÖR nachschauen, ob dort nicht bereits die DFÜ-SKRIPT-VERWALTUNG installiert ist. Ist das nicht der Fall, gehen Sie wie folgt vor:

1. Zur Installation der DFÜ-Skriptverwaltung legen Sie Ihre Windows-95-CD-ROM ein. Wenn das Windows-Menü nicht automatisch hochfährt, wählen Sie zuerst START, EINSTELLUNGEN, SYSTEMSTEUERUNG.
2. In jedem Fall klicken Sie im nächsten Schritt auf SOFTWARE und dann auf WINDOWS-SETUP. Obwohl Sie sich die Daten von einer CD-ROM holen, müssen Sie dann DISKETTE anwählen.
3. Mit DURCHSUCHEN können Sie sich dann auf die Spur der Skriptverwaltung begeben. Den richtigen Pfad finden Sie unter \ADMIN\APPTOOLS\DSCRIPT. Dort müssen Sie auf eine einzige INF-Datei stoßen, wahrscheinlich namens MAPLUS.INF oder RNAPLUS.INF. Ein zweifaches OK bringt dann das ganze zum Laufen.
4. Anschließend müssen Sie nur noch das Kästchen vor dem Eintrag SLIP-/SKRIPTUNTERSTÜTZUNG FÜR DFÜ-NETZWERK aktivieren und auf INSTALLIEREN klicken. Ein anschließendes OK macht das ganze dann perfekt. Sie können jetzt die DFÜ-Skriptverwaltung nutzen.

3.4.4 ISDN-Verbindungen sicher beenden

Auch wenn Sie in CompuServe einstellen, daß es NACH DURCHFÜHRUNG ALLE SITZUNGEN BEENDEN UND VERBINDUNG TRENNEN soll, passiert das bei der Standard-ISDN-Verbindung zu CompuServe nicht. Sie müssen dann selbst noch den Verbindungsabbau mit AUFLEGEN beenden und anschließend auch noch in einem weiteren Fenster das DFÜ-NETZWERK beenden. Diese

Schritte sind auch zu vollziehen, wenn Sie eine Verbindung zu CompuServe ganz normal beenden.

Selbst wenn Sie CompuServe verlassen haben oder aber das Programm abgestürzt ist, kann die Verbindung noch bestehen – und zwar immer, wenn die Verbindung aus irgendeinem Grund unsauber getrennt wird. Klicken Sie dann auf das kleine Symbol der beiden vernetzten PC in der Taskleiste und dort auf Trennen. Besser ist es, Sie gehen grundsätzlich auf Nummer sicher und stellen das Trennen auf Automatik.

So wird es gemacht

Gehen Sie auf Nummer sicher, wenn Sie Ihre ISDN-Verbindung nicht unbemerkt im Hintergrund weitertickern lassen wollen. Gehen Sie über GEHE ZU, EINSTELLUNGEN zu DFÜ-NETZWERK und klicken Sie dort auf KONFIGURIEREN. Wählen Sie anschließend EINSTELLUNGEN und geben Sie dann in TRENNEN NACH LEERLAUF eine Zahl Ihrer Wahl ein, nach der die Verbindung automatisch getrennt werden soll. Mit ungefähr drei Minuten dürften Sie meist richtig liegen.

3.5 MSN-Zugang per ISDN

Dem Microsoft Network, kurz MSN, ist der große Erfolg bislang versagt geblieben. Dennoch hat es sich – allen Unkenrufen zum Trotz – mittlerweile einen festen Platz neben T-Online, AOL und CompuServe erobern können. Nicht zuletzt verdankt es diese Tatsache seinen schnellen Zugängen, die auch und gerade für ISDN schon sehr früh in zufriedenstellender Zahl zur Verfügung standen. Selbst Kanalbündelung ist bei MSN möglich. Durch Mitnutzung von Einwahlknoten sowohl der Deutschen Telekom als auch von UUnet ist MSN jetzt wenigstens in nahezu allen Großstädten direkt erreichbar.

3.5.1 Installation der MSN-Zugangssoftware

Die Anmeldung und Einwahl ins MSN funktioniert problemlos. Dabei wird bei der Installation nicht explizit darauf hingewiesen, daß auch eine ISDN-Einwahl möglich ist. Im Grunde ist das auch nicht nötig, da sie automatisch vorgenommen wird. Lassen Sie sich dabei nicht verwirren, wenn statt ISDN das Wort 28.8 bei der Verbindungswahl über den Bildschirm flattert.

Wenn Sie sich einen Einblick ins Microsoft Network verschaffen wollen, dann schauen Sie doch einfach mal von einem anderen

Provider aus im Internet unter http://www.de.msn.com. Dort finden Sie kostenlose Inhalte aus MSN inklusive Material vom ZDF, quasi als Appetithappen. Eine neue Homepage-Software, die wesentliche Inhalte aus dem bisher geschlossenen System über HTML darbietet, ist damit mit im Spiel. Allerdings sind die meisten Newsdienste nach wie vor nur für MSN-Kunden erreichbar.

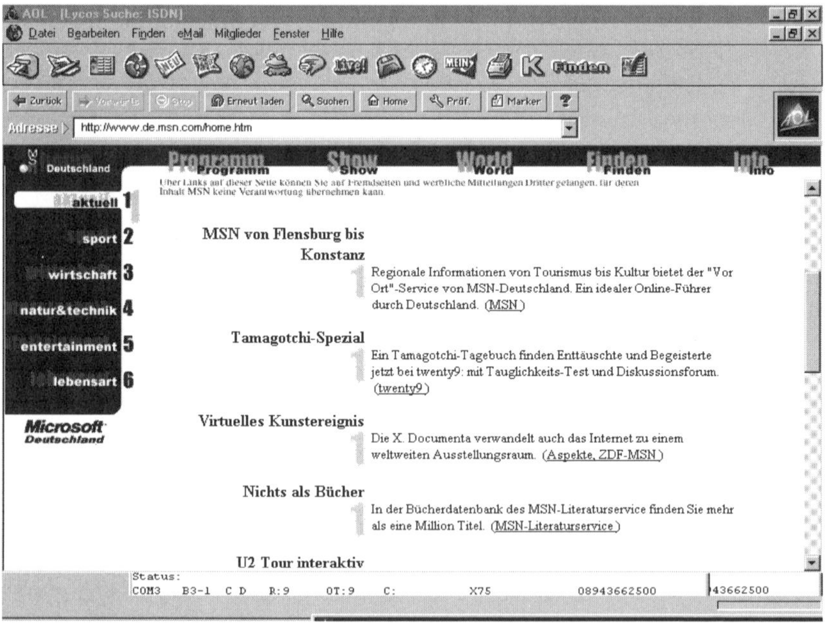

Bild 3.10: Wer einen Einblick ins MSN wagen will, kann das auch von AOL oder einem andern Internet-Provider aus tun.

MSN läßt sich gleich aus Windows 95 heraus installieren und kann im Prinzip auch über jede ISDN-Karte genutzt werden. In der Praxis sind jedoch die folgenden Details zu beachten, sonst geht die Installation schief.

Was Sie dafür benötigen

Zuerst brauchen Sie die richtige Software. Die bekommen Sie vom Support-Zentrum des Microsoft Network in Unterschleißheim bei München. Und zwar fordern Sie dort am besten die aktuelle CD-ROM für den MSN-Zugang an. Normalerweise sollten Sie sie auch dann bekommen, wenn Sie sich nicht gleich als neues Mitglied registrieren lassen.

Zum zweiten muß Ihre ISDN-Karte mit MSN klarkommen. Firmeneigene Einstellungen einer ISDN-Karte können dem Kommunikationsbedürfnis mit dem Online-Dienst des Windows-Erfinders so kräftig in die Suppe spucken, daß überhaupt keine Verbindung zustandekommt.

3.5.2 ISDN-Karten für den MSN-Zugang einrichten

Die Installation der FRITZ!Card von AVM wurde im Detail bereits in Kapitel 2.1 dargestellt. Wenn Sie diese Karte allerdings so wie dort beschrieben installieren und es dabei belassen, werden Sie mit MSN nicht viel Freude haben. Sie müssen noch die CAPI-Port-Treiber installieren, um auf Windows 95 in geeigneter Form aufsetzen zu können.

So wird es gemacht
Um per ISDN auf das Microsoft Network zugreifen zu können, müssen Sie zunächst einmal mit Hilfe des Hardwareassistenten die sogenannten CAPI-Port-Treiber installieren. Diese CAPI-Port-Treiber tun im Prinzip das, was auch der cFos macht, sie übersetzen AT-Befehle in CAPI-Befehle. Hier die einzelnen Schritte für die Installation:

1. Gehen Sie per Mausklicks über START, EINSTELLUNGEN zur SYSTEMSTEUERUNG und klicken Sie dort HARDWARE an. Die Frage, ob nach neuer Hardware gesucht werden soll, verneinen Sie durch einen Klick auf die Schaltfläche NEIN.

2. In der nächsten Registerkarte wählen Sie den Gerätetyp ANSCHLÜSSE COM UND LPT aus. Dann klicken Sie auf WEITER und in der nächsten Registerkarte auf DISKETTE. Jetzt können Sie den Pfad angeben, in der der CAPI-Port-Treiber liegt – er befindet sich auf der CD, die Ihrer Fritz!Card beiliegt – und mit WEITER bestätigen, bis die Installation abgeschlossen ist. Anschließend führen Sie einen Neustart des PC durch – der CAPI-Port-Treiber ist damit installiert.

3. Wechseln Sie nach dem Neustart durch Betätigen der <Windows>-Taste plus der <Pause>-Taste in den Geräte-Manager. Dort klicken Sie den Punkt MODEMS an. Nach erfolgreicher Installation des CAPI-Port-Treibers müssen Sie dort jetzt sechs neue AVM-Modems vorfinden.

4. In der Registerkarte VERBINDUNGSEINSTELLUNGEN klicken Sie nun bei VERBINDEN ÜBER: den Punkt AVM ISDN INTERNET (PPP OVER ISDN) an. Damit können Sie jetzt über die FRITZ!Card auch das Microsoft Network anwählen.

Wenn die CAPI-Port-Treiber Ihrer Karte nicht beiliegen, dann müssen Sie sie aus dem Internet herunterladen. Die Informationen finden Sie im Falle der FRITZ!Card unter http://www.avm.de. Wenn Sie keine Verbindung zum Internet aufbauen können, rufen Sie bei AVM an: (030) 399 76-0.

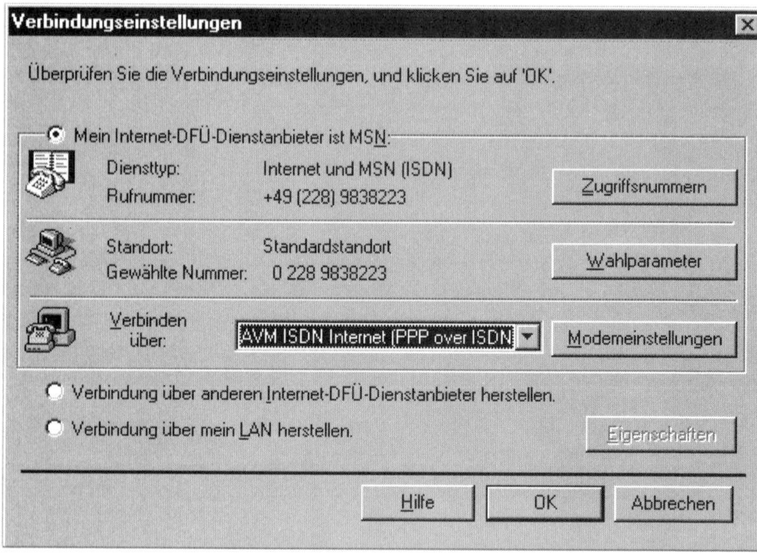

Bild 3.11: In den Verbindungseinstellungen sind die Parameter für die MSN-Verbindung einzutragen.

Wie läuft das bei anderen ISDN-Karten? Wenn eine Karte, wie die Columbus World von ITK, auf das WAN Miniport aufsetzt, ist keine spezielle Konfiguration nötig. Bei anderen Karten von Firmen wie Creatix, Teles oder Dr. Neuhaus ist mitunter das Nachinstallieren des Acotec-CAPI-2.0-Protokolls nötig.

So wird es gemacht

Das Acotec-CAPI-2.0-Protokoll befindet sich auf der Windows 95-CD-ROM. Legen Sie sie ins CD-ROM-Laufwerk und gehen Sie wie folgt vor:

1. Gehen Sie über Start, Einstellungen in die Systemsteuerung.
2. Klicken Sie dort auf NETZWERK und in der Registerkarte KONFIGURATION auf HINZUFÜGEN.

3. KLICKEN Sie in der nächsten Registerkarte auf PROTOKOLL und dann wieder auf HINZUFÜGEN. Dann können Sie direkt das ACOTEC CAPI20 PROTOCOL anklicken und mit OK bestätigen.

Es gibt neuere Versionen des Acotec-CAPI-2.0-Protokolls. Bei Teles-Karten finden Sie sie beispielsweise auf der Teles.ONLINE-PowerPack-CD im Verzeichnis /CSS/GER. Installieren Sie dann diese Version wie oben beschrieben.

Bild 3.12: Nach erfolgreicher Installation können Sie sich im Microsoft Network über die grundlegenden Features informieren.

3.6 Internet-Zugang über Provider mit ISDN

Es gibt hunderte verschiedener Internet-Provider, die um die Gunst der Anwender kämpfen. Provider wie UUnet, GermanyNet, IBM Global Network und Metronet sind bereits auf dem besten Weg, im Bekanntheitsgrad mit den klassischen Online-Anbietern gleichauf zu ziehen. Sie bieten eine Vielzahl verschiedener Einwahlknoten und damit die Möglichkeit, von vielen Orten aus zum Ciytytarif auf sie zuzugreifen. Dabei decken sie in der Regel allerdings nur Ballungszentren und Großstädte ab.

Eine interessante Alternative, schon allein wegen der Telefonkosten, sind Internet-Provider außerhalb der Ballungszentren. Sie verlangen teilweise nur geringe Gebühren und vor allem: Sie sind aus der Region im Umkreis von etwa 20 Kilometern zum City-Tarif erreichbar. Die kostengünstigste Variante sind die sogenannten Bürgernetze: In diesem Fall entstehen überhaupt keine Grundgebühren. Allerdings ist die Bürgernetz-Idee noch weit davon entfernt, flächendeckend verwirklicht zu werden; Vorreiter ist hier das Bundesland Bayern.

3.6.1 Installation von Internet-Zugangssoftware

Wer sich noch nie mit dem Einrichten eines Internet-Zugangs beschäftigt hat, wird gerne auf das Angebot dieser großen Anbieter zurückgreifen, die ihren Kunden meist vorbereitete Zugangssoftware bieten. Wenn Sie bei einem Provider einen Internet-Zugang beantragen, dann vergessen Sie nicht mitzuteilen, daß Sie per ISDN mit ihm in Verbindung treten wollen.

Unter Umständen erhalten Sie dann ein spezielles Installationsprogramm für ISDN. Bei einigen Anbietern können Sie dann allerdings nicht per Modem kommunizieren – das ist schlecht, denn es erschwert den Zugang von einem anderen PC und schließt den kurz entschlossenen Wechsel von ISDN auf eine analoge Verbindung aus, wenn es mit der ISDN-Verbindung einmal zu Schwierigkeiten kommen sollte.

Metronet

Die Installation spezieller Zugangssoftware unter Windows 3.1 und 3.11 verläuft meist relativ problemlos – mitunter sogar einfacher als bei Windows 95. Beim Metronet-Programm müssen Sie beispielsweise nur das SETUP-Programm SETUP.EXE auf der CD-ROM doppelklicken – der Rest erfolgt automatisch. Während der Installationsprozedur wird auch ein 16-Bit-Web-Browser eingerichtet, mit dem Sie gleich ins Internet durchstarten können.

UUnet

Bei UUnet aktiviert sich nach der grundsätzlichen Einrichtung automatisch ein sogenannter Internet-Setup-Assistent und führt Sie durch die Konfiguration. Dabei müssen Sie auch den nächstgelegenen Einwählknoten eingeben, den Benutzernamen und das persönliche Kennwort. Wichtig ist, die automatische Zuweisung der sogenannten IP-Adresse zu aktivieren: START – ZUBEHÖR – DFÜ-NETZWERK. Aktivieren Sie die Eigenschaften Ihrer Uunet-Verbindung und dort das Register SERVERTYPEN. Klicken Sie dann auf TCP/IP-EINSTELLUNGEN... und aktivieren Sie das Optionsfeld VOM SERVER

ZUGEWIESENE IP-ADRESSE. Diese Angaben sind unter Windows 95 ebenfalls zu machen, allerdings verläuft die Anmeldeprozedur etwas anders.

3.6.2 ISDN-Verbindungen fürs Internet vorbereiten

Die Einrichtung der entsprechenden Systemkomponenten weicht in den einzelnen Windows-Varianten teilweise gravierend voneinander ab. Am komfortabelsten bleibt der Weg über eine spezielle Zugangssoftware für eine exakt definierte Windows-Version.

Erst ab Windows 95 ist es einfacher geworden, schon im Betriebssystem viele Grundeinstellungen für eine Internet-Verbindung festzulegen. Und ab Windows 98 soll es noch einfacher sein, da dort der Internet Explorer 4.0 ebenfalls bereits zum Lieferumfang gehört und weitergehende Funktionen ins Betriebssystem selbst integriert sind. So können Sie etwa vom Desktop aus oder auch vom normalen Explorer direkt ins Internet durchstarten.

Was Sie dafür benötigen
Ohne Browser läuft gar nichts. Ein Browser als Tor zum Internet ist als zusätzliche Software sowohl für Windows 3.x als auch für neuere Windows-Versionen erhältlich. Ab Windows 95 empfehlen sich hier der Netscape Communicator und der Internet Explorer, beide in möglichst aktueller Version. Auch ältere Versionen können durchaus zuverlässig ihren Dienst verrichten. Für Windows 3.x ist es wichtig, daß Sie nur die 16-Bit-Version eines Browsers einsetzen; moderne 32-Bit-Versionen lassen sich dort nicht installieren.

Worauf Sie achten müssen
Zuerst gilt es zu prüfen, ob Ihr PC schon für ISDN-Verbindung mit dem Internet vorbereitet ist. Dazu müssen Sie im Falle von Windows 95 zwei Fragen abklären:

1. Ist das DFÜ-Netzwerk installiert? Falls nicht, muß es nachinstalliert werden (siehe Kapitel 3.6.3).
2. Ist das TCP/IP-Protokoll eingerichtet? Falls nicht, muß es noch eingerichtet werden (siehe Kapitel 3.6.4).

3.6.3 DFÜ-Netzwerk einrichten

In Windows 95 ist es einfach, die entsprechenden Einstellungen vorzunehmen. So prüfen Sie, ob das DFÜ-Netzwerk aktiviert ist: Klicken Sie auf START, anschließend auf PROGRAMME und dann auf ZUBEHÖR. Wenn jetzt nicht das DFÜ-NETZWERK angezeigt wird, ist es auch aller Wahrscheinlichkeit nicht auf Ihrem Rechner installiert.

Damit Sie das DFÜ-Netzwerk in Verbindung mit Ihrer neuen ISDN-Karte einsetzen können, ist ein CAPI-Port-Treiber erforderlich. Wie ein solcher installiert wird, haben wir in Kapitel 3.5.2 am Beispiel des CAPI-Ports für die Fritz!Card von AVM erklärt.

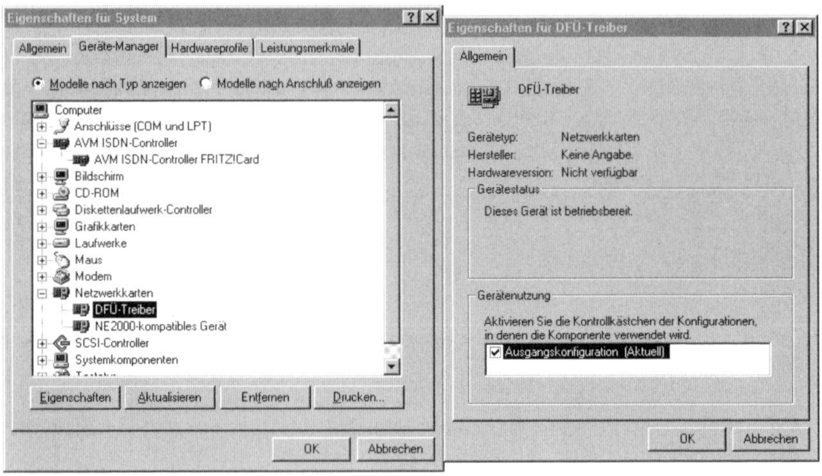

Bild 3.13: Das DFÜ-Netzwerk versteckt sich mitunter auch unter einem Ausdruck wie DFÜ-Treiber oder DFÜ-Adapter.

Das DFÜ-Netzwerk läßt sich wie folgt nachinstallieren:

1. Legen Sie die Windows 95-CD-ROM ein, und falls sich diese selbst startet, klicken Sie dort auf den Bereich SOFTWARE. Oder klicken Sie auf das START-Logo in der Taskleiste, dann auf EINSTELLUNGEN, SYSTEMSTEUERUNG und schließlich auf SOFTWARE.
2. Im Bereich EIGENSCHAFTEN VON SOFTWARE klicken Sie auf WINDOWS-SETUP. Klicken Sie einmal auf VERBINDUNGEN und dann auf DETAILS. Unter KOMPONENTEN finden Sie den Eintrag DFÜ-NETZWERK. Aktivieren Sie mit einem Klick das Häkchen vor diesem Eintrag.
3. Bestätigen Sie die Aktion mit ÜBERNEHMEN und OK. Das DFÜ-Netzwerk wird damit automatisch installiert.

3.6.4 TCP/IP-Protokoll einrichten

Das Protokoll TCP/IP ermöglicht auf unterer Ebene den geregelten Datenaustausch im Internet. Jeder, der ins Internet will, kommt also nicht darum herum, dafür zu sorgen, daß TCP/IP auf seinem Rechner installiert ist.

So prüfen Sie, ob das TCP/IP-Protokoll eingerichtet ist: Klicken Sie dazu auf das START-Logo in der Taskleiste, dann auf EINSTELLUNGEN, SYSTEMSTEUERUNG und schließlich auf NETZWERK. Wenn hier nicht das TCP/IP-Protokoll zu finden ist, muß es nachinstalliert werden:

1. Klicken Sie jetzt auf HINZUFÜGEN und dann auf PROTOKOLL.
2. Wählen Sie als Hersteller MICROSOFT und als NETZWERKPROTOKOLL TCP/IP und bestätigen Sie Ihre Wahl mit OK.

Bild 3.14: In der Registerkarte NETZWERK muß das TCP/IP-Protokoll aktiviert sein, um eine Verbindung zu einem Internet-Provider aufzubauen.

3.6.5 ISDN-Verbindung ins Internet aufbauen

Der Versand persönlicher Daten gehört meist dazu, wenn Sie ins Internet wollen. Die Zugangsdaten können Sie telefonisch oder schriftlich anfordern.

Zu dem bewilligten Account gehören Telefonnummer, Benutzername und Zugangskennwort, das Sie später meist ändern können. Zusätzlich kommen mitunter Domain-Name, IP-Adresse, Name des Mail-Servers und so weiter hinzu. Die entsprechenden Daten müssen Sie dann manuell in Ihr System einfügen.

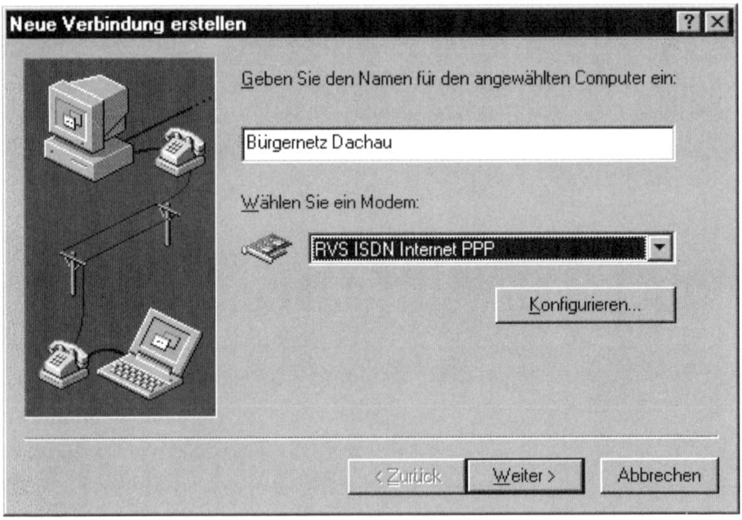

Bild 3.15: In diesem Fenster gilt es, eine neue Verbindung zu erstellen und eine passende Internet-Verbindung unter Modem auszuwählen.

So wird es gemacht

In ein installiertes DFÜ-Netzwerk können Sie jederzeit eine neue Verbindung mit individuellen Parametern ablegen. Dazu gehen Sie wie folgt vor:

1. Klicken Sie sich über START, PROGRAMME zum ZUBEHÖR durch und klicken Sie dort auf DFÜ-NETZWERK.
2. Doppelklicken Sie auf NEUE VERBINDUNG ERSTELLEN. Im ersten Feld geben Sie jetzt den Namen des entsprechenden Providers ein.
3. Im Feld MODEM WÄHLEN gilt es jetzt, aktuell eine ISDN-PPP-Verbindung auszuwählen, die den Mittler für die ISDN-Verbindung darstellt. Das kann, wie Bild 3.15 zeigt, auch ein Internet-PPP-Treiber eines Programms wie RVS-COM sein, das zum Lieferumfang vieler ISDN-Adapter gehört. Üblicherweise ist es das Acotec-CAPI-2.0-Protokoll, das hier zum Tragen kommt.
4. In KONFIGURIEREN können Sie weitere Details eingeben. Im Normalfall genügt es aber, auf WEITER zu klicken. Im Fenster NEUE VERBINDUNG

ERSTELLEN tragen Sie die Rufnummer ein, unter der Sie den Provider erreichen können.

Wenn Sie das Acotec-CAPI-2.0-Protokoll nicht finden und auch keinen anderen üblichen PPP-Zugang zur Verfügung haben, dann installieren Sie das CAPI-2.0-Protokoll wie in Kapitel 3.5.2 und auf den Umschlagklappen beschrieben.

Nach dem Einrichten einer neuen Verbindung sollten Sie mit einem Doppelklick auf das Symbol der neuen Verbindung einen Testlauf starten. Damit können Sie überprüfen, ob die Verbindung funktioniert.

Bild 3.16: Die Verbindung zu einem Bürgernetz läßt sich wie jede andere Internet-Verbindung auch aus dem DFÜ-Netzwerk per Doppelklick starten.

3.7 Germany.Net-Zugang per ISDN

Ein Internet-Zugang kann kostenlos sein – genauso, wie auch Anzeigenblätter kostenlos sein können. Eine beachtenswerte Vorreiterrolle spielt dabei das Frankfurter Germany.Net. Die Grundidee ist simpel: Es wird ein elektronischer Marktplatz angeboten, der von Anzeigen finanziert wird und dem Nutzer dafür eine Konsumwelt ganz besonderer Art offenbart. Bis zur Jahrtausendwende will Germany.Net 100 Einwahlknoten für den kostenlosen Internet-Zugang zur Verfügung stellen.

Germany.Net können Sie auch ganz einfach als Zugang zum gesamten Internet nutzen. Registrierte Teilnehmer können persönliche elektronische Post nutzen; die Fahrplanauskunft der Deutschen Bahn, aktuelle News und die neuesten Verkehrsmeldungen sind ebenfalls Bestandteil des kostenlosen Programms. Billiger kommen Sie bei einem überregionalen Anbieter nicht ins Internet.

Um einen Abgleich mit den kommerziellen Werbeträgern zu schaffen, bietet das Germany.Net Themensammlungen mit Verbindungen zu den entsprechenden Anbietern. Darüber hinaus präsentiert das Germany.Net, zusammen mit Anzeigenblättern, Deutschlands größten privaten Online-Kleinanzeigenmarkt. Per Online-Suche finden Sie schnell interessante Anzeigen und wer will, kann rund um die Uhr online Anzeigen aufgeben.

3.7.1 Installation der Germany.Net-Zugangssoftware

Wer das Germany.Net voll nutzen will, muß eine Freischaltung beantragen. Nach der elektronischen Anmeldung wird erklärt, wie das geht. Dazu faxen oder schicken Sie per Briefpost eine unterschriebene Teilnahmeerklärung zusammen mit einer Kopie des Personalausweises an Germany.Net.

Was Sie dafür brauchen

ISDN-Zugänge stehen auch beim Germany.Net zur Verfügung. Dabei setzt Germany Net mittlerweile ganz auf den Einstieg mit Windows 95. Die vorhandene 16-Bit-Zugangssoftware für ältere Windows-Versionen wird nicht mehr erwähnt. Wenn Sie Germany.Net per ISDN erreichen wollen, sollten Sie also möglichst Windows 95 verwenden.

Die Kontaktaufnahme mit dem Germany.Net muß – bis auf das Detail mit den Proxy-Servern – nach dem gleichen Schema vorbereitet werden wie in Kapitel 3.6 geschildert. Von Germany.Net erhalten Sie, wenn Sie sich dort anmelden wollen, nähere Informationen inklusive Zugangsnummern und einer Beschreibung der nötigen DFÜ-Einstellungen.

Bild 3.17: Das Germany Net präsentiert sich als kostenloser, überregionaler Internet-Provider mit einem reichhaltigen Angebot.

Worauf Sie achten müssen

Wenn Sie per ISDN ins Germany.Net wollen, dann müssen Sie darauf achten, daß Sie als Benutzername INFOBAHN eingeben. Das ist sozusagen das Codewort, mit dessen Hilfe Sie den Weg zur erfolgreichen ISDN-Verbindung freimachen.

Wenn Sie Näheres zu Germany.Net erfahren wollen, dann können Sie sich unter http://www.germany.net/info/index-html informieren.

3.7.2 Der Trick mit dem Proxy-Server

Das Germany.Net ist nur über einen sogenannten Proxy-Server erreichbar. Sie müssen diese Einstellung sowohl in Ihrem Browser als auch in den Grundeinstellungen von Windows 95 dementsprechend ändern.

Grundlagen

Proxy-Server verbessern den Datendurchsatz im Netz erheblich, indem sie häufig benutzte Seiten zwischenspeichern. Dadurch kann sich der Datenzugriff beschleunigen, selbst wenn im Internet viel los ist. Um Proxy-Server auch effektiv nutzen zu können, müssen Sie jedoch selbst ein paar Definitionen in Ihrem Browser eintragen. So zum Beispiel die Adressen und die sogenannten Portnummern der Proxy-Server für WWW, FTP und Gopher.

So wird es gemacht

Um die Einstellung Proxy-Server in der Grundeinstellung einzutragen, gehen Sie wie folgt vor:

1. Gehen Sie über START, EINSTELLUNGEN in die SYSTEMSTEUERUNG und klicken Sie dort auf INTERNET.
2. In der Registerkarte EIGENSCHAFTEN VON INTERNET klicken Sie auf ERWEITERT. Setzen Sie jetzt mit einem Mausklick das Häkchen vor PROXY-SERVER VERWENDEN.

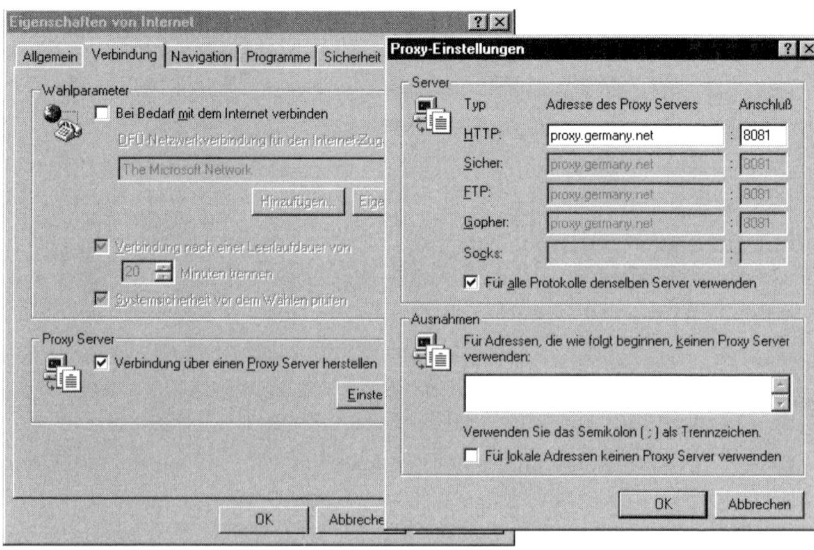

Bild 3.18: Im Internet Explorer können Sie die Details für einen Proxy-Server in den PROXY-EINSTELLUNGEN eingeben.

Wenn Sie in Windows 95 einen Proxy-Server eingerichtet haben und dann einen Internet-Provider erreichen wollen, der nicht per Proxy erreichbar ist, müssen Sie die Grundeinstellungen wie zuvor beschrieben wieder ändern: Entfernen Sie in diesem Fall vor

PROXY-SERVER VERWENDEN das Häkchen. Auf den Umschlagklappen finden Sie die dafür nötige Vorgehensweise beschrieben, damit Sie sie immer im schnellen Zugriff haben.

In einem Browser läßt sich die Einstellung der Proxy-Server feintunen. Wenn Sie die Browser der Marktführer Netscape und Microsoft nutzen wollen, dann sollten Sie nach Möglichkeit keine Version älter als 3 verwenden. Nur so können Sie die Möglichkeiten des World Wide Web voll ausnutzen.

Auch wenn Sie in einem Browser einen Proxy-Server definiert haben, können Sie dort unter Umständen gleich die Verbindungen eintragen, die nicht über Proxy-Server laufen sollen. Im Internet Explorer beispielsweise in der Registerkarte Proxy-Einstellungen unter Ausnahmen.

So wird es gemacht

Im Netscape Navigator gehen Sie wie folgt vor. Dabei können die Bezeichnungen je nach Version voneinander abweichen:

1. Starten Sie den Netscape Navigator. Klicken Sie auf OPTIONEN und dort auf NETZWERK-EINSTELLUNGEN.
2. Klicken Sie auf die Registerkarte PROXIES und dort im zweiten Punkt auf ANZEIGEN. Sie erhalten jetzt eine detaillierte Liste aller Proxy-Einstellungen. Tragen Sie im Falle des Germany Net sowohl unter FTP-PROXY als auch unter GOPHER-PROXY und HTTP-PROXY PROXY.GERMANY.NET ein und rechts daneben unter Port die Zahl 8081. Bestätigen Sie Ihre Wahl mit OK. Achtung: Die Eingaben im Navigator können je nach Version etwas anderen Konventionen folgen; rufen Sie dann die Online-Hilfe des Programms auf und verfahren Sie wie dort vorgeschlagen oder rufen Sie die Hotline von Germany Net an unter (069) 633 989-66.

Im Internet Explorer gehen Sie wie folgt vor; auch hier können die Bezeichnungen je nach Version voneinander abweichen:

1. Klicken Sie den Internet Explorer – etwa auf dem Desktop – mit der rechten Maustaste an und klicken Sie in dem erscheinenden Kontextmenü auf EIGENSCHAFTEN.

2. Im Fenster Eigenschaften des Internets klicken Sie den Punkt Verbindung an. Wenn dort Proxy noch nicht angekreuzt ist, dann holen Sie das mit einem Mausklick nach.

3. Als Proxy-Server tragen Sie dann hinter HTTP ein: proxy.germany.net. Und als Anschluß rechts daneben: 8081. Klicken Sie Für alle Protokolle denselben Server verwenden an und bestätigen Sie mit OK.

3.8 Mailbox-Zugang per ISDN

Ein Mailbox-Zugang läßt sich mit den verschiedensten Programmen bewerkstelligen. Dabei ist es in der Regel egal, welches Programm Sie benutzen. Voraussetzung ist natürlich, daß, wie in Kapitel 2.1.3 beschrieben, Fossiltreiber verwendet werden, die auf eine CAPI-fähige ISDN-Karte aufsetzen. Als Alternative bieten sich auch Programme an, die direkt auf der CAPI aufsetzen, wie beispielsweise die Shareware ZOC.

3.8.1 Installation der Mailbox-Zugangssoftware

Doch wozu in die Ferne schweifen. In Windows 95 gehört schließlich das Programm HyperTerminal mit zum Lieferumfang.

So wird es gemacht

So starten Sie das Programm HyperTerminal:

1. Klicken Sie auf das Start-Logo in der Taskleiste und dann auf Programme.

2. Hier finden Sie den Bereich Zubehör. Klicken Sie ihn an und wählen Sie dort mit einem doppelten Mausklick HyperTerminal aus.

Das HyperTerminal öffnet sich in einem Fenster, das eine besondere Eigenschaft hat: Es ist sozusagen die Zentrale Ihrer Mailbox-Verbindungen. Jede neue Verbindung, für die Sie ausdrücklich die Parameter festlegen, wird hier mit einem eigenen Symbol abgelegt. Sie können den Namen dieses Symbols frei bestimmen.

Wenn Sie das Programm HyperTerminal nicht finden, dann installieren Sie es nach. Verfahren Sie dann so wie in Kapitel 3.6.3 für das Nachinstallieren des DFÜ-Netzwerks beschrieben.

3.8.2 So bereiten Sie die ISDN-Verbindung vor

Die ISDN-Anwahl einer Mailbox entspricht im wesentlichen der mit einem analogen Modem. Es gibt Mailboxen, die über ein und dieselbe Nummer sowohl für analoge als auch für ISDN-Einwahl offenstehen. Meistens müssen Sie jedoch eine spezielle Nummer wählen. Dafür müssen Sie einige Einstellungen vornehmen.

So wird es gemacht

1. Rufen Sie, wie oben beschrieben, das Programm HyperTerminal auf.
2. Im Fenster BESCHREIBUNG DER VERBINDUNG geben Sie einen Namen für Ihre Verbindung ein. Bestätigen Sie mit OK.
3. Im Fenster RUFNUMMER geben Sie die ISDN-Rufnummer der Mailbox ein, die Sie anwählen wollen.
4. In VERBINDEN ÜBER wählen Sie den passenden ISDN-Treiber aus. Im Normalfall wird das ISDN MODEM (ACOISDN1) sein. Bestätigen Sie Ihre Wahl mit OK.

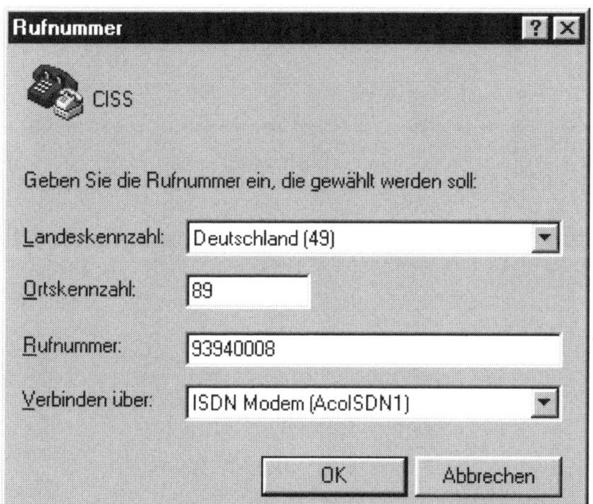

Bild 3.19: Wenn Sie wie hier das ISDN MODEM (ACOISDN1) installiert haben, ist die direkte Anwahl einer ISDN-Mailbox möglich.

Der weitere Verlauf der Installation hängt davon ab, wie Ihr System ausgestattet ist. Bietet sich bei Ihnen ISDN MODEM (ACOISDN1) an, dann können Sie dieses wählen. Sollte es nicht installiert sein, so müssen Sie es nachinstallieren. Folgen Sie den Anweisungen auf den Umschlagklappen unter dem Stichwort „*Der schnelle Weg zum Nachinstallieren des Acotec-CAPI-2.0-Protokolls*“.

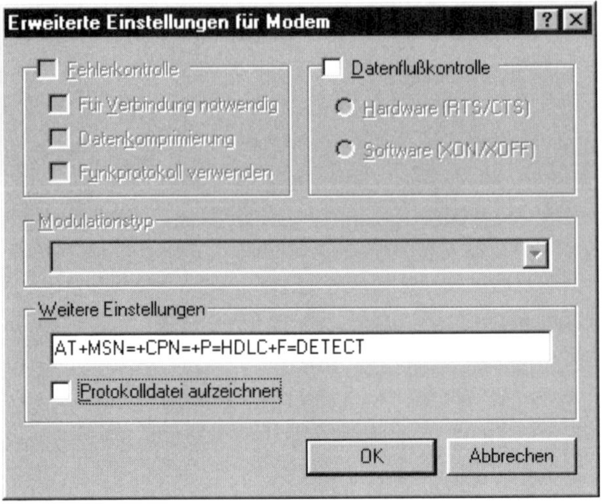

Bild 3.20: Das Feintuning für eine ISDN-Verbindung erfolgt im Fenster ERWEITERTE EINSTELLUNGEN FÜR MODEM. Zu erreichen über SYSTEMSTEUERUNG – MODEMS. Aktivieren Sie dann das entsprechende Modem und klicken Sie auf EIGENSCHAFTEN und aktivieren Sie das Register EINSTELLUNGEN. Nur noch ein Klick auf ERWEITERT... und Sie sind am Ziel.

Danach gehen Sie aus dem aktiven Fenster auf DATEI und klicken EIGENSCHAFTEN an. Bei VERBINDEN ÜBER wählen Sie jetzt ISDN MODEM (ACOISDN1) aus. Mit KONFIGURIEREN, EINSTELLUNGEN und ERWEITERT gelangen Sie in das Fenster, in dem Sie zusätzliche Parameter eingeben können. Die in Bild 3.20 gezeigte Konfiguration, die standardmäßig eingerichtet wird, paßt nur für Verbindungen über das DFÜ-Netzwerk. Um Kontakt mit einer Mailbox aufzunehmen, müssen Sie hier in der Regel das X.75-Protokoll festlegen. Die entsprechende Zeile könnte dann etwa so aussehen: AT+MSN=+PROTOCOL=X+FRAMING=DETECT. Dabei steht X für das X.75-Protokoll. Ersetzen Sie also die eben genannte Zeile durch die in der Abbildung gezeigte neue und bestätigen Sie mit OK.

3.8.3 So wählen Sie sich per ISDN in eine Mailbox ein

Wenn Sie die ISDN-Konfiguration abgeschlossen haben, dann können Sie den Kontakt mit der gewünschten Mailbox aufnehmen:

1. Im Fenster VERBINDEN starten Sie mit einem Klick auf die Schaltfläche WÄHLEN den Wählvorgang. Wenn alles klar geht, werden Sie mit der Mailbox verbunden und können dort erledigen, was immer Sie erledigen wollen.

2. Nachdem Sie die Mailbox verlassen haben, können Sie das aktive Fenster schließen. Klicken Sie dazu auf DATEI und dann auf Beenden. HYPERTERMINAL fragt Sie dann: SITZUNG ... SPEICHERN? Wenn Sie die

Mailbox öfters aufsuchen wollen, dann bestätigen Sie mit einem Mausklick auf JA, andernfalls wählen Sie NEIN.

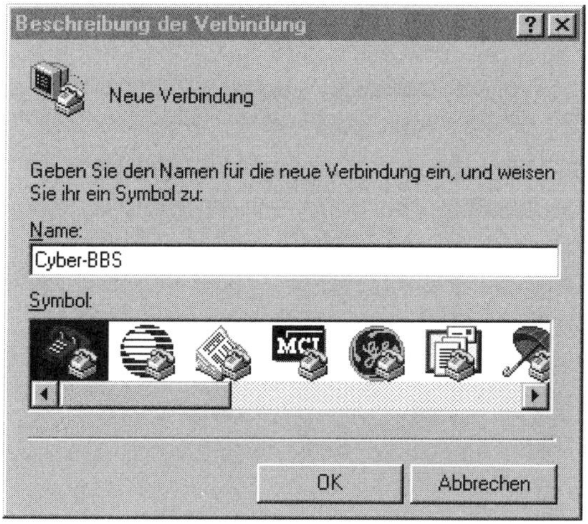

Bild 3.21: Sie können einzelnen Mailboxen individuelle Symbole zuordnen und eine entsprechende ISDN-Verbindung jederzeit mit einem Doppelklick auslösen.

Wenn Sie später die gleiche Mailbox wieder anwählen wollen, müssen Sie lediglich das neu angelegte Symbol der entsprechenden Mailbox doppelklicken. Es stehen Ihnen im HyperTerminal als Standard bereits 16 Symbole für verschiedene Mailboxen zur Verfügung. Sie sollten von der Vielfalt dieser Symbole unbedingt Gebrauch machen, damit Sie Ihre Lieblings-Mailboxen auch optisch unterscheiden können.

3.8.4 Übertragungsparamter festlegen

Im Verkehr mit Mailboxen sind einige auf den ersten Blick verwirrend bezeichnete Übertragungsparameter von entscheidender Wichtigkeit: Daten-, Paritäts- und Stopbits. Wenn Sie – wie es auch die Grundeinstellung der meisten Programme und die von Windows 95 vorsieht – 8 Datenbits, kein Paritätsbit und 1 Stopbit wählen, liegen Sie meist richtig. Mit diesen Einstellungen kommen Sie in nahezu jede Mailbox. Sperrt sich eine Mailbox dennoch Ihren Annäherungsversuchen, so erfragen Sie auf anderem Weg die gewünschten Übertragungsparameter und geben Sie sie dann ein.

So wird es gemacht

Klicken Sie im HYPERTERMINAL auf DATEI und dann auf EIGENSCHAFTEN. Im Fenster EIGENSCHAFTEN VON... klicken Sie auf KONFIGURIEREN. In der nächsten Registerkarte klicken Sie auf EINSTELLUNGEN. Hier können Sie sowohl die VERBINDUNGSEINSTELLUNGEN als auch die ANSCHLUSSEINSTELLUNGEN verändern.

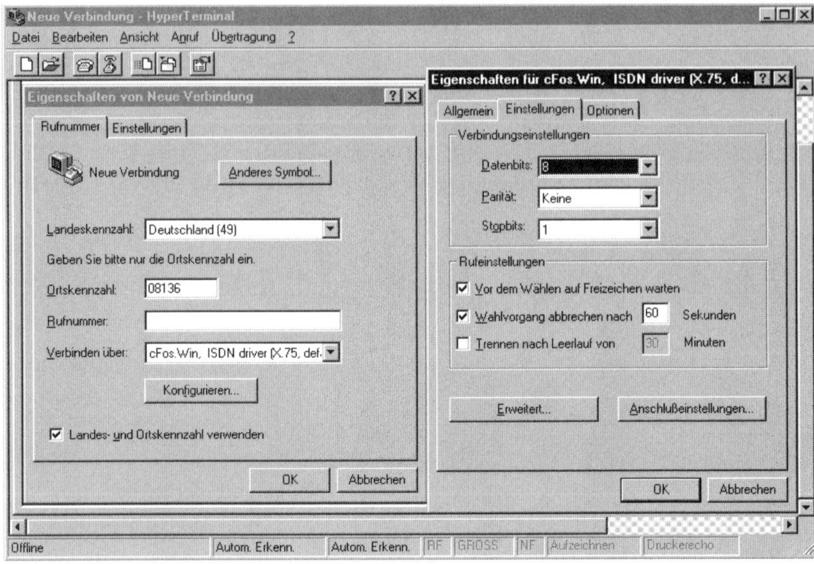

Bild 3.22: Für die Anwahl von Mailboxen ist es im Einzelfall manchmal nötig, die Verbindungseinstellungen zu ändern.

4 Anwendungen rund um den PC

Ein ISDN-Adapter ist nur so gut wie die Software, die mit ihm einwandfrei zusammenarbeitet. Das haben auch die Hersteller begriffen. Viele legen ihren Adaptern mittlerweile erfreulich viel Software bei. Manche decken sogar von Haus aus alle wichtigen Lösungen ab, die Sie für normale Anwendungen benötigen, wie Dateitransfer, Fax, Telefonie und Zugriff auf Mailboxen.

Mitunter sind die beigelegten Programme jedoch etwas schmalbrüstig, manchmal leisten sie aber genau das, was Sie brauchen. Wann lohnt sich der Umstieg auf ein Zusatzprodukt? Welchen Komfort und welche Leistungsmerkmale bieten die beigelegten Programme und jene, die sich später erwerben lassen? Und welche ISDN-Programme sind überhaupt nur zusätzlich zu erhalten?

Diese Fragen werden auf den folgenden Seiten beantwortet. Dabei ist es wichtig zu wissen, daß es mittlerweile eine Reihe von Programmpaketen gibt, die die Grundfunktionen mehr oder weniger unter einer Oberfläche verpackt anbieten. Solche Programmpakete liegen teilweise ISDN-Adaptern bei, sind aber meist auch nachträglich erhältlich.

Darüber hinaus bieten einige Programme noch eine ganze Menge mehr, als man an und für sich von Grundfunktionen erwartet. So eignen sich ISDN-PC auch, um weitergehende Funktionen wie Anrufbeantworter, Fernbedienung oder Videokonferenzen zur Verfügung zu stellen. Die Anzahl der Anbieter solcher Systeme für Windows 95 wächst ständig. Grundsätzlich läßt sich auch ISDN-Software für Windows 3.x weiterverwenden, hier sind aber kaum noch neue Entwicklungen zu erwarten. Für Anwendungen wie den Dateitransfer muß das nicht unbedingt ein Nachteil sein. Gerade neuere Entwicklungen mit Multimedia-Anteilen, die fast ausschließlich als 32-Bit-Programme daherkommen, können Sie dann allerdings nicht mehr nutzen.

Sobald es um mehr als nur um Grundfunktionen geht, sollte ein Rechner über Leistungsreserven verfügen. Einige Programme laufen sonst gar nicht, extrem langsam oder neigen sogar zu Systemabstürzen.

Was Sie dafür benötigen

Die Hardwarevoraussetzungen sind unterschiedlich. Ganz generell läßt sich aber sagen, daß Sie mit einem 486er zwar noch ausreichend schnellen Datentransfer oder Online-Zugriffe bewerkstelligen könne. Komplexe Anwendungen wie Videoconferencing oder Datentransfer im Hintergrund ist mit diesem Rechner aber nicht mehr möglich. Auch einem langsamen Pentium geht schnell die Luft aus, wenn er größere Datenmengen im Hintergrund oder eine komplexe Anwendung wie Videoconferencing und ein 32-Bit-Programm bewältigen soll. Ein Pentium ab 133 Megahertz ist dabei in den meisten Fällen eine sichere Wahl. Für einfachere Funktionen genügt durchaus auch ein Pentium 100 oder 120, um einigermaßen flott voranzukommen.

Die Festplatte sollte dem Speicherhunger heutiger Programme angemessen sein. Wenn Sie eine neue Festplatte kaufen, dann setzen Sie am besten gleich auf vier GByte. Denn vor allem, wenn es um Multimedia geht und Sie Ton, Bild oder Video auf die Platte bannen wollen, ist Knausrigkeit falsch am Platz. Auch beim Arbeitsspeicher sollten Sie nicht am falschen Ende sparen. Acht MByte sind für komplexe Anwendungen zu wenig, 16 MByte sollten es schon mindestens sein. Auf der sicheren Seite sind Sie allerdings erst mit 32 MByte.

4.1 Datenübertragung

Wenn zwei Menschen miteinander kommunizieren wollen, dann tun sie das entweder direkt, etwa per Telefon, oder über einen zeitlichen Umweg, zum Beispiel per Brief. Diese beiden Möglichkeiten stehen Ihnen auch mit einem ISDN-PC zur Verfügung. Wenn Sie über einen Internet-Provider, eine Mailbox oder einen Online-Dienst gehen, können Sie elektronische Post oder Dateien austauschen, aber in der Regel nur zeitverzögert. Der direkte Austausch entspricht dagegen dem Datenaustausch zwischen zwei Rechnern, die ohne zwischengeschaltete Speicher miteinander Daten austauschen.

Voraussetzung ist dabei, daß sich beide Seiten verständigen, wann sie miteinander kommunizieren wollen und wie sie das tun wollen. Wie im wirklichen Leben sind dabei auch bei ISDN-Verbindungen Mißverständnisse und daraus resultierende Katastrophen nicht auszuschließen. Im Zweifelsfall ist es besser, sich auf einen kleinen gemeinsamen Nenner zu einigen als eine perfekte Lösung anzustreben, die dann doch nicht funktioniert.

4.1.1 Was alles möglich ist

Es bedarf immer der Protokolle, damit ein Datenaustausch vernünftig funktioniert. Gehen Sie über eine ISDN-Leitung ins World Wide Web, dann weht Ihnen das Protokoll wie eine Fahne im Namen der angewählten Homepage voran: HTTP. Aus verschiedenen Gründen ist es nicht möglich, im Austausch zwischen zwei Rechnern auf diesen vertrauten Standard zurückzugreifen. Hier spielt statt dessen das Protokoll EuroFile-Transfer, kurz EFT, die entscheidende Rolle.

Wenn sich zwei ISDN-PC auf den Standard EuroFile-Transfer einigen, dann kann zwischen ihnen ein direkter Datenaustausch stattfinden.

Doch wozu eine Direktverbindung zwischen zwei PC? Denn die direkte Kommunikation hat Nachteile: Beide Partner müssen zur gleichen Zeit ihren Rechner eingeschaltet haben und dafür sorgen, daß die entsprechende ISDN-Technik zum Zuge kommt. Ist es da nicht viel einfacher, Daten übers Internet oder einen der großen Online-Dienste zu verschicken? Dann kann jeder dort zwischengelagerte Daten abholen, wann immer es ihm paßt.

Das ist zwar vollkommen richtig. Es ist in vielen Fällen sogar preisgünstiger als eine direkte Verbindung, zumindest dann, wenn das Daten-Lagerhaus für beide Seiten um die Ecke erreichbar ist und damit zum günstigen Citytarif der Deutschen Telekom. Doch wenn es um das Verschicken großer Datenmengen geht, bleibt die direkte Verbindung vorläufig ungeschlagen. Verkehrsstaus im Internet und bei den Online-Anbietern führen nur allzu häufig dazu, daß der Datentransfer auf der Standspur dahin kreucht oder sogar ganz zum Erliegen kommt und auch der Turbo „Kanalbündelung“ ist bisher den Direktverbindungen vorbehalten.

Tabelle 4.1: Das leisten Lösungen für den ISDN-Dateitransfer per PC

ISDN-Leistungen	**Beschreibung**
Direkter Datenaustausch	Standard EuroFile-Transfer. Darüber hinaus firmeneigene Lösungen mit besserem Datendurchsatz.
Schneller durch Kompression	Kein allgemeiner Standard, doch V.42-Ergänzung zur CAPI 2.0 und firmenspezifische Lösungen.
Mit Kanalbündelung doppelt so schnell	Bei Windows 98 bereits vorgesehen, jedoch kein allgemeiner Protokoll-Standard, nur firmenspezifische ISDN-Lösungen.
Datenaustausch mit Apple et cetera	Erste Lösungen mit EuroFile-Transfer. Ansonsten untereinander nicht kompatible Lösungen.
Automatisches Verbindungsende	Bei vielen Programmen einstellbar, um so unnötige Telefonkosten zu sparen.
Hintergrundbetrieb	Es ist meist prinzipiell möglich, während des Datentransfers mit anderen Anwendungen zu arbeiten.

ISDN-Leistungen	Beschreibung
Verbindung protokollieren	In vielen Programmen vorgesehen, um Übertragungsqualität zu überprüfen.
Wahlwiederholung	In vielen Fällen frei einstellbar.

Fast alle Programme für die Datenübertragung per ISDN bieten eine automatische Rufannahme, zumeist sogar gekoppelt mit Paßwortabfragen. Sie können dann einfach die Software im Hintergrund auf einen eingehenden Ruf warten lassen und mit einer anderen Applikation weiterarbeiten.

So wird es gemacht

Viele Datenübertragungs-Programme bieten die Option, in einen Wartezustand zu gehen. Konkret: Sie schalten Ihren PC ein und geben in einem geeigneten Programm den Zugriff auf Ihren Rechner oder einen bestimmten Bereich Ihres Rechners frei. Dann hat jemand, der sich dort einwählt, wie bei einer herkömmlichen Mailbox Zugriff auf die freigegebenen Daten. Dieser Zugriff läßt sich über ein Paßwort sichern, damit nicht Hinz und Kunz unbemerkt auf Ihrem Rechner herumschnüffeln können.

4.1.2 Was Sie dafür brauchen

Um einen Datentransfer erfolgreich durchführen zu können, brauchen Sie meist keine zusätzliche Software. Die heutigen ISDN-Karten haben meist bereits ein passendes Programm im Gepäck, das zumindest die Grundfunktionen abdeckt. Der gemeinsame Nenner heißt im Falle direkter Datenübertragung zwischen zwei ISDN-PC meist EuroFile-Transfer; es ist aber auch die Einigung auf ein firmenspezifisches Protokoll möglich. Wenn beide Seiten sich an den vereinbarten Standard halten, dann können sie auch per ISDN Daten austauschen – wenn alle anderen Parameter stimmen.

Worauf Sie achten sollten

Auch wenn die Software beider Teilnehmer einer Datenübertragung das Übertragungsformat EuroFile-Transfer unterstützen, kann es vorkommen, daß eine Datenübertragung nicht möglich ist. Hier hilft im günstigsten Fall ein Wechsel der Software. Unter Umständen bleibt aber nur der Austausch einer der ISDN-Karten. Dieses Problem tritt aber fast ausschließlich nur bei der Kommunikation zwischen PC und Mac-Systemen auf.

4.1.3 Datentransfer mit mitgelieferten Produkten

Eine saubere Trennung zwischen mitgelieferten Programmen und zusätzlich angebotener Software ist nicht immer möglich. Manches Programm gibt es sowohl im Bundle als auch zusätzlich. Ein Beispiel dafür ist das Programm RVS-COM, das zum Beispiel in einer sogenannten Light-Version zusammen mit Karten der Firma Elsa mitgeliefert wird. Als eigenständiges Produkt ist es auch für Windows 3.x erhältlich.

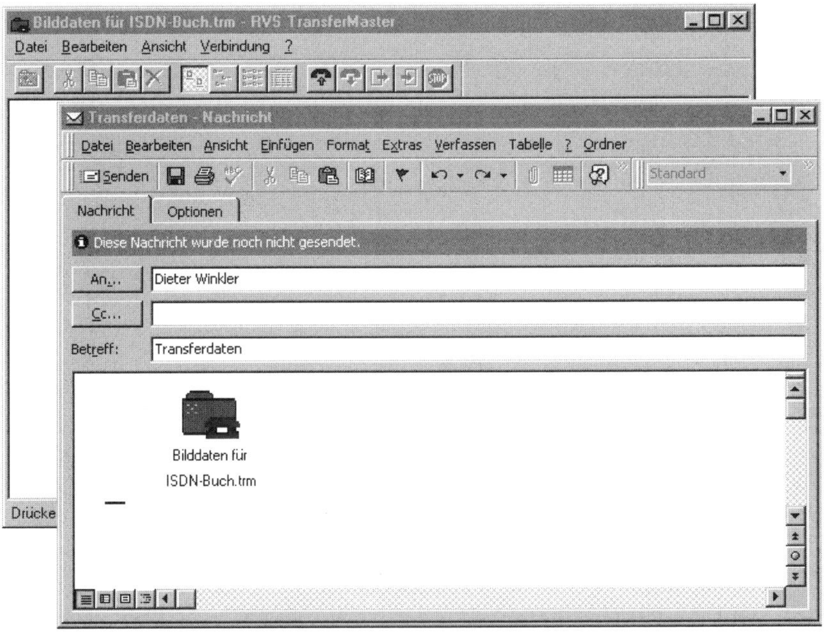

Bild 4.2: Das RVS-Modul zum Datentransfer arbeitet auch mit Outlook aus Office 97 zusammen. Das bedeutet komfortable Bedienung im Zusammenspiel mit viel ISDN-Power.

Das Programm RVS-COM der Münchner Firma RVS Datentechnik ist ein Komplettprodukt mit vielen verschiedenen Funktionen, wobei der Datentransfer nur eines von vielen Modulen ist. Die Installationsroutine führt den Anwender konsequent durch die wichtigsten Schritte. Dabei können Sie angeben, welche Dienste Sie einbinden wollen und die notwendigen Parameter wie etwa Telefonnummern eintragen. Dafür werden Sie dann für jeden Dienst mit einem eigenen Icon belohnt. Über Bildschirmknöpfe am linken Rand des Hauptfensters schaltet der Anwender zwischen den verschiedenen Diensten hin und her.

Der RVS Transfermaster arbeitet wie die anderen Module auch eng mit Windows 95 zusammen. Damit können die Adreßbücher von Exchange oder Outlook genutzt werden, was eine zentrale Adreßverwaltung ermöglicht. Im Fenster des Transfermasters können Sie bei bestehender ISDN-Verbindung einen Blick ins Ausgangsverzeichnis der Gegenstelle werfen. Sogar ein dortiger Eingriff ist möglich, allerdings findet er im Blindflug statt: Da Sie die Unterverzeichnisse nicht sehen, müssen Sie diese per Hand eintragen. Das ist gleichzeitig ein gewisser Schutz für die Gegenseite, im Zusammenspiel vertrauter Partner aber eher lästig.

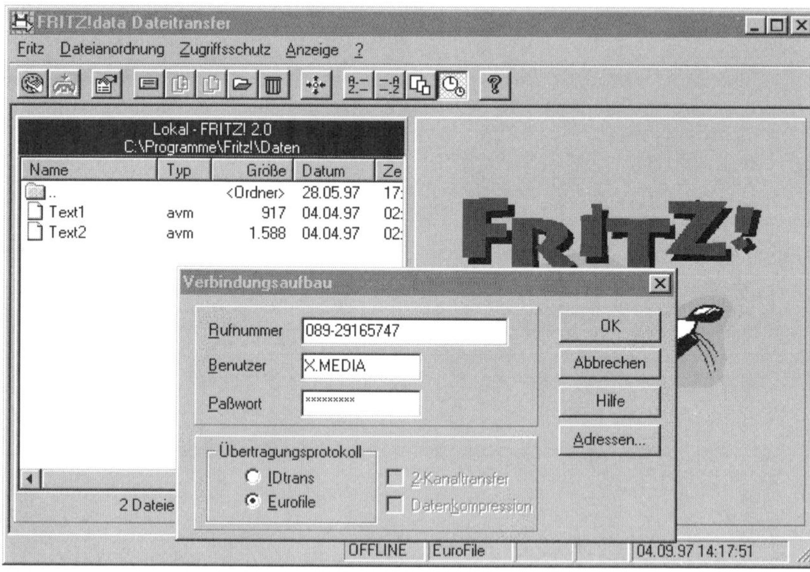

Bild 4.3: Das Programm Fritz!data bietet neben dem EuroFile-Transfer auch noch das schnelle Übertragungsprotokoll IDtrans.

AVM dagegen setzt auf ein eigenes Adreßbuch. Das beispielsweise der FRITZ!Card beiliegende Programmpaket besteht aus einzelnen Modulen, die sehr eigenständig wirken. Die gemeinsame Klammer ist in diesem Fall das Adreßbuch. Die Daten über ISDN-Nummern oder Adressen entnehmen alle Programme einer gemeinsamen Datenbank. Hier finden sich für jeden Datensatz Felder wie Name, Telefonnummer und die verschiedenen ISDN-Nummern mit den zugehörigen Parametern wie Paßwort oder Protokoll. Leider besteht keine Möglichkeit, neue Felder hinzuzufügen. Über den Umweg einer dBASE-fähigen Anwendung wie etwa Excel können Sie Daten importieren oder exportieren, was sich allerdings in der Praxis als recht kompliziert erweist. Eine Anbindung an Exchange oder Outlook ist nicht vorgesehen.

Anwendungsbeispiel
Gerhard Strasser möchte mit Hilfe des Programms Fritz!data mit seinem Freund Anton auf direktem Weg größere Bilddaten austauschen. Dazu ruft er das Programm über START, PROGRAMME, FRITZ!, FRITZ!DATA auf. Dann muß er nur noch auf FRITZ, VERBINDUNG AUFBAUEN klicken und erhält bereits das Fenster, in dem er die Verbindungsdaten eintragen kann. In diesem Fall ist das der Name seines Freundes und die entsprechende Rufnummer. Mit OK startet er den Verbindungsaufbau zu Antons Rechner.

Nachdem die direkte ISDN-Verbindung steht, hat er im rechten Fenster direkten Einblick in Antons Rechner. Im linken Fenster sieht er nach wie vor ein Verzeichnis seines Rechners. Hier befindet sich auch eine Datei, die er kopieren möchte. Er klickt sie an. Im dann aufklappenden Fenster DATEI KOPIEREN: LOKAL -> EXTERN klickt er auf OK und startet damit den Übertragungsvorgang.

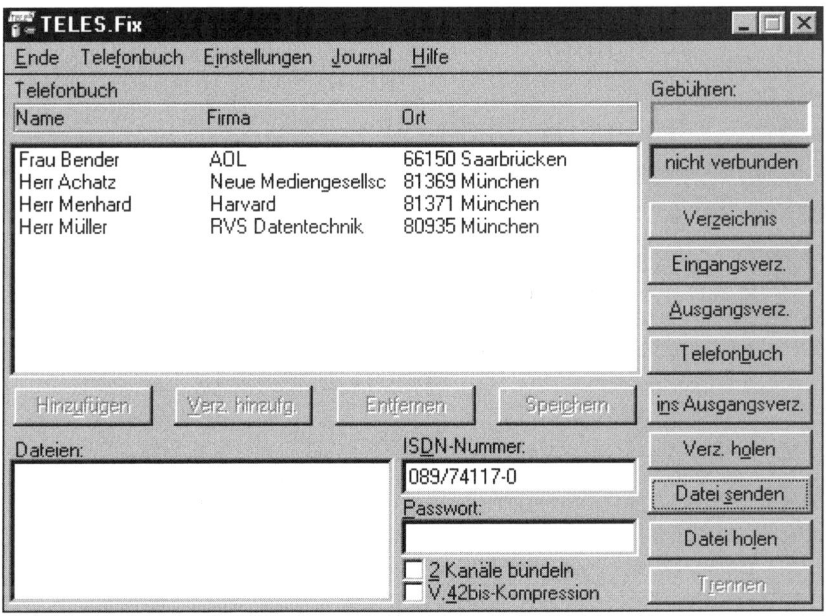

Bild 4.4: Bei Teles.Fix pflegen Sie Ihre Adressen direkt im Datenübertragungsprogramm.

Mit einem Programm wie Fritz!data ist es auch möglich, den PC so einzurichten, daß er wie eine Mailbox Zugang für externe Nutzer bietet. Dann können Sie auf Ihrem PC Dateien zum späteren Herunterladen bereit legen. Vergessen Sie in diesem Fall aber nicht, ein Paßwort zu vergeben – damit tragen Sie dafür Sorge, daß ungebetene Besucher keinen Zugriff auf Ihre Daten haben.

Das TELES.OnlinePowerPack bietet ebenfalls Datenübertragung per ISDN. Das Teles-Karten beiliegende Programm bietet mit dem Modul Teles.Fix ein Programm, das Telefonbuch und Journal gleich unter einer Oberfläche mit anbietet. Die übersichtliche Oberfläche erweist sich allerdings in der Praxis als nicht ganz so komfortabel wie sie aussieht. Bevor Sie eine Datei übertragen können, müssen Sie erst einmal Dateien von einem Verzeichnis zum anderen hin- und herkopieren. Wenn eine Verbindung aufgebaut wird, blinkt ein entsprechendes Icon in der Taskleiste.

Auch der Columbus World der Dortmunder Firma ITK liegen einige Programme bei, die im modernen Outfit daherkommen. Das Programm für den EuroFile-Transfer bietet übersichtliche Funktionen im Explorer-Stil. Das besondere dabei ist, daß es sich tatsächlich um zwei getrennte Programme handelt: Einmal eines für die Seite des Empfängers und einmal für den Sender. Je nachdem, was Sie gerade sind – sogenannter Client oder Server –, müssen Sie dann das entsprechende Modul aufrufen. Die zum Lieferumfang gehörende Adreßverwaltung bietet sich zentral auch für die anderen Module an.

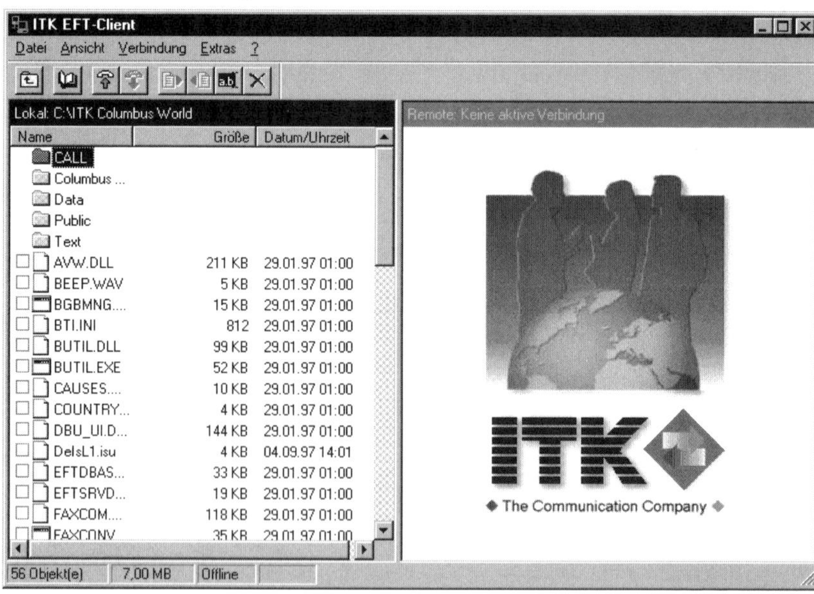

Bild 4.5: Bei der Columbus World liegen gleich zwei Programme für Datenübertragungen bei: eines für den Sender und eines für den Empfänger.

4.1.4 ISDN-Datentransfer mit Fremdprodukten

Für den ISDN-Dateitransfer bieten sich einige wenige Programme an. Dazu zählt auch das bereits vorgestellte Programm RVS-COM. Auch Procomm Plus ist ein Programmpaket mit einer langen Tradition und einer wechselhaften Geschichte. Die nach eigenen Aussagen meistverkaufte PC-Kommunikations-Software bietet sich als 16-Bit-Version ausdrücklich an, um über Windows 3.x sowie Windows 95 erfolgreich per ISDN zu kommunizieren. Vor vielen Jahren als Shareware eingeführt, gehört es nun bereits seit Anfang der 90er Jahre zum Profilager. Dabei hat sich der Funktionsumfang wesentlich erweitert. Neugierig macht, daß das Programm jetzt als voll ISDN-tauglich angepriesen wird, also nicht über den Umweg eines externen Fossiltreibers auf die CAPI von ISDN-Adaptern aufsetzt. Auf der Packung des von Quarterdeck in Krefeld vertriebenen Programms wird zudem Dateiübertragung zwischen PC bei Geschwindigkeiten von bis zu 128.000 Bit pro Sekunde angepriesen.

Transferraten von 128.000 Bit pro Sekunde erreichen Sie – reell und ohne Kompression – nur durch Kanalbündelung. Doch die unterliegt den üblichen Einschränkungen, läßt sich also nur zwischen zwei Lösungen ein und des gleichen Herstellers zum Laufen bringen. Hier ist es also wichtig, sich nicht durch allgemeine Werbeaussagen eines Herstellers aufs falsche Gleis locken zu lassen.

Procomm Plus besticht durch einen breiten Leistungsumfang, der über die reine Dateiübertragung weit hinausgeht. Die Installation des Paketes gestaltet sich problemlos; die ISDN-Unterstützung wird gleich automatisch mit installiert, kann bei Bedarf aber auch unterdrückt werden. Diesen Weg würden Sie sich sicher auch bei manch anderer Software wünschen.

Wollen Sie dann jedoch mit dem Paket gleich loslegen, erleben Sie eine böse Überraschung. Die ISDN-Funktionen sind gnadenlos gut versteckt. Ein paar Stunden sollten Sie investieren, um sich durch das komplizierte Zusammenspiel der einzelnen Komponenten durchzubeißen. Die lange Programmiergeschichte von Procomm Plus hat der Übersichtlichkeit offensichtlich nicht gut getan. Einst für seine klaren Strukturen gelobt, macht es jetzt einen eher undurchsichtigen Eindruck.

Das ist schade, denn Procomm Plus hat eine ganze Menge für alle gängigen Windows-Versionen zu bieten. Es erweist sich etwa für den Kontakt und Datentransfer mit Mailboxen bestens gerüstet. Bei der Datenübertragung per ISDN bietet es eine Besonderheit: Während über einen Kanal die Übertragung läuft, läßt sich über den mitgelieferten Browser gleichzeitig im Internet surfen. Dabei arbeitet es mit Karten sowohl auf Basis der CAPI 1.1 als auch der 2.0 zusammen.

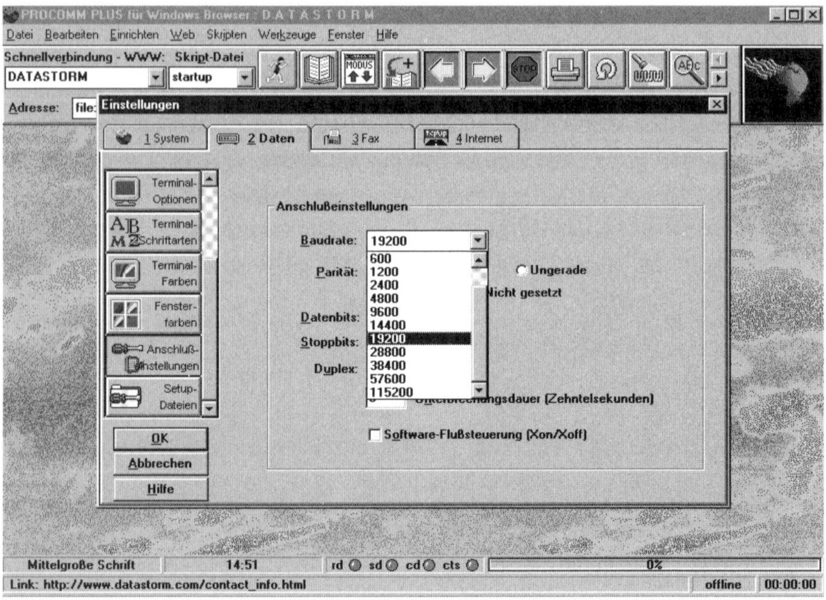

Bild 4.6: Procomm Plus bietet als ISDN-Werkzeug viel Leistung. Die Einstellung ist allerdings kompliziert. So muß etwa per Hand die Baudrate von den voreingestellten 19.200 Bit pro Sekunde auf 115.200 Bit eingestellt werden.

In diesem Punkt kann der Telesoft Rucksack nicht mithalten. Er kommt zwar als 32-Bit-Programm für Windows 95 daher, verlangt aber paradoxerweise eine CAPI 1.1. Mit ISDN-Karten, die etwa wie die von Teles und AVM eine Dual-CAPI bieten, dürfte es damit keine Probleme geben. Spezielle Karten für Windows 95, die nur eine CAPI 2.0 anbieten, werden mit dieser Software allerdings Schwierigkeiten haben.

Die Starnberger Firma Telesoft kann auf eine lange Tradition im ISDN-Bereich verweisen; schon seit Mitte der 80er Jahre ist sie in diesem Bereich aktiv. Die Erfahrungen mit ISDN-Kommunikations-Programmen kam dem Rucksack zugute. So bietet er mehr als nur reinen Datenaustausch zwischen zwei Rechnern. Besonders erfreulich ist das zeitversetzte Senden, mit dem sich Übertragungsjobs vorher festlegen und austesten lassen. Zu einem vorbestimmten Zeitpunkt wird dann die Übertragung gestartet. Wählen Sie dabei Nachtzeiten, können Sie kräftig Kommunikationskosten sparen.

Auch in Sachen Bedienkomfort haben sich die Entwickler vom Starnberger See einiges einfallen lassen. Das Eingangs-Menü kommt im gewohnten Explorer-Outfit daher. Dateien lassen sich in der Verzeichnisliste zwischen Sender und Empfänger hin und her schieben. Alles in allem ist der Rucksack für alle gut geeignet, die häufig größere Dateien austauschen und Wert auf einen möglichst kostengünstigen Datenversand legen.

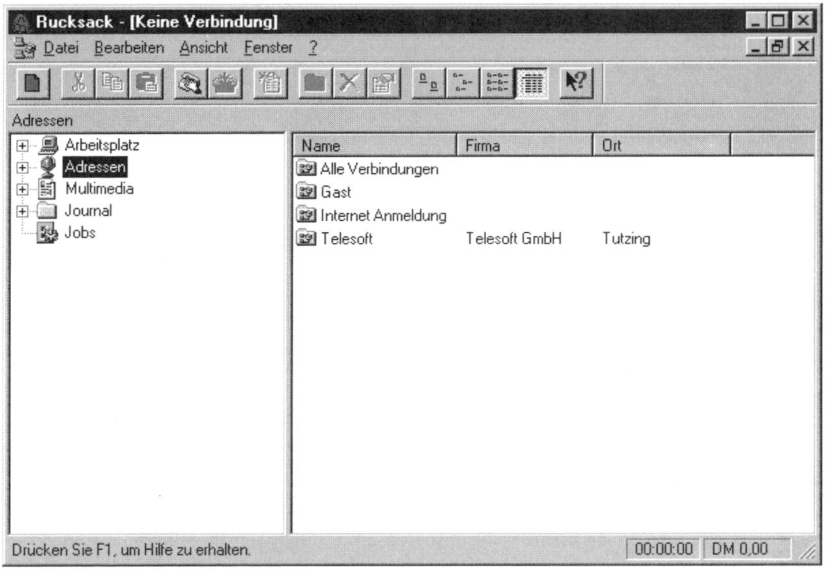

Bild 4.7: Der Rucksack von Telesoft kommt im flotten Explorer-Outfit daher.

4.1.5 ISDN-Datentransfer zwischen PC und Mac

Die Betriebssysteme von Apple Macintosh und PC können nicht miteinander. Das bedeutet jedoch nicht, daß nicht ein direkter Datenaustausch zwischen beiden Rechnerwelten möglich wäre. Dummerweise ist jedoch die Entwicklung in der Apple-Welt nicht in Richtung EuroFile-Transfer gegangen; vielmehr sind es hier firmenspezifische Lösungen, die dominieren. Einen besonders starken Stand hat die Firma Hermstedt mit ihrer Leonardo-Pro Software.

Anwendungsbeispiel
Der freischaffende PR-Berater Helmut Strasser muß öfters Daten mit DTP- und Grafikstudios austauschen. Seine Geschäftspartner in diesen Firmen benutzen, wie in diesem Gewerbe üblich, Apple-Rechner, und zwar mit Leonardo–ISDN-Karten. Strasser setzt sich mit seinen Geschäftspartner zusam-

men und sucht nach einer Lösung, die einen komfortablen Datenaustausch trotz der offensichtlichen Inkompatibilität gestattet.

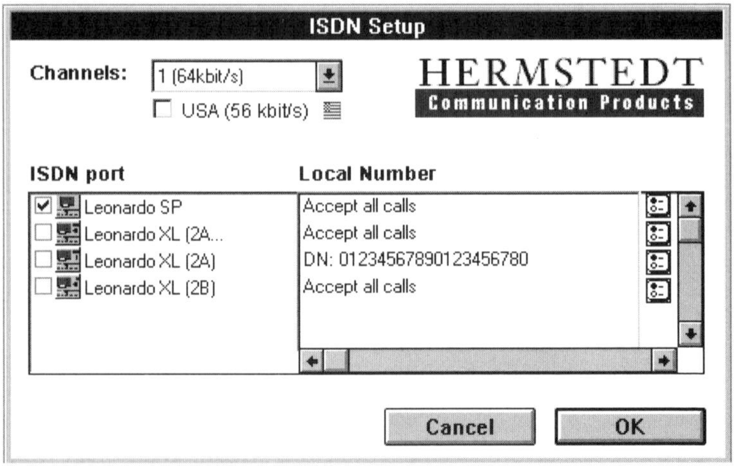

Bild 4.8: Die Lösungen für die Apple-Welt sind meist noch nicht einmal untereinander kompatibel. Doch jetzt gibt es eine Möglichkeit, per EuroFile-Transfer auch zwischen Mac und PC Daten auszutauschen.

So wird es gemacht

Der Dateitransfer zu Mac/Apple-Gegenstellen wird nicht unterstützt, heißt es ganz lapidar in der Beschreibung für die FRITZ!Card von AVM. Und doch heißt auch hier die Lösung EuroFile-Transfer. Eine Standard-Lösung für solche Anwendungen kommt von der Aachener Firma Ositron und heißt EuroTWIST. Ist diese Software auf einem Macintosh installiert, erkennt sie selbständig, ob Daten an einen Macintosh oder an einen PC übertragen werden. Entsprechend paßt sie die Übertragungsformate an.

Wenn Sie mit einer Macintosh-Gegenstelle Daten austauschen, sollten Sie daran denken, daß die Daten meist nicht 1:1 übernommen werden können. Eine der beiden Seiten muß die Daten also „übersetzen“, der Fachmann spricht vom Konvertieren. Welche Seite diese Konvertierung vornimmt, spielt dabei keine Rolle.

Einem anderen Lösungsansatz folgt die Firma Hermstedt. Ursprünglich nur im Apple-Bereich aktiv, bietet der erfolgreiche ISDN-Spezialist jetzt auch ISDN-Karten für den PC, allerdings im Hochpreissegment. Zum Lieferumfang gehört die Software Leonardo da Windows, mit der sich die Karte plattformübergreifend einsetzen lassen soll. Kurzwahlfunktionen, Telefonbuch und ein Report der Verbindungsfunktionen gehören mit zum Lieferumfang des Programms, das den Datentransfer zwischen PC und Mac erleichtern soll. Das Programm läßt sich auch mit anderen ISDN-Karten einsetzen, die die CAPI 2.0 unterstützen.

4.2 Faxen per ISDN

Auch im Zeitalter elektronischer Post hat das Faxen seinen Reiz noch nicht verloren. Ganz im Gegenteil, der Faxboom hält ungebrochen an. Dabei ist das PC-Fax für denjenigen, der eh schon einen PC nebst ISDN-Adapter hat, die preiswerteste Lösung, um gelegentlich Faxe zu verschicken und bei Bedarf auch zu empfangen. Auch für Firmen ist ein PC-Fax eine interessante Alternative oder zumindest eine sinnvolle Ergänzung bestehender Lösungen.

4.2.1 Was alles möglich ist

Was aber ist nun das Besondere an einer Fax-Lösung per ISDN-PC? Gibt es bestimmte Vor- und Nachteile, die für den praktischen Einsatz zu berücksichtigen sind? Und für welche Einsatzgebiete eignet es sich überhaupt?

Im Augenblick bietet eine PC-Fax-Lösung auf ISDN-Basis keine greifbaren Vorteile gegenüber einer Lösung, die auf einem herkömmlichen Modem aufsetzt. Ganz im Gegenteil. Denn vor allem beim Faxempfang zeigen einige ISDN-Programme noch Schwächen. Und einige bewährte Zusatzprogramme wie WinFax haben nach wie vor Probleme mit verschiedenen ISDN-Konfigurationen.

Beim Faxen kann ein ISDN-PC seine hohe Übertragungsgeschwindigkeit nicht ausspielen. Mehr als 14.400 Bit pro Sekunde sind im herkömmlichen Faxverkehr nicht drin. Und das digitale Faxen mit maximal 64.000 Bit pro Sekunde spielt zur Zeit noch eine Nebenrolle.

Es ist also eine Überlegung Wert, ob Sie das Faxen einem ISDN-Adapter übertragen oder dafür lieber noch ein herkömmliches Faxmodem verwendeen. Wenn Sie noch ein Faxmodem an einer seriellen Schnittstelle anschließen können, können Sie zumindest im Zweifelsfall schnell darauf ausweichen.

Wer viel faxt und kein Modem an der seriellen Schnittstelle verwenden will, kann auch auf eine hybride ISDN-Karte ausweichen, die neben ISDN-Hardware auch noch ein Faxmodem auf der Karte integriert hat, oder auf einen externen ISDN-Adapter mit gleichen Funktionen. Dann können Sie das integrierte analoge Modem als gewöhnliches Faxmodem von jedem beliebigen Programm aus ansprechen und ersparen sich damit alle Komforteinbußen oder Probleme mit einem ISDN-PC-Fax.

Tabelle 4.9: Das leisten Lösungen für den ISDN-Faxverkehr per PC

Fax-Leistung	Beschreibung
Gruppe-3-Fax (G3)	Herkömmliches analoges Fax mit 9.600, maximal 14.400 Bit pro Sekunde; der Standard. Bieten die meisten ISDN-Fax-Programme.
Gruppe-4-Fax (G4)	Digitales Fax mit 64.000 Bit pro Sekunde; noch wenig verbreitet. Bieten einige ISDN-Fax-Programme.
Adreßverwaltung	Die meisten Programme bieten eine eigene Adreßverwaltung oder Anschluß an Programme wie Exchange.
Journal	Die Verwaltung ankommender und abgehender Faxe wird von fast allen Programmen unterstützt.
Rufannahme	Empfängt auch eingehende Faxe. Bei vielen ISDN-Fax-Lösungen vorgesehen, jedoch oft fehleranfällig.
Faxabruf	Abruf eines Informationsfaxes von einer Gegenstelle. Bieten einige ISDN-Fax-Programme.
OCR	Umwandlung empfangener Texte, die rein grafisch vorliegen, in PC-verwertbare Zeichen. Bieten nur einige ISDN-Fax-Programme.

4.2.2 Was Sie dafür brauchen

Zum Faxen brauchen Sie bei Windows 95 eigentlich gar keine zusätzliche Software. In Windows 95 ist das Programm Exchange integriert, in Windows 98 soll es Outlook Express sein, in Office 97 ist es Outlook: Alle drei Programme können die zentrale Verwaltung aller Adressen mit zugehörigen Nummern für die elektronische Post, den Faxverkehr und so weiter übernehmen. Und mit dem Programm Microsoft Fax steht ein Faxprogramm zur Verfügung, das einfache Anwendungen bereits abdecken kann – wenn es sich mit einer ISDN-Lösung zum Laufen bringen läßt.

Das zu Windows 95 gehörende Faxprogramm Microsoft Fax läßt sich nur für wenige ISDN-Anwendungen direkt einsetzen. Vor allem, wenn Sie herkömmliche ISDN-Karten verwenden, müssen Sie auf eine andere Alternative ausweichen.

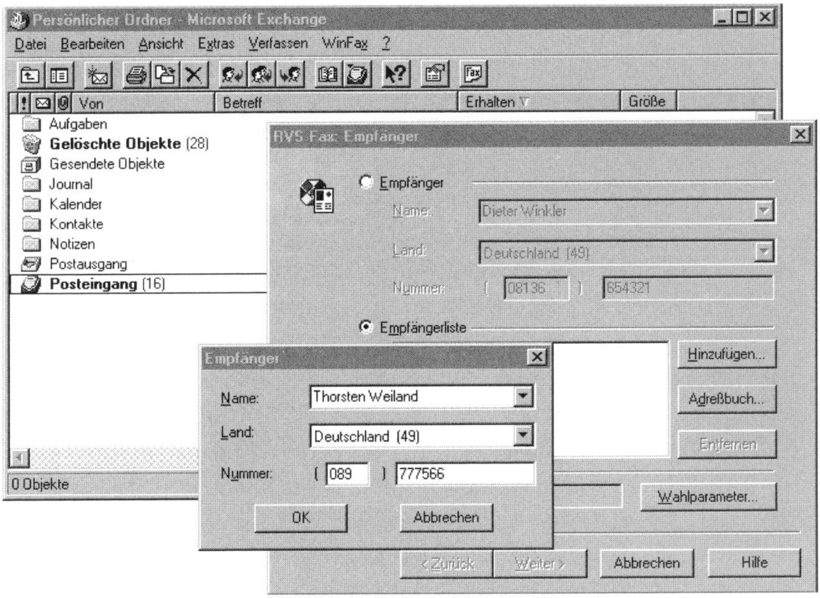

Bild 4.10: Das RVS-Fax ist an Exchange oder Outlook angekoppelt und läßt sich aus der entsprechenden Adreßverwaltung heraus bedienen.

Eine gute Adreßverwaltung ist gerade bei Faxprogrammen unerläßlich. Bei dem im letzten Abschnitt geschilderten direkten Datentransfer haben Sie es meist nur mit einer Handvoll Kommunikationspartnern zu tun; wie und wo dabei die Adreßdaten abgelegt werden, spielt keine so zentrale Rolle. Beim Faxverkehr sieht das meist ganz anders aus.

Fax ist nicht gleich Fax. Achten Sie darauf, daß ein ISDN-Adapter auch als G3-kompatibel angeboten wird. Denn sonst können Sie mit herkömmlichen Faxgeräten gar nicht kommunizieren.

Grundlagen

Die Faxerei ist in Gruppen unterteilt. Spricht der Bürger von Fax, so meint er in der Regel eines nach G3-Norm. Jenes G3 steht für die dritte Gruppe von Faxen, ist also so etwas wie die allgemeine Version 3.0 für Faxgeräte aller Art. Ältere Geräte, die noch mit G2 arbeiten, gehören eher ins Museum als neben den Arbeitsplatz. Geräte der nächsten, der rein digitalen Generation zählen zur neuen Gruppe 4. Allerdings rechnet sich diese Investition noch nicht. Der um ein vielfaches höhere Anschaffungspreis im Vergleich zu G3-

Geräten steht für die meisten Einsatzgebiete in keinem Verhältnis zu den Einsparungen durch kurze Übertragungszeiten.

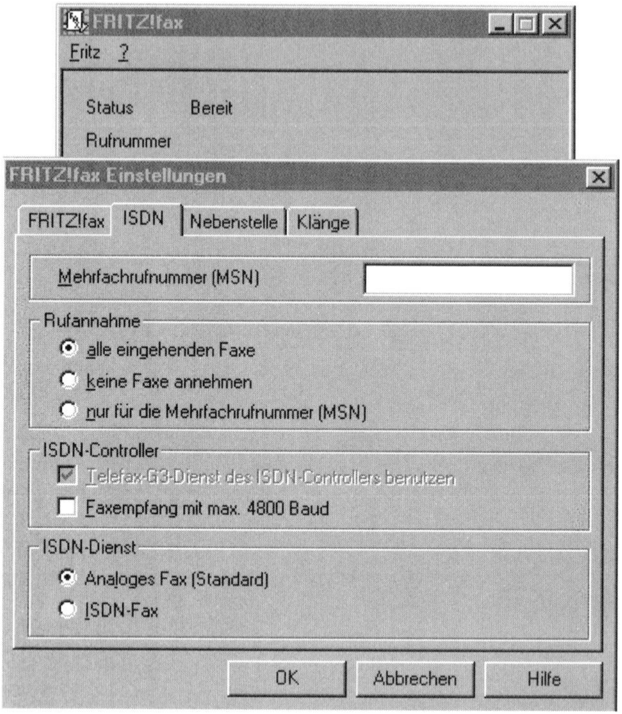

Bild 4.11: Beim Fritz!Fax können Sie die wichtigsten ISDN-Parameter einschließlich der Wahl zwischen analogem und ISDN-Fax zentral einstellen

Damit befinden sich Fax-Lösungen für ISDN-Adapter in einem Dilemma. Natürlich ist Gruppe 4 für sie kein Problem. Denn dieser Standard setzt voll auf ISDN auf, bietet mithin volle 64.000 Bit pro Sekunde Datentransferrate. Das können ISDN-Karten ohne Umwege erreichen. Um allerdings im G3-Standard faxen zu können, müssen sie sich etwas verbiegen. Und der Lohn der Mühe: Sie können damit gerade mal 14.400 Bit pro Sekunde über die Datenleitungen schicken.

Doch auch das ist nicht sicher. Denn erstens können die meisten Gegenstationen nur 9.600 Bit pro Sekunde verkraften. Zweitens sind nicht alle ISDN-Karten mit einer Software gesegnet, die diese Transferrate überhaupt erreicht. Nach wie vor gibt es Lösungen, die es nur auf mickrige 4.800 Bit bringen oder überhaupt keine G3-Fax unterstützen. Das ist – am heutigen technischen Stand gemessen – nicht mehr akzeptabel.

Achten Sie drauf, daß eine ISDN-Fax-Lösung zur Kommunikation mit herkömmlichen Faxgeräten eine Transferrate von 14.400 Bit pro Sekunde bietet. Dann sparen Sie bei jeder Übertragung mit einer ebenfalls schnellen Gegenstelle bares Geld.

4.2.3 ISDN-Faxe mit mitgelieferten Produkten

Die ISDN-Karten beiliegende Software bietet meist auch etwas fürs Faxen via ISDN. Und das ist gut so. Können Sie dann doch davon ausgehen, daß so wenigstens Soft- und Hardware miteinander grundsätzlich harmonieren. Daß das nicht selbstverständlich ist, merken Sie spätestens dann, wenn Sie das Fax-Programm der einen Karte zusammen mit der einer anderen Karte nutzen möchten. Das geht mit hoher Wahrscheinlichkeit schief.

Das bereits im letzten Abschnitt vorgestellte TELES.OnlinePowerPack beinhaltet auch ein Fax-Modul, das auf den Namen Teles.Fax hört. Es bietet die wichtigsten Grundfunktionen und ist für die Karten optimiert, die das Label Teles und Creatix tragen. Das Versenden einzelner Dokumente ist problemlos möglich. Wie auch bei den meisten anderen Lösungen wird ein zusätzlicher Druckertreiber installiert, über den sich faxen läßt. Denn Faxen ist im Prinzip nichts anders als Drucken: Nur die Art und Länge der Leitung und die dazwischenliegenden Protokolle unterscheiden das auch zu Recht Fernkopie genannte Fax von einem ordinären Ausdruck.

Damit lassen sich Dokumente aus Windows-Programmen im allgemeinen immer dann faxen, wenn Sie aus diesen Programmen auch drucken können. Aber Teles.Fax kann auch anders herum: Sie können einstellen, ob ein ankommendes Fax immer gleich auf dem Drucker ausgegeben werden soll. Das ist allerdings normalerweise nicht nötig. Sinnvoller ist es meist, ankommende Faxe zwischenzuspeichern, am Bildschirm anzusehen und nur bei Bedarf auszudrucken. Aber immerhin: Die Funktion des unmittelbaren Ausdrucks bieten nicht alle ISDN-fähigen Fax-Programme.

Damit erschöpfen sich dann aber auch schon die Merkmale dieses einfachen Fax-Programms. Daß sich keine Deckblätter damit erstellen lassen, können Sie sicherlich verschmerzen. Eine Option zum zeitversetzten Senden fehlt allerdings genauso wie die Möglichkeit, ein Serien-Fax abzuschicken. Damit bleibt Teles.Fax ein Programm für Gelegenheitsanwender. Wer öfters Serien-

Faxe verschicken will und dabei die günstigen Nachttarife zum Versenden wählen möchte, muß sich nach einem anderen Programm umsehen.

Wenn Sie Deckblätter benötigen, Ihr Faxprogramm Ihnen aber keine anbietet, dann erstellen Sie sie einfach in einem Programm wie Word für Windows und legen sie als Druckformatvorlage ab. Sie können sie dann jederzeit abrufen und um weitere Seiten ergänzen, die Sie über jedes als Druckertreiber eingerichtete ISDN-Fax verschicken können.

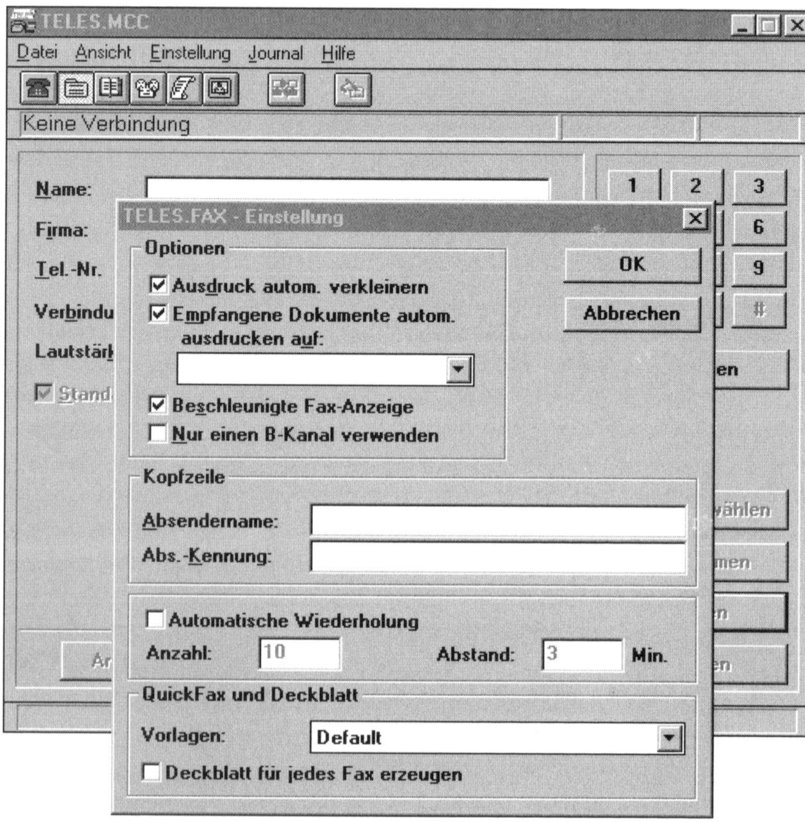

Bild 4.12: Im Teles.Fax können Sie unter anderem auch einstellen, daß empfangene Faxe direkt auf dem Drucker ausgegeben werden.

Das Telefonbuch von Teles.Fax ist etwas dürftig geraten, mehr als Namen und Faxnummern nimmt es nicht auf. Da geht RVS-Fax einen komplett anderen Weg. Das ebenfalls im letzten Abschnitt bereits vorgestellte Programmpaket RVS-COM ist von Kopf bis Fuß auf die Zusammenarbeit mit Standard-Komponenten von Windows 95 eingerichtet. Das kommt auch RVS-Fax zugute: Das in Bild 4.10 dargestellte Programm läßt sich aus Exchange oder Outlook bedienen. Dabei können Sie die Adressen dort zentral verwalten und sie etwa für elektronische Post nutzen.

Das macht zumindest dann Sinn, wenn Sie sowieso eines dieser Programme für die Pflege Ihrer Kommunikationsbedürfnisse nutzen. Allerdings handeln Sie sich damit auch einen Nachteil ein: Die Funktionsvielfalt ist, bedingt durch diesen Umweg, arg begrenzt. Als Ersatz für Microsoft Fax, das nicht mit üblichen ISDN-Lösungen zusammenarbeiten will, taugt RVS-COM aber allemal. Und zumindest in Outlook können Sie Word für Windows als Editor einsetzen und somit auch aufwendige Faxe entwerfen.

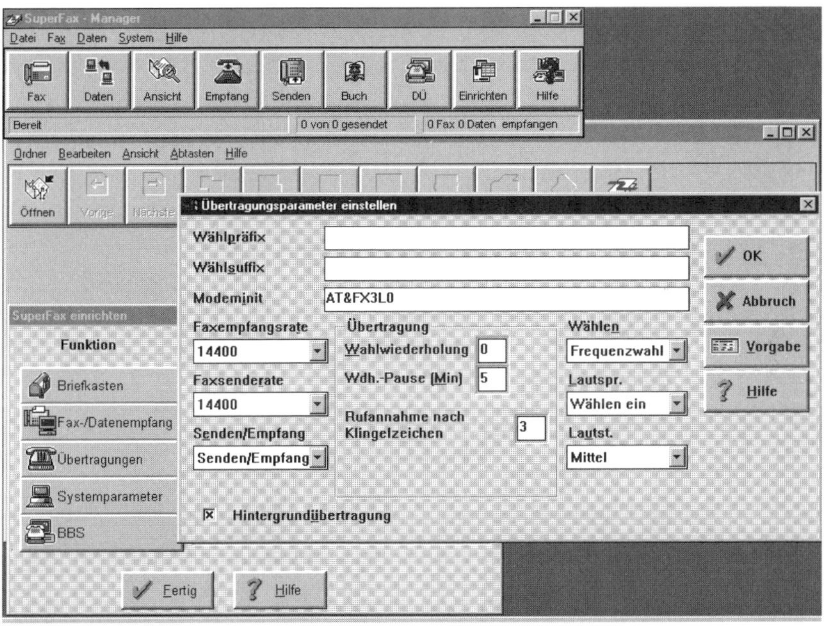

Bild 4.13: Elsa liefert mit seinen externen ISDN-Modems das Fax-Programm Superfax mit, das problemloser funktioniert als viele Konkurrenzprodukte. Das ist auch kein Wunder: Es nutzt den Modem-Teil des ISDN-Modems, stellt also gar keine Verbindung über ISDN her.

Eingehende Faxe werden im Posteingang von Exchange und Outlook verwaltet; ein kleines Icon in der Taskleiste weist daraufhin, wenn ein Fax angekommen ist. Mit einem Faxviewer lassen sich empfangene Seiten spiegeln oder drehen; eine Option, die sinnvoll ist, um etwa den Kopfstand eines Dokuments zu beenden. Erfreulich ist auch, daß RVS-Fax zeitversetztes Senden nutzen kann. Selbst eine freie Festlegung der als preisgünstig empfundenen Zeiten ist möglich.

Das im Gepäck der FRITZ!Card von AVM mitsegelnde Modul und in Bild 4.11 gezeigte Fritz!Fax hat keine Anbindung an Express oder Outlook, kommt dafür aber mit einem eigenen Adreßbuch daher, das auch für die übrigen Module zur Verfügung steht. Die Merkmale dieses Adreßbuchs wurden bereits im letzten Abschnitt vorgestellt. Wie auch bei der Teles-Lösung fügt FRITZ!Fax einen Druckertreiber zu Windows hinzu. Damit besteht auch hier die Möglichkeit, aus einem Programm wie Word für Windows direkt Faxe zu versenden. Selbst das Versenden von Serienfaxen ist auf diesem Weg möglich.

Bild 4.14: Bereits bei der Installation können Sie beim ITK-Fax die wichtigen Parameter eingeben.

Auch bei dem zur Columbus World gehörenden Fax-Modul der Firma ITK werden die Adressen für alle Module zentral verwaltet. Darüber hinaus bietet es ein paar andere Funktionen, die das Faxen erleichtern. So läßt es sich wahlweise aus jedem Windows-Programm oder aus dem Explorer heraus bedienen. Und das mit zeitgemäßem Ziehen der Dateien auf das Faxsymbol; diese Funktion ist durchaus vorbildlich. Die Adressen werden hier wie bei der FRITZ!Card zentral verwaltet. Den Polling genannten Abruf eines Informationsfaxes von einer Gegenstelle bieten beide Programme. Und für zeitversetztes Senden zeigt sich das Fax-Modul ebenfalls vorbereitet.

4.2.4 ISDN-Faxe mit Fremdprodukten

Neben den zum Lieferumfang von ISDN-Karten gehörenden Programmen bieten sich noch einige Fax-Programme an, die meist über ein deutlich erweitertes Funktionsspektrum verfügen. Mit einigen Lösungen lassen sich dann je nach Produkt vom Einzelplatz oder auch aus einem lokalen Netzwerk heraus Faxe verschicken.

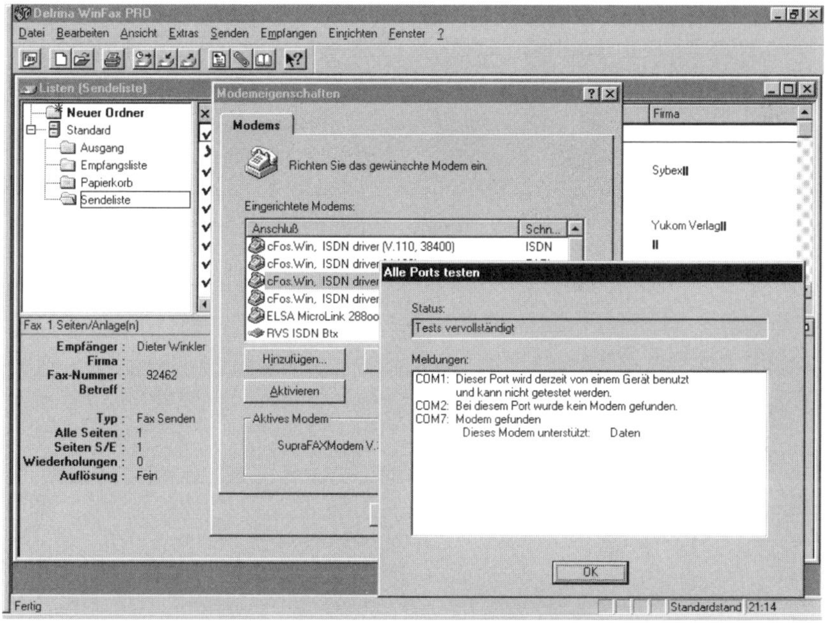

Bild 4.15: WinFax zeigt sich auf den ersten Blick ISDN gegenüber aufgeschlossen. Doch mit preiswerten ISDN-Karten mag es nicht zusammenarbeiten.

Das ebenfalls im letzten Abschnitt vorgestellte Procomm Plus bietet fürs Faxen eine Besonderheit: Es kann auch mit eigentlich nicht faxfähigen ISDN-Karten zusammenarbeiten. Gemeint ist mit faxfähig das herkömmliche G3-Format. Die Faxfunktionen sind in den unübersichtlichen Funktionen des zwar leistungsstarken, aber verwirrend aufgebauten Programms versteckt. Das Spektrum geht allerdings über das einfacher ISDN-FAX-Software hinaus. So ist beispielsweise ein Adreßbuch mit im Spiel, das neben Faxdaten auch weitergehende Einträge erlaubt wie zum Beispiel die von Telefonnummern und E-Mail-Adressen. Anders als bei den bislang beschriebenen Programmen werden bei Procomm Plus auch Deckblätter mitgeliefert.

Wenn sich zwei ISDN-Fax-Lösungen untereinander nicht verstehen, dann schalten Sie die Senderkennung aus und versuchen es dann noch mal. Oft funktioniert es dann.

Deckblätter liefert auch WinFax Pro und auch sonst alles, was das Herz begehrt. So verfügt es über ein leistungsstarkes OCR-Modul, mit dem sich die Texte empfangener Faxe in ein Format umwandeln lassen, das Sie anschließend mit einem Editor bearbeiten können. Die integrierte Adreßverwaltung ist durchdacht und bietet auch Felder für Telefonnummern, Bemerkungen, Firmenzugehörigkeit und vieles mehr. Auch mit eingehenden Faxen kommt WinFax wunderbar klar.

Für den ISDN-Faxverkehr zeigt sich WinFax auf den ersten Blick blendend gerüstet. Es existieren alle nötigen Einstellung, die Konfiguration ist einfach. Doch leider hat die Sache einen Haken: Selbst die Version 8 ist noch nicht in der Lage, preiswerte passive ISDN-Karten zu bedienen. Wer WinFax in voller Pracht nutzen möchte, muß zu einer geeigneten und leider auch teuren ISDN-Karte greifen, die über einen eigenen Fax-G3-Chipsatz verfügt.

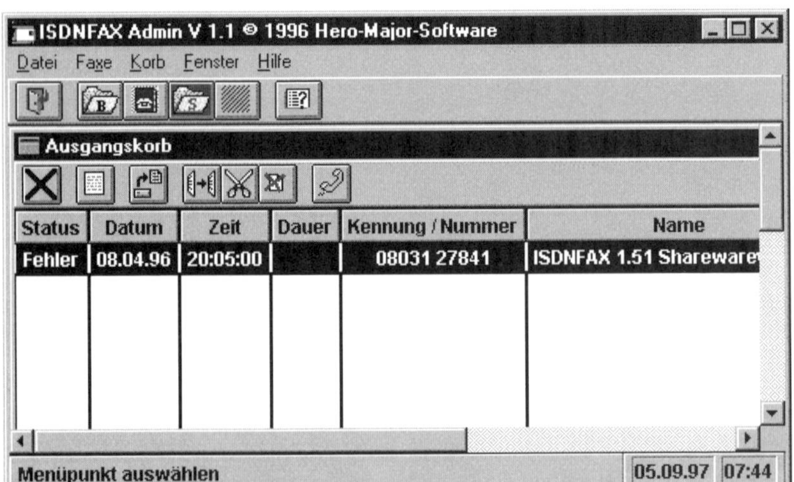

Bild 4.16: Shareware-Pogramme wie das ISDNFAX für das Zusammenspiel mit ISDN-Karten sind noch eine Seltenheit, bieten aber zumindest die Möglichkeit, kostenlos die Zusammenarbeit mit der eigenen Karte zu testen.

Für kleinere und mittlere Betriebe darf es ruhig noch ein bißchen mehr sein. Ein entsprechendes System namens C3 kommt von der Nürnberger Firma NCP. Die Software beherrscht den analogen Faxverkehr der Gruppe 3, sofern eine ISDN-Karte dafür ausgerüstet ist. Darüber hinaus stellt C3 ein Modul für den EuroFile-Transfer zur Verfügung. Während der Faxversand im Hintergrund abgewickelt wird, informiert ein anderes Programm-Modul über eingetroffene und verschickte Dokumente.

Für professionelle Ansprüche bedarf es einer gut durchdachten Verwaltung von Adressen. Adressen und Fax-Nummern befinden sich im firmenweiten oder in einem eigenen Telefonbuch. Beide Telefonbücher speichern Adressen, Fax-Nummern, Empfängergruppen. C3 bietet dabei Journale für ein- und ausgehende Faxe und sogar für übertragene und private Fax-Aufträge. Damit Sie auch mit gewohnten Adressen arbeiten können, stellt das Programm individuelle Schnittstellen für den Import von Adreßdaten zur Verfügung.

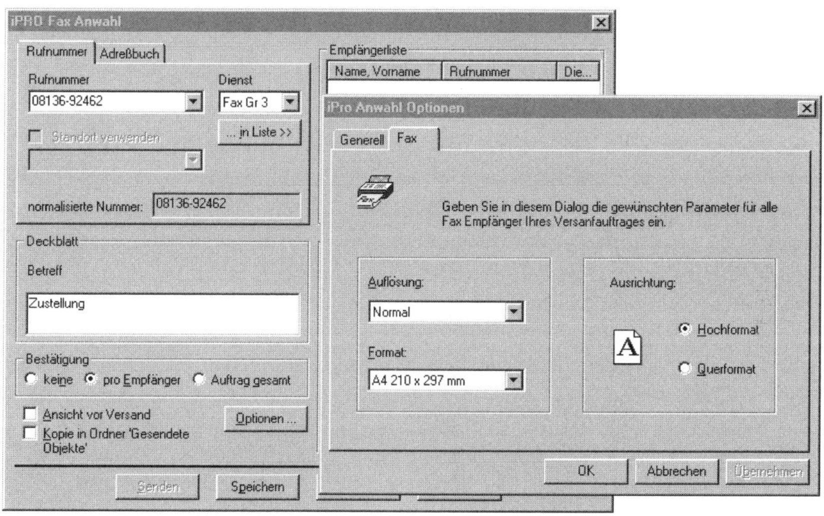

Bild 4.17: iPRO Fax bringt bei Bedarf eingehende Faxe auch an einzelne Arbeitsplätze.

Als komplexes Paket für alle grundlegenden Kommunikationsbedürfnisse bietet sich iPro von Acotec an. Damit kann ein Server, der mit maximal vier ISDN-Karten ausgerüstet sein darf, als Zentrale alle angeschlossenen PC bedienen. Als Vorreiter komplexer ISDN-Lösungen hat Acotec alles daran gesetzt, um die Kommunikation über ISDN so komfortabel wie möglich zu gestalten. Wie bei RVS-COM ist auch hier das zu Windows 95 gehörende Programm Exchange oder wahlweise Outlook aus Office 97 mit im Spiel, um die Adressen und weitergehende Funktionen zu verwalten. Darüber hinaus faßt eine zentrale Datenbank auf dem Server alle wichtigen Daten zusammen. Beim Faxempfang im Netz bietet iPro eine bemerkenswerte Option: Eingehende Faxe verteilt das System automatisch an die richtigen Arbeitsplätze.

4.3 Telefonie

Telefonieren will dem PC erst beigebracht werden. Dabei ist diese Anwendung auf dem PC eindeutig auf dem Vormarsch. Durch teilweise Automatisierung kann geeignete Software dem Anwender helfen, sich auf die angenehmen Seiten des Telefonierens zu konzentrieren und die lästige Verbindungsarbeit einer Software zu überlassen. Dabei zeigen sich solche Lösungen vor allem im Zusammenspiel mit ISDN herkömmlichen Telefonen weit überlegen.

4.3.1 Was alles möglich ist

Ein ISDN-PC läßt sich auf zwei Arten als Telefon einsetzen: Als Ergänzung oder Ersatz eines herkömmlichen Apparats oder als ganz besonderes Komforttelefon, das durch enge Verknüpfung mit Datenbeständen auf dem PC zu mehr Überblick bei Telefonaten führt. Oder als Internet-Telefon, das einen Weg für Telefonate nutzt, der bislang nur Daten vorbehalten war.

Wollen Sie beim Telefonieren kräftig Geld sparen? Mit dem PC ist dies kein Problem. Dabei gibt es zwei grundsätzlich unterschiedliche Ansätze: Die Internet-Telefonie, die fernab üblicher Telefonverbindungen läuft, und die ISDN-Telefonie, die sogenanntes Least-Cost-Routing ermöglicht und damit das Telefonieren über reguläre Leitungen der Deutschen Telekom, aber zu deutlich günstigeren Tarifen.

Die Internet-Telefonie entwickelte sich recht zögerlich Mitte der 90er Jahre. Schlechte Übertragungsqualität und umständliche Einwahlprozeduren machten das Telefonieren über diesen Weg allerdings nicht gerade zum Vergnügen. Andererseits reizte der immense Preisvorteil dieses ungewöhnlichen Weges. Mittlerweile gibt es eine ganze Reihe verschiedener Ansätze, die der Internet-Telefonie eine erfolgreiche Zukunft verheißen. Dabei bewegt sich sowohl etwas in Sachen Standards als auch beim Thema Telefonverkehr zwischen PC und normalem Telefon.

Die Alternative, das sogenannte Least Cost Routing, hat mit dem Internet überhaupt nichts zu tun. Es bedeutet nichts anderes, als daß per Computer automatisch die günstigste Verbindung ausgewählt wird. Dabei entscheidet ein Least Cost Router, ob ein alternativer Anbieter oder die Deutsche Telekom für eine Verbindung günstiger ist.

Einsparung, etwa nach Angabe des Anbieters TelePassport, dessen Dienste in Deutschland über das Produkt Phoneware und in Österreich über WinPhone nutzbar sind: Von Deutschland in die USA 47 Prozent, zu Mobilnetzen bis zu 32 Prozent, innerhalb Deutschlands ansonsten bis zu 25 Prozent. Das bei jedem Telefonat vorgenommene Routing zum entsprechenden Netz – in diesem Fall Deutsche Telekom oder TelePassport – erfolgt ohne Eingriff des Anwenders lokal im PC. Grundsätzlich kann Least Cost Routing aber auch von einem normalen Telefon erfolgen, wenn ein entsprechender Computer dazwischen geschaltet wird.

Tabelle 4.18: Das leistet ISDN-Telefonie mit dem PC

ISDN-Leistungen	Beschreibung
Internet-Telefonie	Zeitverzögertes Telefonieren übers Internet zu günstigen Gebühren mit Qualitätsabstrichen. Standard könnte die ITU H.323 werden.
ISDN-Telefonie	Zum Beispiel durch Einbeziehung der Soundkarte und damit ohne zusätzliches Telefon. Standard ist die CAPI.
Wahlunterstützung	Über diese Schnittstelle in Windows können Sie über geeignete Programme ISDN-Telefonverbindungen aufbauen. Standard ist die TAPI.

4.3.2 Was Sie dafür brauchen

Wer von seinem ISDN-PC aus telefonieren will, steht einem verblüffend breiten Angebot gegenüber. Dabei lassen sich die einzelnen Lösungen nur schwer miteinander vergleichen. Zudem vernebeln ähnlich klingende Ausdrücke wie TAPI und CAPI Vor- und Nachteile der einzelnen Angebote. Kein Wunder: Dieser Markt befindet sich noch im Aufbau, birgt aber kräftiges Wachstumspotential.

Das verführt die Hersteller zur Experimentierfreude. Angeboten werden etwa ISDN-Telefone, die sich an den PC anschließen lassen und dann mehr oder weniger direkt mit ihm zusammenarbeiten. Möglich ist hier neben der nackten Wahlunterstützung das Rauswählen aus der eigenen Adreßdatenbank, sofern sie den TAPI-Standard unterstützt. Das macht Spaß, können Sie doch schließlich per Mausklick anwählen, wen immer Sie wollen. Die Fähigkeiten eines ISDN-PC sind aber damit keineswegs erschöpft.

Wer kein Telefon in seinen PC einstöpseln will, kann auch ohne Telefon telefonieren – auch das geht. Mikrofon an die Soundkarte anstöpseln und die Boxen als Lautsprecher nutzen – fertig ist das Freisprechtelefon. Als Alternative bietet es sich an, einen Telefonhörer an die Soundkarte anzuschließen. Er muß dazu lediglich die richtigen Stecker für Ausgang und Eingang der Soundkarte aufweisen. Bei einigen ISDN-Telefonie-Lösungen gehört so ein Telefonhörer zum Lieferumfang dazu.

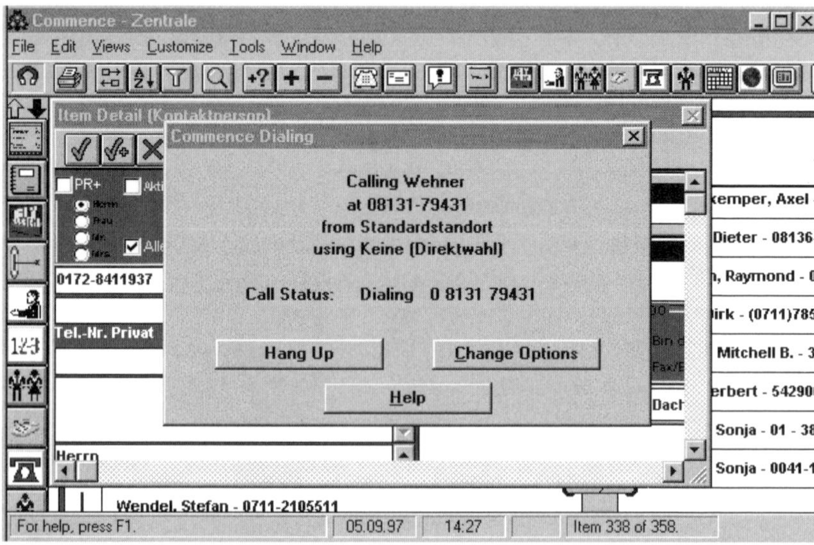

Bild 4.19: Über die TAPI können Sie aus jedem dafür geeigneten Programm eine ISDN-Wählverbindung aufbauen.

Worauf Sie achten müssen

Wenn Sie über Ihren ISDN-PC komfortabel telefonieren wollen, dann muß Ihre Soundkarte selbstverständlich gleichzeitig gesendete und empfangene Signale verarbeiten können. Denn sonst hören Sie nur Ihren Partner oder er nur Sie – das aber hätte mit Telefonieren wenig zu tun. Doch so ganz selbstverständlich ist das gleichzeitige Senden und Empfangen nicht. Zwar sind seit einigen Jahren die Soundkarten fast aller Hersteller in der Lage, diesen Anforderungen zu genügen, doch kneift es nach wie vor bei einigen Treibern. Wenn Ihre Soundkarte also beim Telefonieren Probleme macht, dann müssen

Sie sich passende, sogenannte bidirektionale oder auch Vollduplex-fähige Treiber besorgen.

4.3.3 Telefonie mit mitgelieferten Produkten

Bei einigen ISDN-Paketen, wie etwa der Columbus World von ITK, liegt bereits eine Telefonie-Lösung bei. Diese Programme sind wie ihre Faxbrüder oft einfach gestrickt; hier hebt sich das ITK-Programm bereits wohltuend ab. Eine Software-Lösung für ISDN-Telefonie mit dem PC sollte vor allem überall da Stärken beweisen, wo sie durch neue Konzepte gestreßten Viel-Telefonierern Routinearbeit und zusätzliche Arbeitsschritte abnehmen kann. Und genau da setzt dieses Programm an.

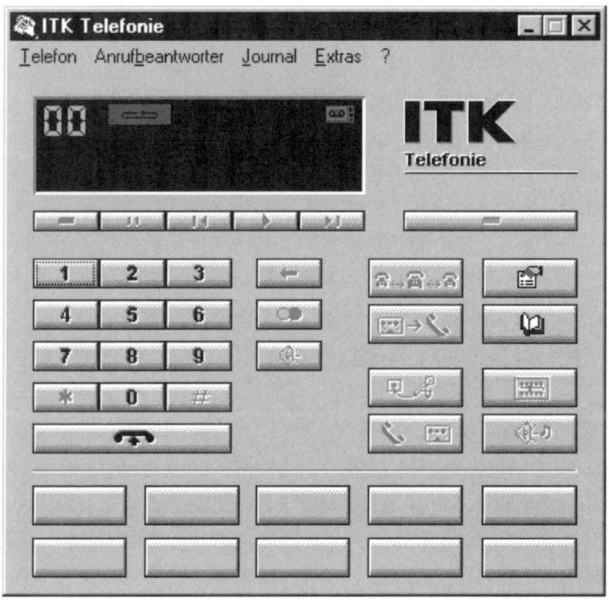

Bild 4.20: ITK bringt das ISDN-Telefon auf den PC-Bildschirm.

Das Programm von ITK besticht durch sein Design und seine einfache und durchdachte Funktionalität. Voraussetzung ist auch hier, daß Sie eine Soundkarte verwenden, die in beide Richtungen überträgt, also bidirektional ist. Außerdem gehört es zum guten Ton, ein Head-Set zu verwenden, also eine Kombination aus leichtem Kopfhörer und Mikrofon, das an einem Bügel befestigt direkt vor dem Mund plaziert wird. Verwenden Sie die Lautsprecher Ihres PC und ein auf die Soundkarte abgestimmtes Mikrofon, sollten Sie nicht gerade versuchen, im Großraumbüro zu telefonieren.

Das ITK-Soundkartentelefon unterstützt ISDN-Merkmale wie Makeln, Rufnummeranzeige und Anrufumleitung. Damit läßt es sich als vollwertiges ISDN-Telefon verwenden. Nur das Weiterverbinden über ISDN-Nebenstellenanlagen ist nicht möglich. Dafür dürfen Sie aber Gespräche mitschneiden, die Sie dann auf der Festplatte ablegen können. Mit zum Funktionsumfang gehört ein Anrufbeantworter, der sich bei Abwesenheit als getreuer Vertreter erweist. Variable Ansagetexte in Abhängigkeit von Uhrzeit, Gesprächspartner und angerufener Telefonnummer sind eigentlich mehr, als Sie für die kostenlose Beigabe einer preiswerten ISDN-Karte erwarten dürfen. Einziger Nachteil des Programms ist, daß sich die Adressen des Telefonbuchs nicht exportieren lassen.

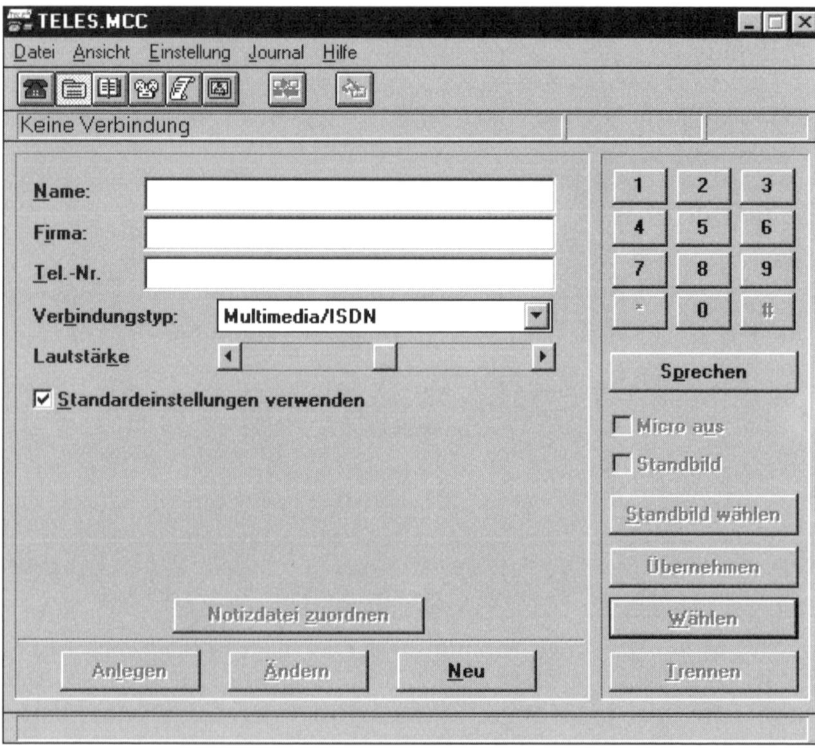

Bild 4.21: Das Multimedia Control Center ist bei Teles gleichzeitig die Telefonzentrale.

Auch Teles hält im Reigen der Telefonie-Software mit. Wie so oft geht der Berliner ISDN-Pionier auch hier einen ganz eigenen Weg. Nicht eine schnöde Telefonie-Software gehört mit zum Lieferumfang des TELES.Online-

PowerPack, sondern ein leibhaftiges Multimedia Control Center, kurz MCC. Mit Hilfe des Programmes TELES.MCC können Sie auch telefonieren. Dabei können Sie sogar Telefonkosten einsparen. Teles, im Augenblick der einzige ISDN-Anbieter für Least-Cost-Router, bringt sein Spezialwissen hier mit ein. Per Rückrufverfahren, neudeutsch Callback genannt, können Sie sich aus TELES.MCC verbilligt ins Fest- und Mobilnetz einwählen. Das zahlt sich vor allem bei Gesprächen ins Ausland und ins Mobilnetz aus. Dabei gilt es allerdings, den Dollarkurs verschärft im Auge zu behalten: Starker Dollar und schwache Mark bedeuten weniger Kostenersparnis. Im Einzelfall kann eine Telefonverbindung ins benachbarte Ausland per Callback sogar teurer kommen als eine Verbindung via Deutsche Telekom.

Ansonsten ist das Telefon-Modul von Teles einfach gehalten. Bemerkenswert und durchaus nicht selbstverständlich ist eine Option, in dem bei Anrufen automatisch mitgestarteten Notizbuch gleich Notizen festhalten zu können. Das beispielsweise ISDN-Karten von Elsa und Eicon.Diehl beiliegende und bereits mehrfach erwähnte RVS-COM kann da ebenfalls mithalten.

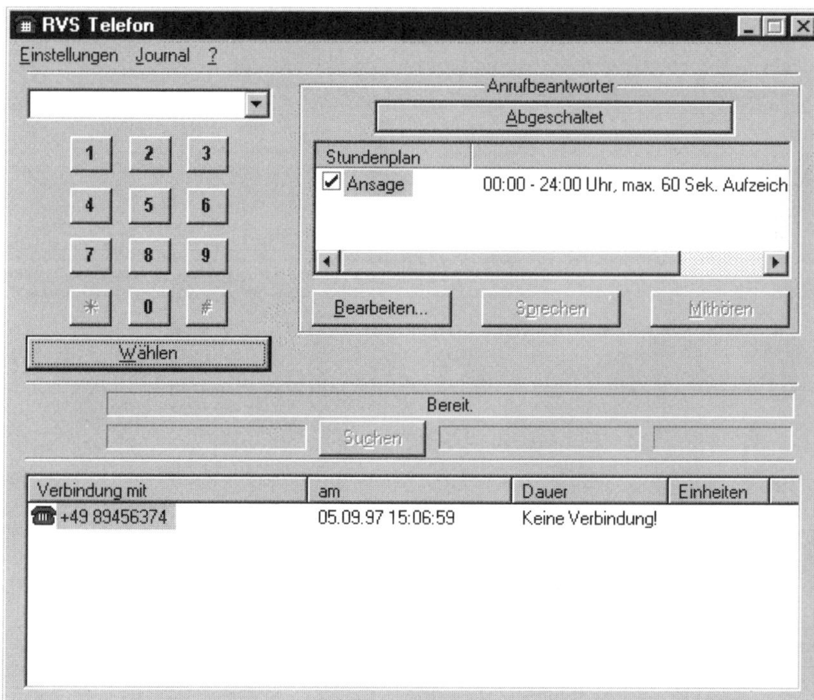

Bild 4.22: Das RVS Telefon arbeitet mit Exchange und Outlook zusammen.

RVS-COM verfügt ebenfalls über ein Telefonmodul. Wie alles bei diesem Programm steht auch hier die Zusammenarbeit mit Exchange oder Outlook im Mittelpunkt. Damit kann aus den Adreßbüchern dieser Standard-Programme heraus direkt gewählt werden. Eingehende Anrufe werden, wenn sie denn über ISDN kommen, identifiziert und angezeigt. Wenn Sie mit einem Telefonpartner weitergehende Daten verknüpfen, können Sie sich diese automatisch auf den Schirm zaubern lassen. Ein integrierter Anrufbeantworter rundet das ansonsten einfach gestrickte Programm ab.

4.3.4 Telefonie mit Fremdprodukten

Auch im Bereich Telefonie gibt eine ganze Reihe von Fremdprodukten. Und das sowohl für die herkömmliche ISDN-Telefonie als auch für die Internet-Telefonie, jenen Bereich, dem etwas von Abenteuer und großer Welt anhängt.

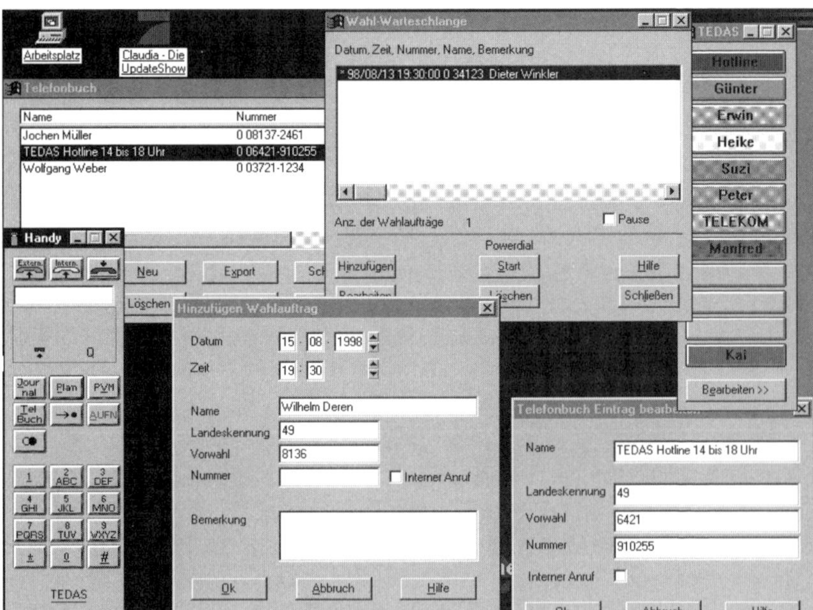

Bild 4.23: Mit einem Produkt wie Phoneware für ISDN läßt sich der PC zu einem Komforttelefon ganz besonderer Art aufrüsten. Die Module können einzeln oder zusammen – wie hier auf dem Desktop – frei genutzt werden.

Was ein ISDN-PC in Sachen Telefonieren alles auf die Beine stellen kann, zeigt ein Programm wie Phoneware für ISDN des Marburger Telefonie-Spezialisten TEDAS. Eine Stärke dieser Telefonie-Software ist das Zusammenspiel mit anderen Windows-Programmen. Das bedeutet in der Praxis enge Zusammenarbeit zwischen Phoneware-Telefonbuch und Office-Anwendung: Wird auf der einen Seite etwas geändert, zieht die andere Seite automatisch mit.

Damit lassen sich etwa in MS Access Adreßbestände mit dem Phoneware-Telefonbuch so verknüpfen, daß sich ein Eintrag in der einen Anwendung immer automatisch auf die andere auswirkt und Sie außerdem beim Telefonieren alle relevanten Zusatzinformationen im Blick haben. Durch die vielen automatischen Protokolle von Phoneware, das etwa jeden ausgehenden Anruf und jeden erkannten eingehenden Anruf einschließlich Namen vermerkt, ergeben sich hier ganz neue Anwendungsmöglichkeiten der automatischen Dateneingabe in Office-Anwendungen.

Eine weitere Stärke des Programms ist der Anrufbeantworter, der sich mit seiner weitverzweigten Struktur auch zum Aufbau komplexer Sprachboxen einsetzen läßt. Phoneware für ISDN bietet dabei als derzeit einziges Programm eine ausgereifte sprecherunabhängige Sprachsteuerung, mit der sich das Programm aus der Ferne sowohl abfragen als auch steuern läßt.

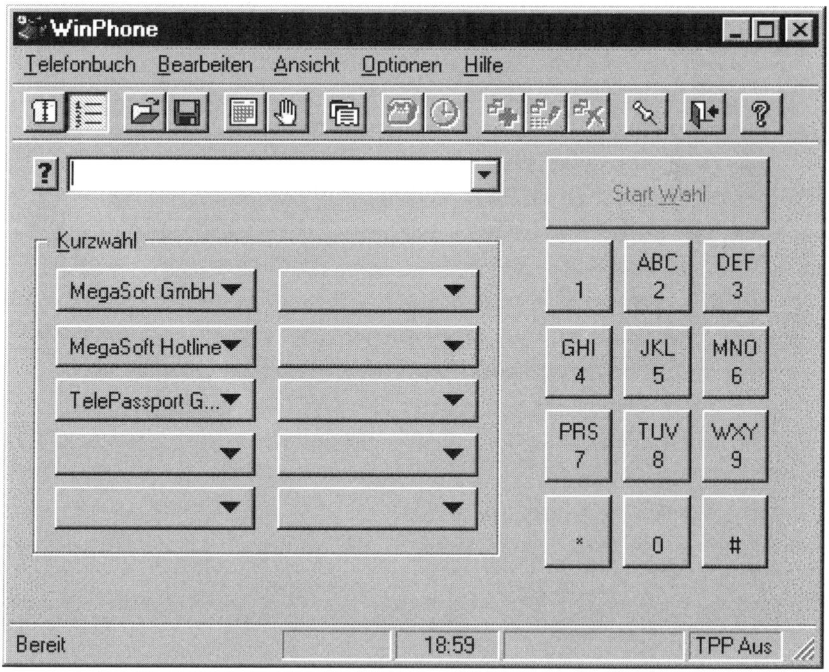

Bild 4.24: WinPhone kann auch direkt aus Internet-Seiten heraus wählen.

Ebenfalls auf eine lange Entwicklungsgeschichte kann WinPhone der Wiener Firma Megasoft verweisen. Das Programm bringt sämtliche Grundfunktionen auf den Punkt. Für das Zusammenspiel mit Office 97-Programmen zeigt es sich genauso vorbereitet wie für die Wahl aus einer Telefon-CD-ROM heraus. Von Haus aus beweist die Software Praxisnähe. So sind bereits Adreßbücher mit dabei, die internationale Vorwahlnummern, Software-Hotlines, CeBit-Aussteller und vieles mehr enthalten. Und wie auch bei Phoneware für ISDN können Sie sich Anrufpläne zusammenstellen, die immer zu rechten Zeit an Anrufe erinnern und bereit sind, den Wahlvorgang auf Mausklick zu starten.

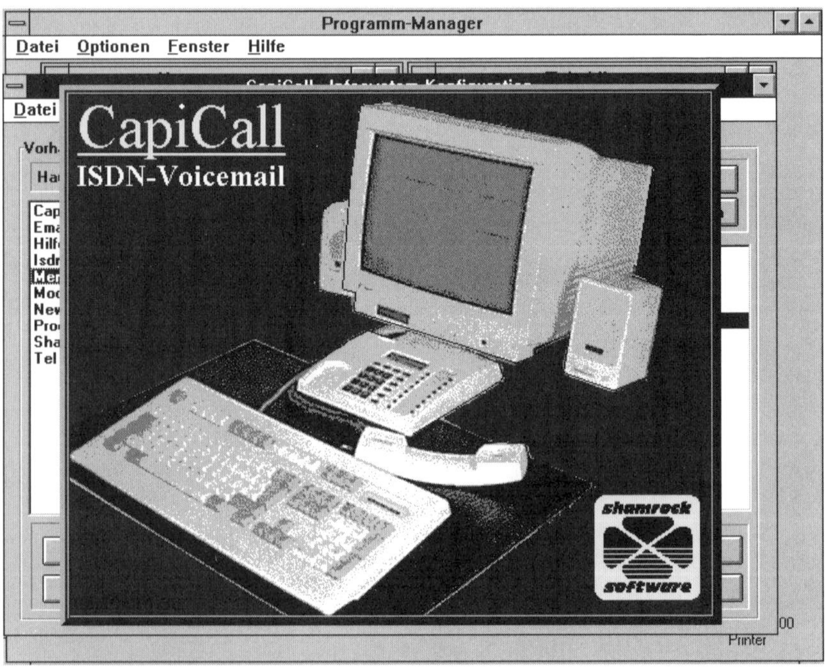

Bild 4.25: Als ISDN-Anrufbeantworter bietet sich CapiCall an. Mit diesem Programm ist es auch möglich, komplexe Voice-Mail-Systeme beispielsweise für Produktinformationen aufzubauen.

Sowohl Phoneware für ISDN als auch WinPhone helfen beim Sparen: Sie wickeln Telefonate zu teilweise drastisch reduzierten Gesprächskosten ab.

So wird es gemacht
Das Schöne an der Telefonie per ISDN-PC ist, daß Sie auch als Privatperson beim Telefonieren Geld sparen können. Denn normalerweise können Sie mit einem alternativen Telekommunikationsanbieter nur dann einen Vertrag abschließen, wenn Sie einen gewissen Monatsumsatz vorweisen können. Dafür stellt der Netzanbieter dann meist ein Stück Hardware beim Kunden auf, das Gespräche immer dann über ihn abwickelt, wenn sich das für den Kunden rechnet. Das ist meist bei Fern- und Auslandsgesprächen der Fall.

Mit einem PC haben Sie aber die Hardware schon im Haus. Alles, was Sie dann noch brauchen, ist eine Software, die den PC zum ISDN-Telefon macht. Und die darüber hinaus die Anbindung an einen alternativen Telekommunikationsanbieter bietet. Im Falle von Phoneware für ISDN und WinPhone ist der schnelle Weg zum kostengünstigen Telefonat bereits eingebaut und kann vom Kunden jederzeit genutzt werden.

Einen ganz anderen Weg, um Kosten zu sparen, bietet die Internet-Telefonie. Dazu wählen sich beide Partner bei ihrem Internet-Provider ein und bauen dann eine Direktverbindung auf.

Anwendungsbeispiel
Gerhard Strasser will mit seinem Freund Peter in Texas besonders preisgünstig telefonieren. Dazu ruft er ihn erst einmal ganz kurz über das herkömmliche Telefonnetz an, um mit ihm den Zeitpunkt des längeren Gesprächs auszumachen. Zum verabredeten Zeitpunkt schaltet er seinen PC ein und baut wie gewohnt die Verbindung zu seinem lokalen Internet-Provider auf. Danach lädt er seine Telefonie-Software und wählt Peter so an, wie es im Internet üblich ist: Nicht über seine gewöhnliche Telefonnummer, sondern über seine Internet-Adresse. Peter ist auch online und hat die gleiche Telefonie-Software geladen. Ein Klingeln aus seinen Lautsprecherboxen verrät ihm, daß Gerhard Strasser jetzt gesprächsbereit ist. Er klickt auf das Icon, das die Verbindung von seiner Seite aus aktiviert.

„Hi Peter, da bin ich“, sagt er. Die Soundkarte seines Rechners digitalisiert seine Gesprächseinleitung, die Telefonie-Software verpackt die Daten in einzelne Pakete und schiebt sie über den Internet-Provider in Richtung Texas. Wie es im Internet üblich ist, reisen die einzelnen Pakete über verschiedene Wege um die Welt. Am Empfangsort wartet die Telefonie-Software ab, bis alle zusammengehörenden Datenpakete ankommen sind und bringt sie in die richtige Reihenfolge. Ansonsten könnte es passieren, daß „da bin ich“ vor „Hi, Peter“ ankommt, falls auf dem Datenhighway eine Umleitung nötig war. Erst dann gibt das Programm die digitale Sprache zur Ausgabe an die Soundkarte weiter. Peter hört dies nun über seine eigenen Lautsprecher und kann sofort antworten.

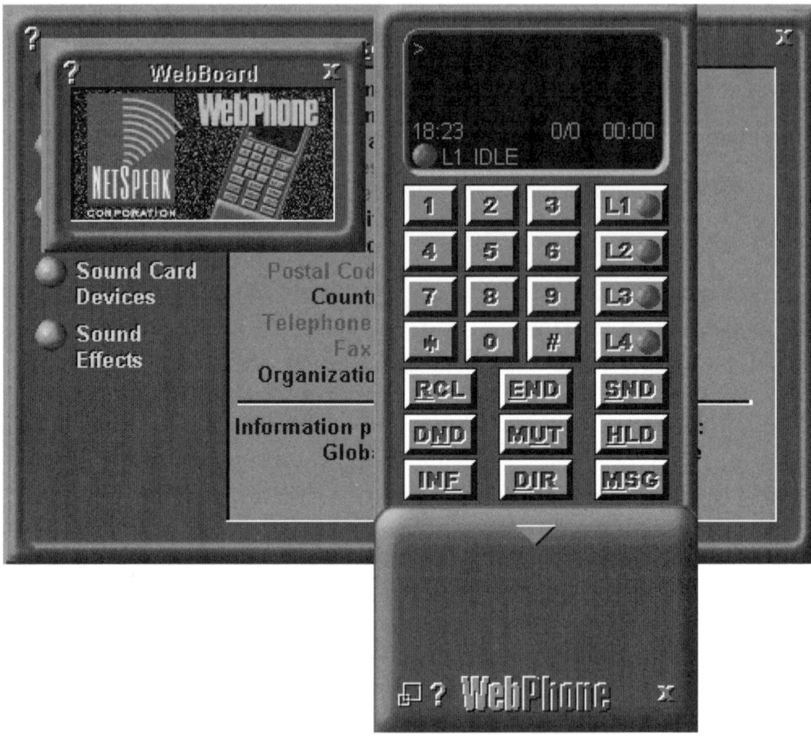

Bild 4.26: Ein Internet-Telefon in Aktion. WebPhone bietet Anrufer-Identifikation und Konferenzschaltung.

Worauf Sie achten müssen

Internet-Telefonie muß einige prinzipielle Hemmnisse überwinden. In keinem Telefonbuch der Welt findet sich die IP-Nummer von Gerhard Strasser. Schlimmer noch: Viele Online-Dienste wie AOL oder CompuServe teilen ihren Internet-Anwendern bei jedem Anruf eine andere IP-Nummer zu. Wenn der Rechner des Ansprechpartners zudem gerade nicht am Internet hängt, sprich für teures Geld online ist, dann ist er auch nicht erreichbar.

Außerdem müssen die Sprachpakete einen weiten Weg übers Internet zurücklegen und sich durch die hier alltäglichen Staus quälen. Da dauert es schon mal etwas länger, bis eine Äußerung am anderen Ende ankommt. Die Tonqualität kann zudem mit der eines herkömmlichen Telefons kaum mithalten.

Was Sie dafür benötigen

Eine gute Telefonie-Software sollte einfach zu installieren und zu bedienen sein. Gute Übertragungsqualität gehört zum guten Ton. Anrufidentifikation sollte zum Standard gehören, Konferenzschaltung, die Übertragung von Bewegtbildern – meist etwas großspurig als Video bezeichnet – und Dateitransfer sind ebenfalls in vielen Fällen sinnvoll. Probieren Sie am besten erst einmal frei erhältliche Telefonie-Software aus.

Allein im Sharewarebereich gibt es mittlerweile rund ein Dutzend Programme, die dafür in Frage kommen. Dazu gehören Freetel, Digiphone, Interphone und WebPhone. Wer den Internet Explorer 4.0 benutzt, ist fein raus: Das Tool Netmeeting gehört mit zum Lieferumfang.

http://www.microsoft.com/msdownload/netmeeting.htm ist die Internet-Adresse, von der Sie die Software herunterladen können. Auch der Netscape Navigator hat mit Cooltalk ein vergleichbares Modul mit an Bord.

Bild 4.27: Internet-Telefone können Sie sich – zumindest als Testversion – meist auch aus dem Internet herunterladen. So wie hier unter http://www.digiphone.com das Digiphone.

Dabei funktioniert Internet-Telefonie vom Ansatz her nur zwischen zwei Partnern, die gleichzeitig per PC im Internet sind und die richtige Software geladen haben. Am sichersten ist es nach wie vor, exakt die gleiche Software zu verwenden. Es gibt mittlerweile jedoch auch einen Ansatz, um zwischen PC und Telefon zu telefonieren.

Die Internet-Telefonie ist ein recht junges Gebiet. Dementsprechend hapert es noch mit der Kompatibilität. 1997 hat sich jedoch die International Telecommunication Union ITU dieser Technologie angenommen und einen Standard namens H.323 verabschiedet.

Die Software Net2Phone hat Pionierarbeit geleistet, um den Telefonweg zwischen PC und Telefon zu ebnen. Dabei bedient sich die Firma IDT, die dieses Konzept entwickelt hat, eines Tricks: Über den eigenen Provider bauen Sie eine Verbindung zu einem IDT-Knotenpunkt auf. Das Routing genannte Weiterleiten des Telefonats übernimmt dann IDT. Viele andere Anbieter im Callback-Bereich verfolgen sehr interessiert diese Entwicklung. „In vier bis fünf Jahren wird die Internet-Telefonie auch im professionellen Bereich eine große Rolle spielen“, so etwa Martin Kaiser, Geschäftsführer des Callback-Anbieters Eurogate.

4.4 Fernbedienung und Fernwartung

Aus der Ferne auf den eigenen oder auch auf einen fremden PC zuzugreifen, kann in vielen Fällen Sinn machen. Im Grunde genommen ist das nichts anderes als das, was passiert, wenn Sie Dateien mit einem anderen Rechner austauschen wollen. Einige der in Abschnitt 4.1 vorgestellten Programme bieten sehr weitreichende Fähigkeiten, um nach einem einmal erfolgten Zugriff auf der Platte des anderen Rechners herumwühlen zu können.

4.4.1 Was alles möglich ist

Dabei gehen diese Programme davon aus, daß sich zwei Anwender lediglich über eine ISDN-Verbindung zusammentun, um Daten hin und her zu schieben. Etwas anderes ist es allerdings, wenn Sie beispielsweise von Zuhause auf Ihren eigenen Büro-PC zugreifen wollen, um dort eben noch mal Excel aufzurufen und einige Berechnungen zu vollenden. Diese Art Fernsteuerung ist mit einem Programm zur reinen Datenübertragung nicht möglich, da muß schon etwas anderes ran.

In Windows 95 ist bereits ein solches Fernsteuer-Programm eingebaut, nämlich der Remote Access Service, kurz RAS. Allerdings nur die eine Hälfte. Denn um so richtig fernsteuern zu können, muß auf der einen Seite jemand aktiv in den Prozeß einsteigen – der Client. Und auf der anderen Seite muß etwas da sein, was auf den Fernsteuerprozeß eingeht – der Server. In Windows 95 ist aber lediglich die Client-Seite eingebaut. Die Server-Seite bekommen Sie, wenn Sie das Plus-Pack zum Betriebssystem erwerben.

RAS hat jedoch eine schwere Macke: Es überträgt zuviel Daten. Denn es werden immer sämtliche Daten, also aufgerufene Programme und Speichervorgänge, über die Leitung gejagt. Es liegt auf der Hand, daß ein solcher Schwertransport alles andere als schnell ist. Auch per ISDN ufert bereits der Start eines kleinen Programms zu einer Angelegenheit von mehreren Minuten aus. Damit taugt RAS in der Praxis als reines Datenübertragungs-Programm ähnlich den in Kapitel 4.1 vorgestellten Produkten, zu mehr nicht.

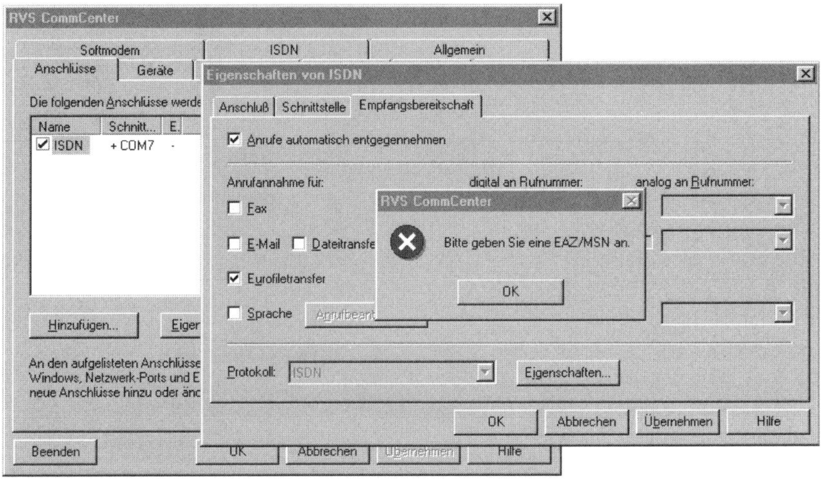

Bild 4.28: Das Programm RVS-COM stellt einige grundlegende Funktionen zur Fernsteuerung zur Verfügung. Dabei ist es wichtig, die richtige Telefonnummer einzugeben.

4.4.2 Was Sie dafür brauchen

Anders ist das bei spezialisierter Software wie LapLink oder pcAnywhere. Mit diesen Programmen wird nur ein Prozeß auf einem ferngesteuerten Rechner angestoßen – und zurück werden nur die relevanten Bildschirminhalte geschoben. Zusätzlich belasten nur noch die Tastenanschläge und die Bewegungen der Maus den Datentransfer. Auf diese Weise erreichen Sie mit solchen Programmen durchaus Geschwindigkeiten, mit denen sich arbeiten läßt.

4.4.3 Fernzugriff mit mitgelieferten Produkten

Bereits mit Programmen wie FRITZ!data können Sie auf einen anderen Rechner zugreifen. Dort allerdings Programme zu starten, ist dann nicht möglich. Im TELES.OnlinePowerPack bietet das Modul Wysiwis eine interessante Option, ermöglicht es doch zwei Nutzern, die via ISDN miteinander verbunden sind, gleichzeitig an einem Dokument zu arbeiten. Damit sind insgesamt die Möglichkeiten der mitgelieferten Programme bereits ausgereizt. Alleine RVS-COM bietet einen Fernzugriff, der allerdings hinter den Möglichkeiten leistungsfähiger Produkte zurückbleibt. Immerhin ist es möglich, einen Server und einen Client einzurichten.

Steht die ISDN-Verbindungen zwischen den beiden Seiten, dann kann über einen Datei-Manager auf den ferngesteuerten PC zugegriffen werden. Auf der Festplatte des anderen Rechnerns können Sie sich frei bewegen und die üblichen Dateioperationen durchführen.

4.4.4 Fernzugriff mit Fremdprodukten

LapLink für Windows hat als kleines Tool für den Datenaustausch begonnen und sich nun zu einem Kommunikationswerkzeug gemausert, das sowohl bei Infrarot-Verbindungen zwischen PC und daneben stehendem Notebook Stärken zeigt als auch bei jeder Art von Weitverkehrsverbindung. Mittlerweile ist es sogar möglich, einen PC über das Internet fernzusteuern und damit Dateiübertragung und Dialog weltweit zum Ortstarif zu nutzen.

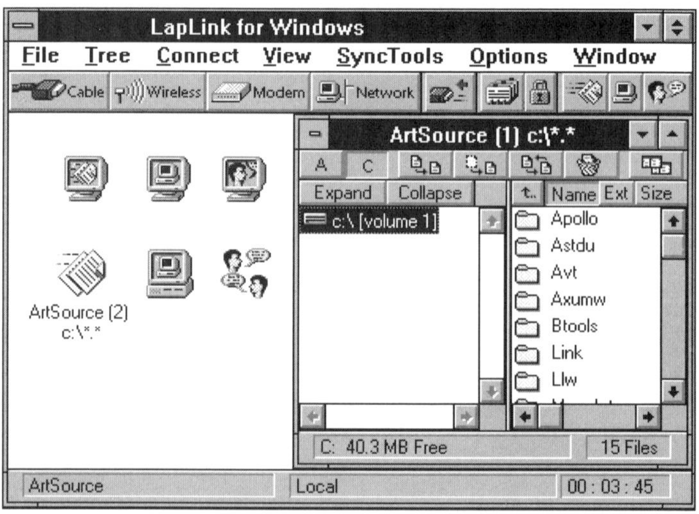

Bild 4.29: LapLink international: Auch mit der amerikanischen Fassung lassen sich deutsche Programm-Versionen fernsteuern.

Die Entwickler der Firma Travelling Software haben sich eine ganze Reihe neuer Features einfallen lassen, die die Arbeit wesentlich erleichtern und beschleunigen. So werden nach dem Ändern einer Datei nur die geänderten

Teile übertragen und nicht mehr die ganze Datei – das spart Telefongebühren. Außerdem unterstützt LapLink die Zwischenablage des PC während der Fernsteuerung. Damit können Sie sowohl auf dem ferngesteuerten PC als auch auf dem PC vor Ort mit Kopieren, Einfügen und Ausschneiden arbeiten.

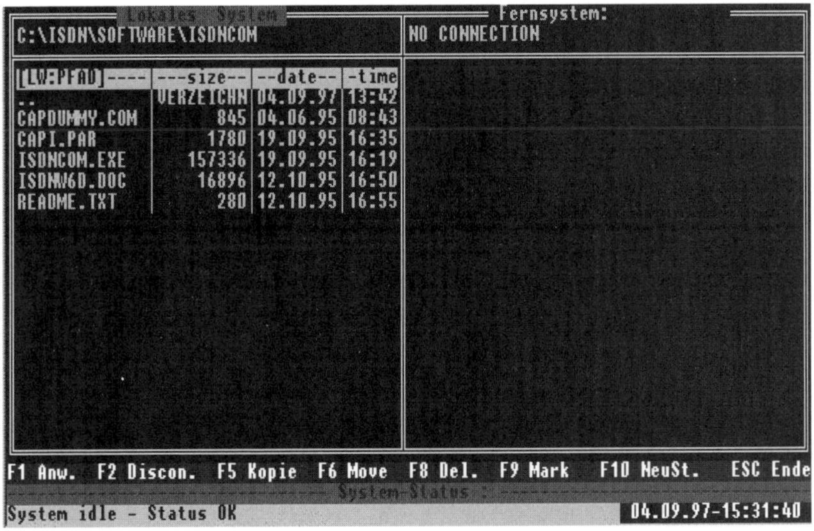

Bild 4.30: Auch im Shareware-Bereich gibt es Programme, die den Fernzugriff auf andere PC gestatten. Der Leistungsumfang bleibt hinter professionellen Lösungen zurück, aber dafür laufen sie meist auch unter älteren Windows-Versionen.

Der neue Xchange-Dienst ermöglicht, die Synchronisation von einem oder mehreren Verzeichnissen automatisch ablaufen zu lassen. Auch pcAnywhere aus dem Hause Symantec bietet eine solche Option, nur heißt sie hier AutoXer. Das leistungsstarke Programmpaket schickt die Daten bei Bedarf auch gleich virengeprüft auf die Reise; der integrierte Norton AntiVirus macht es möglich. Neben allen wichtigen Grundfunktionen, die denen von LapLink grundsätzlich ähneln, bietet sich das auf nur vier Disketten daherkommende Programmpaket vor allem auch für die Fernwartung an: Es unterstützt alle wichtigen Netzwerke und erlaubt den gleichzeitigen Zugriff auf mehrere Rechner.

Für Alltagsaufgaben, etwa den direkten Datentransfer zwischen zwei Rechnern oder die Fernsteuerung eines Rechners, zeigt sich pcAnywhere ebenfalls bestens gerüstet. Im Lieferumfang ist sogar ein Kabel enthalten, das Sie einfach auf die parallelen Druckerschnittstellen von zwei PC stecken können, wodurch sie somit direkt zu einer Art Mini-Netzwerk zusammengekoppelt werden. Eine Reihe von Assistenten helfen dabei weniger erfahrenen Anwendern schnell auf die Sprünge.

Die konsequente Einbindung in Windows 95 mit voller Anbindung an andere Programme etwa über OLE 2.0 sorgt außerdem dafür, daß sich der Umgang mit dem Programm relativ reibungslos gestaltet. Wer nicht auf Windows 95 setzt, muß allerdings eine ältere Version von pcAnywhere einsetzen. Diese unterstützt zwar kein ISDN, aber auch hier gibt es Abhilfe: Von der Petershausener Firma Shamrock kommt das Programm ISDN-Tools, mit der sich auch pcAnywhere-Versionen für Windows 3.1 und 3.11 über ISDN nutzen lassen.

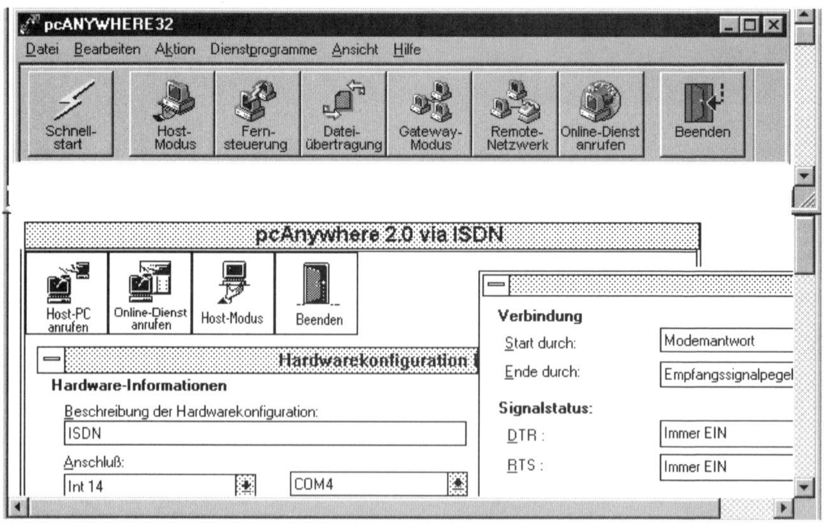

Bild 4.31: pcAnywhere in Aktion. Unten im Bild die ISDN-Tools mit dem Modul pcAnywhere via ISDN, mit dessen Hilfe auch ältere Windows-Versionen des Programms Fernwartung über ISDN vornehmen können.

4.5 Videokonferenzen

Videokonferenzen klingen nach Geschäft, nach Vorstandsitzungen und seriösen Herren, die in weit voneinander entfernten Büros oder Tagungsräumen sitzen und konzentriert über Lebenswichtiges, zumindest aber über Chancen und neue Märkte konferieren. Diese Seite decken Videokonferenzen per ISDN sicherlich ab. Doch daneben gibt es eine Video-Bewegung von der Internet-Basis, die mehr durch Lust als durch Konzernbilanzen geprägt ist.

Wie auch bei der Telefonie und beim Videoconferencing wachsen dabei der professionelle Bereich und der Massenmarkt mit den Internet-Lösungen zusammen. Damit bleibt es dem Anwender überlassen, von Fall zu Fall zu entscheiden, welche Art der Verbindung er benutzen will: Top-Qualität zu recht üppigen Preisen oder die schmalbrüstige Lösung für wenig Geld über das Internet.

Bild 4.32: Mit Hilfe eines Systems wie des PictureTel Live200 können Sie parallel zum Videobild gemeinsam auf Anwendungen und Daten zugreifen. Sogar Faxen ist über das System möglich.

4.5.1 Was alles möglich ist

Sich Auge in Auge zu sehen, ohne lange Reisen in Kauf nehmen zu müssen – das ist für viele ein Grund, sich mit Videosystemen auseinanderzusetzen. Das Einsparen von Reisekosten im professionellen Bereich ist dabei sicher nur ein Aspekt. Ein ganz anderer ist, daß schnellere Reaktionszeiten möglich sind.

Denn Video per ISDN kann mehr, als nur das Konterfei eines Gesprächsteilnehmers auf den Bildschirm zaubern. Über das sogenannte Application-Sharing ist es möglich, die Programme eines Rechners gemeinsam zu nutzen. Spezielle Programme brauchen so nicht mühselig auf einem anderen Rechner installiert zu werden. Noch markanter sind die Vorteile des Document-Sharing. Dieses Feature ermöglicht es, daß beide Parteien an ein und dem selben Dokument arbeiten. So kann ein Teilnehmer ein Dokument öffnen und dem anderen Teilnehmer mit der Maus entsprechende Stellen zeigen, die er gleichzeitig über die Videoverbindung kommentiert. Der zweite Teilnehmer kann seinerseits den Mauspfeil übernehmen und Änderungen in dem Dokument durchführen, die natürlich auf der anderen Seite der Verbindung sofort sichtbar werden. Bei professionellen Lösungen wird dabei über zwei B-Kanäle gearbeitet. Dabei werden die beiden Kanäle abhängig von den Aktivitäten der Videokonferenzteilnehmer eingesetzt. Bei einer reinen Videokonferenz werden beide Kanäle für die Bild- und Sprachübertragung verwendet. Sollen auch Daten übertragen werden (zum Beispiel ein Dokument) wird ein Kanal für die Datenübertragung und der zweite für das Videobild verwendet.

Ganz ähnlich sind auch die Ansätze übers Internet, die allerdings im Gegensatz zur Videokonferenz über herkömmliche ISDN-Wählverbindungen allen Instabilitäten des nach wie vor chaotisch strukturierten Netzes ausgeliefert sind. Natürlich sind auch die Bildqualität und die Geschwindigkeit für Document-Sharing et cetera erheblich geringer.

4.5.2 Was Sie dafür brauchen

Sie können auch ganz ohne zusätzliche technische Ausstattung Video über einen ISDN-PC betreiben. Und zwar als sogenannter Lurker, der nur zuschaut, was andere so treiben. Video gucken statt Video gestalten, lautet dann das Motto: Eine ganz spezielle Art des Fernsehens. Wobei Sie die Silbe „Fern“ durchaus Ernst nehmen können, landen Sie bei solcherart Beschäftigung doch fast zwangsläufig häufig in den USA.

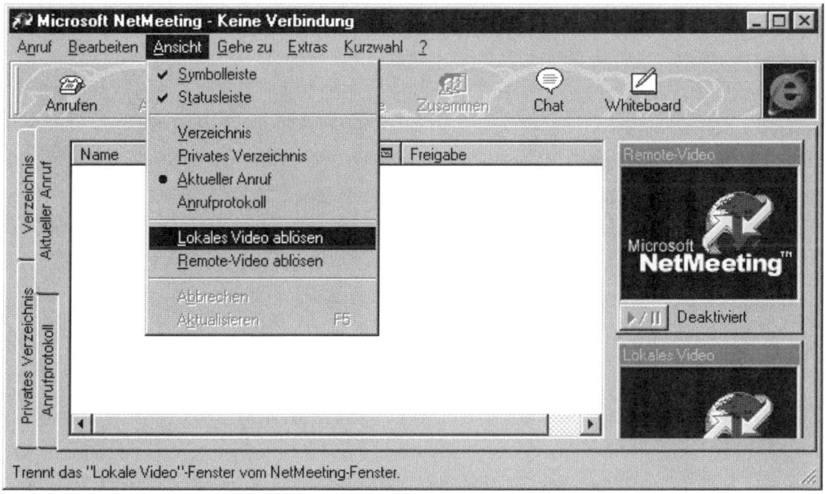

Bild 4.33: Im Internet Explorer 4.0 ist das neue Netmeeting mit an Bord, das auch zum Videoplausch einlädt.

Bildtelefonie, Videokonferenz, übers Internet mit Bewegtbildern chatten – was da mit so unterschiedlichen Begriffen beschrieben wird, ist auch durchaus unterschiedlich zu verstehen. Der Lurker ist ein Phänomen des Internets, in dem zur Zeit eine Spielwiese für Videoübertragungen angelegt wird. Daß Bewegtbilder dabei einzelne Verbindungen durchaus in die Knie zwingen können und alles nur im Schneckentempo vor sich geht, ist kein Wunder. Denn schließlich gestaltet sich schon die Telefonie übers Internet als störanfällig genug.

Aber auch mit einer festen ISDN-Leitung geht es nicht ohne Ruckeln ab und selbst, wenn Sie zwei Leitungen zusammenpacken, ist das Ergebnis eher mit dem Abspielen einer schlecht überspielten VHS-Kassette vergleichbar als mit dem einer ruckelfreien Fernsehübertragung.

Wer am Geschehen ernsthaft teilnehmen will, braucht die dazu die passende Ausrüstung. Je schneller und besser ausgestattet ein Rechner ist, desto größer ist die Chance, daß Bewegtbilder nicht stehen bleiben. Wenn Sie nur mal ins Videotreiben des Internets hineinschnüffeln wollen, können Sie das allerdings ohne größeren Aufwand tun. Prinzipiell sind ab gut ausgestatteten 486ern alle Windows-PC in der Lage, es mit Videoübertragung aufzunehmen. Dabei können Sie auch mit Windows 3.x zufriedenstellende Ergebnisse erwarten – sofern Sie eine Software einsetzen, die nicht erst ab Windows 95 läuft.

Bild 4.34: Das Mutimedia-Zentrum von Teles erlaubt parallel zur Videoübertragung auch das gemeinsame Arbeiten an Dokumenten.

Dazu kommt dann noch ein Auge für den PC, sprich, eine Kamera. Damit Sie nicht nur hören, sondern auch sehen können, sind eine Soundkarte, Mikrofon und Lautsprecher nötig. Zum Senden von Videos wird außerdem ein sogenanntes Capture-Board nötig. Bei professionellen Lösungen, die heutzutage zumeist noch einen Bogen um das Internet machen, gehört eine entsprechende Ausstattung zu einem Komplettangebot. Für Gelegenheitsnutzer eignet sich als elektronisches Auge auch eine Quick Cam, die das eigene Konterfei einfängt und über den parallelen Druckeranschluß an den PC bringt: Ein solches Video-taugliches Gerät mit geringer Auflösung ist kaum teurer als eine passive ISDN-Karte.

4.5.3 Videokonferenzen mit mitgelieferten Produkten

Netmeeting ist das Microsoft-Tool für Multimedia-Kommunikation via Internet. Bereits im Internet Explorer 3.0 war es integriert, die neue Version bietet darüber hinaus noch weitergehende Möglichkeiten. Mit Video-Optionen ausgestattet, schlägt es jetzt auch optisch die Brücke zu einem Gesprächspartner. Erfreulich ist dabei, daß alle Kommunikationsbedürfnisse unter einer Oberfläche zusammengefaßt sind.

Mit Netmeeting können sie sowohl lokale als auch übers Internet laufende Videos verfolgen. Damit ist die Aufrüstung eines Mediums vom Austausch schriftlicher Mitteilung hin zu einem Konferenzsystem, bei dem Sie sich Aug in Aug mit Ihren Gesprächspartnern austauschen können, einen wesentlichen Schritt weitergekommen. Allerdings muß sich noch einiges am Internet verändern, bevor Sie hiermit richtige Videokonferenzen betreiben können.

Im TELES.OnlinePowerPack sind zwei Programme integriert, die es mit Bewegtbildern zu tun haben. Der Teles Vision Starter kann in der Grundversion bereits hergenommen werden, um Kontakt mit Bildtelefonen aufzunehmen. Dabei bleibt die Mattscheibe beim Gesprächspartner allerdings dunkel, es sei denn, Sie rüsten mit der optional erhältlichen Kamera auf. Mit dem integrierten Recorder können Videofilme lokal oder während einer Verbindung aufgenommen werden. Mit der nötigen Hardware nachgerüstet, können Sie den Teles Vision Starter zum vollständigen Videokonferenzsystem ausbauen.

Auch das Teles Multimedia Control Center bietet Bewegtbildübertragung – und das bei Bedarf mit paralleler Datenübertragung. Damit liegt hier auch der Schwerpunkt anders als beim Teles Vision Starter. Denn es ist möglich, gleichzeitig von beiden Seiten auf Programme zuzugreifen, während eine Abstimmung wahlweise per Telefon oder Video stattfindet. Eine erstaunliche Leistungsvielfalt, wenn Sie bedenken, daß diese Programme preiswerten ISDN-Karten beiliegen.

4.5.4 Videokonferenzen mit Fremdprodukten

Zahlreiche Anbieter wie PictureTel und Siemens bieten Lösungen für Unternehmen an, die professionell Videokonferenzen nutzen wollen. Dazu gehört dann auch jede Menge Hardware, wie etwa Konferenzprojektoren für die Videokommunikation. Für den Internet-Interessierten gibt es dagegen genug, was sich unverbindlich bestaunen und testen läßt. Beispielsweise Cuseeme, die Kurzform von „See you, see me“.

Und wie man sich sehen kann. Das Videoprogramm läßt sich etwa im White Pine Cafe bestaunen, http://www.cu-seeme.com lautet die zugehörige Internet-Adresse. Von dort können Sie es sich auch herunterladen. Mit dem Programm können Sie ohne jegliche Ausrüstung sofort loslegen, da es sich als reiner Video-Player fürs Internet nutzen läßt. Wer richtig am Geschehen teilnehmen will, muß dann aber doch noch seinem PC ein Auge spendieren.

Bild 4.35: Cuseeme zeigt, was in Sachen Kommunikation übers Internet heute schon alles möglich ist.

4.6 ISDN-Shareware

Es gibt mittlerweile bereits eine ganze Reihe kleinerer und größerer Hilfsprogramme, die das Leben mit einem ISDN-PC erleichtern können. Viele von ihnen werden als Shareware angeboten, lassen sich also ganz bequem testen, bevor Sie sich zum dauernden Gebrauch entscheiden und dann auch bezahlen müssen. Diese Programme erhalten Sie sowohl in Mailboxen, Online-Diensten als auch im Internet. Oder Sie lassen sie sich von einem Shareware-Anbieter nach Hause schicken. Eine weitere Quelle sind CD-ROMs, wie sie Fachzeitschriften beiliegen.

Einige dieser Programme wurden in diesem Kapitel bereits vorgestellt. Doch gerade im Bereich Hilfsprogramme können Sie im Shareware-Bereich einige wenige Perlen entdecken, die Ihnen das Leben mit einem ISDN-PC erleichtern können. Eine dieser Perlen ist das Programm W-Online, das Klarheit darüber verschafft, wann was wieviel kostet, wenn Sie wieder online waren. Eine Datenbank gehört mit zum Programm, in das Sie einen Kommunikationspartner einmal inklusive Tarifzone eingeben müssen. Anhand der Verbindungszeit und der aktuellen Uhrzeit, die Aufschluß über den aktuellen Tarif gibt, errechnet es fortan immer die entsprechenden Gebühren dieses Anschlusses und trägt sie in eine übersichtliche Tabelle ein. Sobald ein Programm auf die CAPI 1.1 oder CAPI 2.0 zugreift, fängt der Ticker an zu zählen.

Bild 4.36: Wer dem Programm W-Online die Überwachung seines PC-Anschlusses überläßt, ist über die Gebühren von Online-Verbindungen genau im Bilde.

Wer wissen will, was sich auf seinen ISDN-Leitungen tut, kommt auch mit einem anderen Ansatz weiter, nämlich mit einem sogenannten ISDN-Monitor. Ein solches Programm ist das Graphitti Phone. Es hält penibel jeden Anruf fest und sogar die Rufnummer, sofern der Anrufer ebenfalls ISDN benutzt. Dabei werden die Anrufe sauber nach den jeweiligen MSN aufgelistet. Das Programm läßt sich bei Bedarf in die Taskleiste verschieben und signalisiert dort dann ankommende Anrufe.

Doch Graphitti Phone kann noch deutlich mehr: Es verschickt auf Wunsch Kurznachrichten oder auch ganze Dateien per ISDN. Wenn Sie regelmäßig mit Kommunikationspartnern Mitteilungen austauschen wollen, ist das eine gute Alternative zur herkömmlichen Post. Denn der Versand geht nicht nur schneller, als wenn Sie einen Online-Dienst oder Internet-Provider dazwischenschalten, er ist auch billiger: Das Abschicken kostet bei kompakten Daten nur eine Gebühreneinheit.

5 Anhang

5.1 Glossar

1TR6-Protokoll
➪Euro-ISDN

a/b-Adapter, a/b-Wandler
Ein a/b-Adapter, auch a/b-Wandler genannt, dient als Verbindungsstück zwischen einem herkömmlichen (analogen) Telefon, Fax oder Anrufbeantworter und der ISDN-Anschlußdose. Sie können in der Regel zwei herkömmliche (analoge) Endgeräte an den a/b-Adapter anschließen und unabhängig voneinander betreiben. Den a/b-Adapter schließen Sie direkt an den ISDN-Anschluß der Deutschen Telekom (➪NT / NTBA) oder an eine ISDN-Anschlußdose (➪IAE-Dose) an. a/b-Adapter können nur an Mehrgeräteanschlüssen eingesetzt werden.

Account
Bezeichnung für die Zugangsberechtigung zu einem Internet-Provider, einer Mailbox oder einem Online-Anbieter. Enthält meist den Benutzernamen und das Paßwort.

Aktive ISDN-Karte
ISDN-Karte mit eigenem Prozessor zur Entlastung des PC. Aktive Karten sind deshalb wesentlich teurer als einfacher konzipierte Karten (➪Semiaktive ISDN-Karte, ➪Passive ISDN-Karte).

Anlagenanschluß
Bei der Anschlußvariante „Anlagenanschluß" kann nur ein Gerät direkt an die Anschlußdose (➪NT / NTBA) der Deutschen Telekom angeschlossen werden. Dies ist sinnvollerweise eine ➪Tk-Anlage. Beim Anlagenanschluß erhalten Sie eine Kopfnummer (zum Beispiel 9 05 05-0) und eine einstellige Durchwahlnummer (0-9).

AOL
Abkürzung für America Online, weltgrößter Online-Dienst mit Modem- und ISDN-Zugängen. Die ISDN-Verbindung läuft normalerweise über ➪ Fossiltreiber.

AT-Befehlssatz
Kommandosprache zur Steuerung eines Modems. Wird von herkömmlichen Kommunikationsprogrammen genutzt und ist damit auch für die Steuerung von ISDN-Adaptern (⇨ISDN-Adapter) wichtig. Auch Hayes-Befehlssatz genannt.

Basisanschluß
Die Deutsche Telekom unterscheidet zwischen dem Basisanschluß mit zwei B-Kanälen (⇨B-Kanal) und dem Primärmultiplexanschluß mit 30 B-Kanälen. Für den privaten und freiberuflichen Einsatz ist nur der Basisanschluß relevant. Den Basisanschluß können Sie als ⇨Anlagen- und ⇨Mehrgeräteanschluß beantragen.

Bit pro Sekunde
⇨bps

B-Kanal
Als B-Kanal bezeichnet man den für Gespächs- oder Datenverbindungen nutzbaren Kanal (Leitung) des ISDN-Anschlusses. Ein ISDN-Basisanschluß stellt Ihnen zwei voneinander unabhängig nutzbare B-Kanäle zur Verfügung.

bps
Bits **p**ro **S**ekunde. Eine in der Datenübertragung verwendete Einheit, um Übertragungsgeschwindigkeiten anzugeben. Um von diesem Wert ungefähr auf die Anzahl der pro Sekunde übertragenen Byte zu kommen, teilen Sie den Wert durch zehn und addieren zehn Prozent hinzu. Ein Modem, das mit 28.800 bps arbeitet, kommt so unter idealen Bedingungen auf eine Nettoübertragungsrate von rund 3200 Byte pro Sekunde.

Browser
Softwareprogramm, mit dem die HTML-Seiten des World Wide Web (WWW) auf dem Bildschirm dargestellt werden können.

CAPI
Abkürzung für Common ISDN Application Programming Interface; vermittelt zwischen geeigneter PC-Software wie dem T-Online-Decoder und ISDN-Hardware. Aktuell sind die CAPI 1.1 und 2.0. Nicht jede Anwendung kann mit jeder CAPI zusammenarbeiten.

CompuServe
Weltweit zweitgrößter, mittlerweile zu ⇨AOL gehörender Online-Dienst mit Modem- und ISDN-Zugängen. Die ISDN-Verbindung läuft normalerweise über das ⇨DFÜ-Netzwerk und über ⇨Fossiltreiber.

Datenübertragungsrate
Maß für den Datentransfer. Oft salopp, aber streng genommen falsch als Geschwindigkeit einer Datenübertragung bezeichnet.

DFÜ-Netzwerk
Ein Programm für eine spezielle Art von Kommunikation zwischen zwei Rechnern. Das DFÜ-Netzwerk von Windows 95 etwa wird genutzt, um auf ➪Internet-Provider zuzugreifen. Über das DFÜ-Netzwerk können PC auch ferngesteuert werden.

D-Kanal
Auf diesem Kanal werden im ISDN Steuerinformationen ausgetauscht. Notwendig für jede ISDN-Kommunikation.

E-Mail
Elektronische Post, die mittlerweile auch diensteübergreifend funktioniert.

EuroFile-Transfer
Wichtiger Standard für die Dateiübertragung über ISDN; kurz EFT. Ergänzend gibt es Firmennormen wie ISDN-Trans von AVM, die den Datenaustausch zwischen ISDN-Adaptern der gleichen Firma optimieren.

Euro-ISDN
Damit ISDN funktioniert, müssen sich die Geräte untereinander verständigen. Dies geschieht in einer eigenen Sprache, die in sogenannten Protokollen definiert ist. Anfangs hat die Deutsche Telekom mit dem Protokoll ➪1TR6, dem nationalen Protokoll gearbeitet. Dieses ist zu Euro-ISDN nicht kompatibel. Mittlerweile hat man sich aber in Europa auf ein gemeinsames Protokoll, das E-DSS1, auch als Euro-ISDN bezeichnet, geeinigt. Die Übersetzung zwischen den verschiedenen Protokollen wird von der Deutschen Telekom automatisch vorgenommen und hat keinen Einfluß auf Ihre Arbeit. Sie brauchen sich darum nicht zu kümmern.

Fossiltreiber
Setzt Modem-Befehle (➪AT-Befehlssatz) in CAPI-Befehle (➪CAPI) für die ISDN-Hardware um. Damit lassen sich auch herkömmliche Kommunikationsprogramme fürs ISDN nutzen. Am bekanntesten sind hier die cFos-Treiber.

FTP
Abkürzung für File Transfer Protocol; standardisiertes Protokoll für Dateiübertragungen im Internet.

G3-Fax
Die heutige analoge Faxnorm, die auch im ISDN-Zeitalter noch die domierende Rolle spielt.

G4-Fax
Faxnorm für digitale ISDN-Faxgeräte, die mit einer Übertragungsgeschwindigkeit von 64.000 Bit pro Sekunde arbeiten.

HDLC
Abkürzung für High Level Data Link Control. Sicherheitssystem als Basis für gesicherte (ISDN)-Datenübertragung.

Herunterladen
Übertragen von Programmen von einem Online-Anbieter, Internet-Povider oder einer Mailbox zu einem einzelnen PC. Auch als Download bezeichnet.

Homepage
Startseite einer Präsentation im Internet.

I/O-Adressen
Input/Output-Adressen, Adreßbereich für Ein- und Ausgaben, der bei der Installation vieler ISDN-Karten per Hand eingestellt werden muß.

IAE-Dose
Als IAE-Dose bezeichnet man eine Anschlußdose für ISDN-Geräte. Sie erkennen eine IAE-Dose an den rechteckigen Buchsen.

Interngespräche / interne Gespräche
Mit Hilfe einer ⇨Tk-Anlage können kostenlos Gespräche (Interngespräche) zwischen zwei Telefonen geführt werden. Beide Telefone müssen dazu an der gleichen Tk-Anlage angeschlossen sein.

IP-Adresse
Spezielle 32-Bit-Adresse, unter der ein Rechner während einer Internetverbindung zu erreichen ist.

ISA-Karten
ISA steht für Industry Standard Architecture. ISDN-Karten, die diesem Standard genügen, können auch nur in ISA-Steckplätzen eingesteckt werden, nicht aber in den moderneren PCI-Plätzen (⇨PCI-Karten).

ISDN / T-Net-ISDN
ISDN ist ein internationales Leitungsnetz, über das Sprache und Daten in einem digitalen Format übermittelt werden. In Deutschland wird ISDN unter

der Bezeichnung T-Net ISDN von der Deutschen Telekom angeboten. Die digitale Übertragung sorgt für eine optimale Übertragungsqualität und eine hohe Übertragungsgeschwindigkeit. Um Geräte an das ISDN anschließen zu können, müssen diese ISDN-tauglich sein (zu erkennen am Zusatz ISDN im Namen) oder über einen Adapter (➪a/b-Adapter) beziehungsweise eine ➪Tk-Anlage mit dem ISDN-Anschluß verbunden werden.

ISDN-Adapter
Gerät zur Übertragung digitaler Daten von einem Computer über das Telefonnetz via ISDN, mitunter fälschlich als ➪ISDN-Modem bezeichnet. Es gibt externe Terminaladapter und interne ISDN-Adapter.

ISDN-Modem
Auch Hybrid-Modem genannt. Vereint ➪ISDN-Adapter und herkömmliches Modem in einem Gerät.

Kanalbündelung
Nutzung von gleichzeitig zwei oder mehr B-Kanälen. Bei einem üblichen ISDN-Anschluß können beide B-Kanäle (➪B-Kanal) gebündelt werden und somit maximal 128. 000 Bit pro Sekunde übertragen werden.

Komprimieren
Verfahren zur Verdichtung von Daten; bewirkt vor allem bei Bild- und Multimedia-Dateien eine erhebliche Reduzierung der Dateigrößen. Komprimiert lassen sich Dateien schneller per ISDN austauschen.

Konferenz
Spezielle Kommunikation mehrerer Anwender gleichzeitig via PC. Konferenzen finden im Internet, in Mailboxen und in Online-Diensten statt.

Konfiguration
Anpassung einer ISDN-Karte oder eines entsprechenden Programmes an die vorhandene Rechnerausstattung des jeweiligen Anwenders.

Mailbox
Spezieller Online-Dienst. Bietet meist ein Software-Archiv, die Vermittlung elektronischer Post und weitere Dienste. Es gibt private, kostenlose und kommerzielle Mailboxen.

Mehrgeräteanschluß
Bei der Anschlußvariante „Mehrgeräteanschluß" können sowohl ISDN-Geräte als auch ➪a/b-Adapter und ➪Tk-Anlagen an die Anschlußdose der Deutschen Telekom (➪NT/NTBA) angeschlossen werden. Beim Mehrgerä-

teanschluß erhalten Sie drei feste Rufnummern zugeteilt. Der Mehrgeräteanschluß ist für Privathaushalte und Freiberufler in den meisten Fällen die beste Wahl.

MSN

1. Die Rufnummern, die Ihrem ISDN-Anschluß zugeteilt wurden, bezeichnet man als MSNs (Multiple Subscriber Number). Bei einem ➪Mehrgeräteanschluß erhalten Sie standardmäßig drei Rufnummern (MSNs).
2. Abkürzung für Microsoft Network, dem Online-Dienst von Microsoft, der auch über ISDN erreichbar ist.

Netscape Navigator

Populärer ➪Browser zum Zugriff aufs Internet mit vielen speziellen Funktionen. Ab der Version 4.0 Bestandteil des Netscape Communicators.

NT/NTBA

Als NT oder auch NTBA bezeichnet man den ISDN-Anschlußkasten der Deutschen Telekom in Ihren Räumen. Der NT/NTBA ist die direkte Verbindung zum Leitungsnetz der Deutschen Telekom und ist in Ihrer Wohnung der Ausgangspunkt für den Anschluß Ihrer Geräte oder der Verkabelung.

Passive ISDN-Karte

ISDN-Karte ohne eigenen Prozessor; dadurch größere Belastung für den PC. Für herkömmliche Anwendungen aber vollkommen ausreichend.

PCI-Karten

PCI steht für Peripheral Component Interface. ISDN-Karten, die diesem Standard genügen, können auch nur in PCI-Steckplätzen untergebracht werden. Viele Karten setzen aber noch auf dem älteren ISA-Standard auf.

PCMCIA-Karte

Abkürzung für Personal Computer Memory Card International Association. Scheckkartengroße PC-Karte für den mobilen Einsatz. Es gibt sowohl reine ISDN-Karten in diesem Format als auch kombinierte ISDN- und Modem-Karten.

POP

Abkürzung für Point Of Presence. Einwählknoten eines Internet-Providers. Es lohnt sich, einen POP im Nahbereich zu suchen, damit keine Ferngesprächsgebühren anfallen.

PPP
Abkürzung für Point to Point Protocol. Spezielles Datenübertragungsprotokoll für eine Verbindung mit dem Internet. Es ersetzt immer mehr das veraltete ➪SLIP-Protokoll.

Provider
Anbieter, die beispielsweise Internet-Verbindungen vermitteln. Es gibt gebührenpflichtige und kostenlose Provider.

Proxy-Server
Spezieller Zwischenspeicher im Internet, der häufiger abgerufene Inhalte vorhält, um Übertragungszeiten zu verkürzen. Dafür bedarf es einer speziellen Einstellung durch den Anwender.

RS232C
Norm für die serielle Schnittstelle, an die etliche externe ISDN-Adapter angeschlossen werden können.

S_0-Bus
Als S_0-Bus bezeichnet man die Anschlußleitung für ISDN-Geräte. Alle Geräte, die an rechteckige IAE-Anschlußbuchsen (➪IAE-Dosen) angeschlossen werden (egal, ob es sich dabei um externe Anschlußdosen (IAE-Dosen) oder die Anschlüsse an einer ➪Tk-Anlage handelt), werden an den sogenannten S_0-Bus angeschlossen.

S_0-Schnittstelle
Standardisierte Schnittstelle am ISDN-Basisanschluß für Telefone, Fernkopierer, speziell ausgerüstete PCs und andere ISDN-Endgeräte.

Semiaktive ISDN-Karte
ISDN-Karte mit beschränkter eigener Rechenleistung, die den Mikroprozessor im PC teilweise entlasten kann, dafür aber auch teurer ist als passive Karten (➪Passive ISDN-Karte).

Site
Kurzform für Web Site. Häufig werden im allgemeinen Sprachgebrauch Site und Seite verwechselt: Eine Site umfaßt im Internet die komplette Darstellung eines Anbieters in Form einer oder mehrerer Seiten.

Skript
Kleines Programm ähnlich einem Makro, das notwendige Eingaben für eine Online-Verbindung automatisch erledigt wie etwa die Einwahl in den T-Online-Knoten oder die Benutzung von Datex-J über CompuServe.

SLIP

Abkürzung für Serial Line Internet Protocol. Wird mitunter statt ⇨PPP für DFÜ-Netzwerkverbindungen von einem Rechner zu einem anderen benutzt. SLIP erkennt keine Übertragungsfehler und kann sie somit auch nicht korrigieren.

Surfen

Speziell im Internet bedeutet Surfen das Herumstreifen ohne klar umrissenes Ziel.

TAE-Dose

Als TAE-Dose bezeichnet man eine Anschlußdose für herkömmliche (analoge) Geräte. Sie erkennen eine TAE-Dose an den länglichen, senkrecht angeordneten Buchsen.

TAPI

Abkürzung für Telephony Application Programming Interface, eine von Microsoft definierte Schnittstelle zur Wahlunterstützung beim Telefonieren mit PC-Hilfe. Damit können Sie von einem (ISDN)-PC aus telefonieren.

TCP/IP

Abkürzung für Transmission Control Protocol/Internet Protocol; Netzwerkprotokoll-Familie, auf der das weltweite Internet basiert. Entsprechend muß es für Internet-Verbindungen über das ISDN aktiviert sein.

Terminaladapter

Eigentlich ISDN-Terminaladapter. Externes Gerät für die serielle oder parallele Schnittstelle, das die Verbindung zwischen PC und ISDN-Anschluß (⇨NT/NTBA) herstellt und dabei über AT-Befehle (⇨AT-Befehlssatz) auch von herkömmlichen Terminalprogrammen gesteuert werden kann. Moderne Terminaladapter lassen sich wie eine interne ISDN-Karte zudem über die ⇨CAPI ansprechen. An einen Terminaladapter a/b können zusätzlich herkömmliche analoge Geräte wie Telefon und Fax angeschlossen werden.

Terminalprogramme

Übliche Programme zur Kommunikation per Modem, die sich über Fossiltreiber auch zur Steuerung von ISDN-Verbindungen nutzen lassen.

Tk-Anlage

Als Tk-Anlage (Telekommunikationsanlage) bezeichnet man ein elektronisches Gerät, an das man mehrere herkömmliche (analoge) Endgeräte (Telefon, Fax etc.) und, je nach Ausstattung, auch mehrere ISDN-Geräte anschließen kann. Die Tk-Anlage stellt den angeschlossenen Geräten zahlreiche

Funktionen für kostenfreie interne Verbindungen (⇨Interngespräche) und externe (Amts-)Verbindungen zur Verfügung. Eine Tk-Anlage kann nur dann ISDN-Geräte verwalten, wenn sie einen internen ⇨S_0-Bus besitzt.

Tonwahl
Im digitalen Netz wird nicht mehr mit Impulsen (⇨Pulswahl) gewählt, sondern mit Tönen. Jeder Ziffer ist dazu ein anderer Ton zugeordnet. Zu erkennen ist dieses Wahlverfahren an den unterschiedlichen Tönen, die bei der Wahl einer Rufnummer zu hören sind. Handsender für Anrufbeantworter arbeiten übrigens mit den gleichen Tönen.

Treiber
Ohne Treiber können sich die verschiedenen Komponenten eines PC nicht miteinander verständigen. Wichtig für ISDN-Verbindungen sind etwa die CAPI- und die Fossiltreiber.

UAE-Dose
Als UAE-Dose bezeichnet man eine Anschlußdose für ISDN-Geräte. Sie erkennen eine UAE-Dose an den rechteckigen Buchsen. Im Unterschied zur gebräuchlicheren ⇨IAE-Dose besitzt die UAE-Dose mehr Anschlußklemmen, die jedoch nicht so eindeutig beschriftet sind wie bei der IAE-Dose. Greifen Sie also besser zur IAE-Dose, denn die zusätzlichen Anschlußklemmen der UAE-Dose brauchen Sie nicht.

Username
Übliche Bezeichnung für den Benutzernamen, der den Teilnehmer des World Wide Web, eines Online-Dienstes oder einer Mailbox eindeutig identifiziert. Im Internet ist der Username gleichzeitig die Adresse für die elektronische Post.

V.110
ISDN-Protokoll für Verbindungen mit maximal 38.400 Bit pro Sekunde, das zunehmend an Bedeutung verliert.

V.120
ISDN-Protokoll für Verbindungen mit maximal 56.000 Bit pro Sekunde, das vor allem in den USA eine dominierende Rolle spielt.

V.42bis
Datenkompression während einer Online-Verbindung, die nur als Zusatz zur CAPI 2.0 (⇨CAPI) im ISDN eine Rolle spielt.

Voice Mail
Digitale Sprachaufzeichnung in Analogie zur elektronischen Post, die sich beispielsweise an ein Dokument anhängen und übertragen läßt.

Western-Anschluß
Weltweite Norm für Steckverbindungen im Telefonbereich. Die Belegung der einzelnen Kontakte ist jedoch je nach Anwendung verschieden.

Westernstecker
Weltweit genormter Stecker für ISDN-Endgeräte. Er besitzt acht Kontakte im Vergleich zu Western-Telefonstecker für analoge Telefone mit vier oder sechs Kontakten.

WWW
Abkürzung fürs World Wide Web, den grafisch opulent aufgemachten Bereich des Internets, der für viele mit dem Internet gleichgesetzt wird.

X.75
ISDN-Protokoll für Verbindungen mit maximal 64.000 Bit pro Sekunde, das in Europa die dominierende Rolle spielt.

Zugangssoftware
Spezielles Programm eines Internet-Providers oder eines Online-Dienstes, mit dessen Hilfe Sie mit ihm Kontakt aufnehmen können. Meist gehört dazu ein Einwahlprogramm, ein sogenannter Dialer.

5.2 Online-Informationen zu ISDN

Tabelle 5.1: Hier finden Sie Unterstützung bei ISDN-Fragen

Informationen und Shareware rund um ISDN	Homepage
Amerikanische ISDN-Seite mit vielen speziellen ISDN-Anwendungen	http://www.alumni.caltech.edu/dank/isdn/isdn_ai.html
Capitel – Shareware	http://www.oche.de/~cawim
CHIP	http://www.chip.de
Computerwoche	http://www.computerwoche.de
c't	http://www.ix.de
Cu-Seeme – Shareware	http://www.cu-seeme.com
Digiphone – Shareware	http://www.digiphone.com

Informationen und Shareware rund um ISDN	Homepage
Display Call – Shareware	http://members.aol.com/displcall/index.html
Graphitti – Shareware	http://www.graphitti.de
Highscreen	http://www.vobis.de
Informationen zu TCP/IP-Verbindungen via ISDN	http://www.lib.ox.ac.uk/internet/news/faq/archive/de-isdn-tcp-ip.html
Informationen rund um ISDN, auch TK-Anlagen	http://www.uni-mannheim.de/unima/rum/netze/isdn/
Informationen zu Euro-ISDN	http://www.netcs.com/edss1.html
Informationen zu ISDN und speziell zur CAPI	http://hssun4.cs.uni-sb.de/isdn/
ISDN Monitor – Shareware	http://www.fun.de
ISDN und Windows 95	http://www.snafu.de/~chris
Online ISDN	http://www.online-isdn.de
PC Direkt	http://www.zdnet.de
PC Intern	http://www.pcintern.de
PC Online	http://www.pconline.de
PC Praxis	http://www.pcpraxis.de
PC Professionell	http://www.pcpro.de
Software und Treiber rund im ISDN	www.snafu.de/~chris/isdn/ files/files.htm
Webphone – Shareware	http://www.webphone.com
W-Online – Shareware	http://www.felix-ritter.com

Tabelle 5.2: Hier finden Sie die Web-Adressen von Herstellern von ISDN-Hardware und -Software

Hersteller	Homepage
1 &1	http://www.mmtrend.de
Ackermann	http://www.ackermann.com
ACOTEC	http://www.acotec.de
Alta Vista	http://www.alta-vista.com
Ascom	http://www.ascom-telecom.co.uk
AVM	http://www.avm.de

Hersteller	Homepage
Bintec	http://www.bintec.de
Connect Service Riedlbauer	http://www.riedlbauer.de
Creatix	http://www.creatix.de
Diehl ISDN	http://www.diehl.de
Dr. Neuhaus	http://www.neuhaus.de
ELSA	http://www.elsa.de
Escom	http://www.escom.de
EUnet	http://www.germany.eu.net
Excite	http://www.excite.com
Ferrari Electronic	http://www.ferrari.de
Germany.NET	www.germany.net
Haufe	http://www.freinet.de/haufe
IBM	http://www.ibm.de
Intel	http://www.intel.com
Lycos	http://www.Iycos.com
Magellan	http://www.mckinley.com
Mediaplex	http://www.mediaplex.de
Megasoft	http://www.megasoft.de
Microcom	http://www.microcom.com
Microsoft	http://www.microsoft.de
Miro	http://www.miro.de
MPS	http://www.cyberline.de/mps
MS Internet Explorer	http://www.microsoft.com/ie/ie.htm
MS ISDN	http://www.microsoft.com/ windows/software/isdn.htm
MS Office	http://www.microsoft.com/MSOfficeSupport
Netsurf	http://www.netsurf.de
Novell	http://www.novell.de
Ositron	http://www.roka.net/store/ositron
PC-Magazin	http://www.dos.dmv-franzis.de
SCii	http://www.imaginet.fr/~scii
Sedlbauer	http://www.easy.com/sedl.html
Sierra	http://www.sierra.com

Hersteller	Homepage
Tedas	http://www.tedas.de
Deutsche Telekom	http://www.dtag.de
Teles	http://www.teles.com
Terratec	http://www.terratec.com
Traveling Software	http://www.travsoft.com
TRK	http://www.trk.de
Vobis	http://www.vobis.de
Yahoo!	http://www.yahoo.com
ZDF	http://www.zdfmsn.de
Zyxel	http://www.zyxel.com

Tabelle 5.3: Hier finden Sie ISDN-Mailboxen mit einem Bezug zum Thema ISDN

Mailbox	ISDN-Nummer
Newswire	02154 / 94 54 64
ISD Vanguard	02196 / 73 15 36
GigaByte BBS	02327 / 97 71 92
Shuttle BBS Bochum	0234 / 9 78 96 45
ComTec	02374 / 91 46 34
ISDNWIN-Berlin	030 / 45 50 83 12
Winz COMMUNICATION Solutions	030 / 76 80 22 01
Pegasus	04821 / 6 71 38
Softwareschuppen BBS	05250 / 9 99 66
NiteLine	06784 / 98 10 44
Technical Support Box	07731 / 98 45 25
Ciss München	089 / 93 94 00 08
Cubenet	089 / 14 31 64 31
Hobby-Box	09772 / 71 16

5.3 Was tun, wenn etwas nicht funktioniert?

Leider, leider: Fehler können immer wieder auftreten. Gerade im Zusammenhang mit ISDN wird es dann ungemütlich. Denn nicht immer ist es einfach, festzustellen, woran es liegt, daß eine ISDN-Verbindung nicht aufgebaut wird. Schuld an Problemen können gleich mehrere Dinge sein, die es gegebenenfalls zu überprüfen gilt:

1. Falsch konfigurierte Hard- oder Software.
2. Konflikte zwischen verschiedenen ISDN-Installationen.
3. Konflikte zwischen verschiedenen CAPI-Treibern.
4. Defekte Kabel, Wackelkontakte, falsch verdrahtete Anschlüsse.
5. Defekter ISDN-Anschluß (NTBA).
6. Störungen im öffentlichen Netz.
7. Störungen bei der Gegenstelle.

Wer will da schon im Einzelfall entscheiden, woran es liegt? Natürlich derjenige, der das Problem hat und es lösen will. Dabei sollen die folgenden Hinweise helfen.

Tabelle 5.4: Checkliste für den Fall, daß kein Connect mit einem Online-Dienst oder dem Internet zustandekommt.

Frage	**Lösung**
Sind andere Homepages erreichbar?	Verbindung zu anderen Homepages aufbauen.
Ist der Einwahlknoten überhaupt erreichbar?	Telefonnummern prüfen und unter Umständen aktualisieren. Einwahl in einem anderen Knoten versuchen.
Ist der Online-Dienst oder der Internet-Provider überhaupt erreichbar?	Alternativ versuchen, Verbindung aufbauen: Über Modem, über anderen PC.
Sind Komponenten wie DFÜ-Netzwerk und TCP/IP-Protokoll korrekt installiert?	Für die einzelnen Anbieter anhand der Hinweise im Kapitel 4 überprüfen.

Sollte die Verbindung auch manuell oder über einen anderen Einwahlknoten nicht herzustellen sein, hilft häufig eine komplette Zurücksetzung der Netzwerk-Einstellungen und eine anschließende Neuinstallation des DFÜ-Netzwerkes. Sollte die Neu-Installation des DFÜ-Netzwerks nicht wirken, hilft möglicherweise die Installation des englischen DFÜ-Netzwerks. Bevor Sie jedoch tief ins System eingreifen, sollten Sie es zuerst mit den Hinweisen in der nächsten Tabelle versuchen. Denn dann gilt es zu überprüfen, ob die ISDN-Verbindung als solche überhaupt existiert.

Tabelle 5.5: Checkliste für den Fall, daß gar nichts mehr geht.

Frage	Lösung
Läßt sich der ISDN-Adapter überhaupt ansprechen?	Mit einem Programm testen, das problemlos funktioniert. Etwa mit einem Fax-Modul oder einem Terminalprogramm.
Gibt es Gerätekonflikte?	Konfiguration überprüfen. In Windows 95 mit dem Geräte-Manager, in Windows 3.x mit MSC.EXE (siehe Kapitel 2.1).
Wird die ISDN-Karte vom System richtig erkannt?	Ab Windows 95 im Geräte-Manager prüfen. Ausrufe- oder Fragezeichen vor dem Eintrag der Karte deuten auf Konflikt hin. Dann neu konfigurieren oder installieren.
Ist der ISDN-Adapter am ISDN-Netz der Deutschen Telekom angeschlossen?	Kabel und Anschlüsse überprüfen. Unter Umständen andere Kabel probieren, Anschlüsse umstecken.
Gibt es einen CAPI-Konflikt?	CAPI überprüfen und unter Umständen entfernen (siehe weiter unten).

Konflikte mit der CAPI oder mit Fossiltreibern, gehören leider immer noch zum Alltag. Mit dieser Strategie geht es CAPI-Problemen an den Kragen:

1. CAPI-Versionen feststellen. Etwa mit <Windows>- und <F>-Taste die Suche aktivieren und CAPI als Suchwort eingeben.
2. Vorhandene CAPIs im Zweifelsfall entfernen, etwa durch Verschieben auf eine Diskette.
3. Aktuelle CAPI-Treiber nochmal installieren.
4. Hilft das auch noch nicht, dann Eingriff in die Registrierdatenbank: Registrierdatenbank sichern. Dann als Suchbegriff in der Registrierdatenbank den zur CAPI gehörenden Namen eingeben, etwa Teles oder ITK. Dann alle entsprechenden Einträge löschen.
5. Hilft auch das nicht, dann Windows-Neuinstallation.

Sichern Sie Ihre Registrierdatenbank, bevor Sie einen neuen ISDN-Adapter installieren. Damit können Sie im Zweifelsfall auf diese Kopie Ihrer Systemdaten zurückgreifen und eine aufwendige Neuinstallation von Windows vermeiden.

Eine nicht zu unterschätzende Fehlerquelle sind auch Übertragungsprobleme physikalischer Natur. Vor allem, wenn mehrere Geräte – wie etwa ein PC mit ISDN-Karte und ein ISDN-Telefon – an einem ISDN-Anschluß betrieben werden, kann es hakelig werden. Wenn Sie unsicher sind, ob die Verkabelung korrekt funktioniert, dann greifen Sie am besten zu einem geeigneten Testgerät.

Bereits ab 20 Mark bekommen Sie ein Testgerät, mit der sich eine interne ISDN-Verkabelung auch von einem Laien überprüfen läßt. Das kommt allemal billiger, als einen Techniker für die Überprüfung der Verkabelung zu bestellen.

Ein Gerät wie der Leistungstester von Conrad Electronic oder der Trendi von der Münchner Trend Communications zeigt per Leuchtdioden an, ob bei einer Installation Drähte vertauscht wurden, ob etwas kurzgeschlossen ist oder ein Leitungsbruch vorliegt. Auch der S_0-Bus-Installations-Tester der Blumenberger Firma BTR bietet diese Funktionen und überprüft darüber hinaus auch noch den NTBA. Alle drei Geräte sind für rund 20 bis 30 Mark erhältlich.

Treten Probleme mit bestimmten Gegenstellen auf, dann sind wahrscheinlich die Einstellungen der beiden Kommunikationspartner nicht miteinander kompatibel. Die Ursachen dafür können vielfältig sein und reichen von der Wahl unpassender Übertragungsprotokolle bis hin zu spezifischen Problemen zwischen zwei ISDN-Lösungen der entsprechenden Hersteller. Wenn Sie per PC keinen Kontakt zu einer Gegenstelle bekommen, dann versuchen Sie es mit allen angebotenen Protokollen. Setzen Sie nacheinander alle Ihnen zur Verfügung stehenden Programme ein, die sich zur Kontaktaufnahme über ISDN eignen.

In den Foren von Online-Diensten aber auch auf den Homepages der Hersteller finden Sie aktuelle Hinweise für die Lösung spezieller Probleme – und können dort per elektronischer Post im Zweifelsfall auch gleich selber um Rat fragen.

5.4 Stichwortverzeichnis

E

F

G

H

I

J

K

M